Façon de Parler 2

French for beginners

Angela Aries and
Dominique Debney

4th **edition**

HODDER
EDUCATION
AN HACHETTE UK COMPANY

Acknowledgements
gements

For James, Nadine, Katherine and Michelle

The authors and publishers are grateful to the following for permission to reproduce photographs in this book:

p.36 (left) © Lipnitzki Viollet/Roger-Viollet/Topfoto; p.36 (right) still from *Les Enfants du paradis*, Ronald Grant Archive; p.39 (top left) © Charles O'Rear/Corbis; p.39 (right) ©IStockphoto.com/Heinz linke, p.43 (left) © Sandro Vannini/Corbis; p.43 (right) Life File/ Louise Oldroyd; p.46 (left) © TAOLMOR – Fotolia.com; p.46 (right) Life File/Emma Lee; p.67 © Ian Dagnall/Alamy; p.88 Life File; p.102 © Hideo Kurihara/Alamy; p103 © David Noble Photography/Alamy; p.107 Life File/Flora Torrance; p.120 (bottom) James Davis Travel Library/ Eye Ubiquitous; p.168 James Davis Travel Library/Eye Ubiquitous; p.170 (left, bottom right) © Elio Ciol/Corbis; p.170 (top right © Michael Busselle/Corbis; p.181 © Bob Krist/Corbis; p.226 ©IStockphoto.com/Michael Kemter; p.323 Topfoto/ Roger-Viollet; p.337 (left) ©IStockphoto.com/Mlenny; p.337 (right) Life File/Andrew Ward; p.338 ©IStockphoto.com/ Bart Parren

Other photos courtesy of Roy Debney

Extract on page 143 from www.puydufou.com/fr

Orders: Please contact Bookpoint Ltd, 130 Milton Park, Abingdon, Oxon OX14 4SB.
Telephone: (44) 01235 827720, Fax: (44) 01235 400454. Lines are open from 9.00–5.00, Monday to Saturday, with a 24-hour message answering service. You can also order through our website www.hoddereducation.co.uk

If you have any comments to make about this, or any of our other titles, please send them to educationenquiries@hodder.co.uk

British Library Cataloguing in Publication Data
A catalogue record for this title is available from The British Library

ISBN: 978 0 340 940 228

First Edition Published 1986
Fourth Edition Published 2007
Impression number   10 9 8 7 6 5 4
Year   2010 2009

Copyright © 2007 Angela Aries and Dominique Debney

Hachette UK's policy is to use papers that are natural, renewable and recyclable products and made from wood grown in sustainable forests. The logging and manufacturing processes are expected to conform to the environmental regulations of the country of origin.

Cover photo from Eitan Simanor/Photographer's Choice/Getty Images
Typeset by Servis Filmsetting Ltd, Stockport, Cheshire.
Printed in Great Britain for Hodder Education, an Hachette UK Company,
338 Euston Road, London NW1 3BH by Martins the Printers, Berwick-upon-Tweed.

Contents

Abbreviations and symbols

lit. = literally translated
fam. = familiar
m. = masculine
f. = feminine
pl. = plural
sing. = singular
pol. = polite form
inv. = invariable
🔔 = irregular verb (whenever you see this symbol please refer to the verb tables on pages 376–85.)

Introduction

Façon de Parler! Book 2 is the second part of a comprehensive course for adult beginners wishing to reach GCSE standard or equivalent and beyond. It is suitable for those wishing to reach a good level of communicative competence when they travel in francophone countries, whether or not they seek formal qualifications.

This fully revised new edition of Book 2 consists of:

- a coursebook, containing eighteen study units, six revision units, and a grammar reference section
- three specially recorded CDs, containing dialogues from the coursebook, as well as listening comprehension exercises
- an accompanying booklet with the text of the listening material, and a key to the exercises in the book and on the CDs

The eighteen study units form the core of the course. Each unit contains:

 presentation material – dialogues, emails, articles, short descriptions, broadcasts, etc.

 à vous!, individual, pair- and group-work to improve speaking and writing skills

 écoutez bien!, material designed to increase listening skills and build up confidence

 avez-vous compris?, designed to check comprehension of the presentation material

- **qu'est-ce que ça veut dire?**, a box listing useful words and expressions used in each of the presentations
- **un peu de grammaire**, a brief grammar summary
- a range of exercises to develop speaking, reading and writing skills

To extend speaking skills, rôle play (**jeux de rôles**) and free exercises to elicit the student's own opinions (**et vous?** sections) appear regularly throughout the book, in addition to extended reading passages (**lecture**). **Qu'est-ce que ça veut dire?** sections help with the key words and expressions introduced. However, at this stage students are advised to use a dictionary in order to benefit from the range and variety of language in the course.

The recorded material forms an integral part of the course and, together with the study guide booklet, is essential for those working on their own.

This volume is accompanied by *Façon de Parler 2 Activity Book*, providing a wealth of practice material for students.

Première unité

Première unité

on se présente!

Vous souvenez-vous de nos amis de *Façon de Parler!*? Non? Alors, écoutez-les se présenter.

Guillaume Bonjour! Je m'appelle Guillaume Lejeune. J'ai 21 ans. Je suis étudiant à Paris. Pendant les vacances, pour me faire un peu d'argent, je travaille pour la société Tourama; je sers de guide à des groupes de touristes.

Interviewer Et vous, Jeanne, pouvez-vous vous présenter?

Jeanne Avec plaisir! Je m'appelle Jeanne Chouan. Je suis professeur de sciences naturelles. Je suis célibataire.

Interviewer Où habitez-vous?

Jeanne J'habite à Luçon. C'est en Vendée, dans l'ouest de la France.

Interviewer Et vous, Sylvie, d'où êtes-vous?

Sylvie Moi, je suis de Grasse, en Provence, dans le sud-est de la France. Je suis ouvrière dans une usine de parfums. Je ne suis pas mariée non plus.

Interviewer Vous avez un petit ami?

Sylvie Non, pas en ce moment.

Interviewer Puis-je vous demander votre numéro de téléphone?

Sylvie Bien sûr. C'est le 04 93 35 09 12.

Interviewer Annick et Yves, est-ce que vous êtes mariés?

Yves Non, pas encore, mais nous sommes fiancés. Annick est fonctionnaire. Mais moi, je ne travaille pas dans un bureau. Je préfère travailler en plein air; je suis marin-pêcheur. Nous habitons tous les deux à Quimper, en Bretagne, depuis six mois.

Interviewer Vous, Claire, vous êtes de Normandie, n'est-ce pas?

Claire C'est exact. J'ai un appartement à Rouen, 160, avenue de Bretagne. Je travaille à temps partiel parce que j'ai deux enfants, un fils de onze ans, Paul, et une fille de sept ans, Élisabeth. Ils s'adorent, mais ils se disputent souvent!

Interviewer	Et vous, Henri, avez-vous des enfants?
Henri	Non, malheureusement. Je suis divorcé et je n'ai pas d'enfants, mais j'ai un chat très affectueux qui s'appelle Moustache.
Interviewer	Où habitez-vous?
Henri	J'ai une petite maison à Nuits-Saint-Georges, près de Dijon, en Bourgogne. Je suis pharmacien, mais naturellement, je préfère le bon vin aux médicaments!

QU'EST-CE QUE ÇA VEUT DIRE?   *WHAT DOES THAT MEAN?*

on se présente	*introducing oneself*
se souvenir (de)	*to remember*
je sers de guide (servir)	*I act as a guide (to serve)*
ne . . . non plus	*not . . . either*
pas encore	*not yet*
depuis	*for, since*
un(e) fonctionnaire*	*a civil servant*
malheureusement	*unfortunately*
affectueux(-se)	*affectionate*

The symbol ![] indicates an irregular verb. Please refer to the verb table (on page 376).

*Many people in France work in the public sector – teachers, policemen etc.

avez-vous compris?   *did you understand?*

Relisez les dialogues, puis répondez *vrai* ou *faux*. Si vous le pouvez, corrigez les erreurs. *Re-read the dialogues, then answer **true** or **false**. Correct the mistakes if you can.*

1 Guillaume est jeune.

2 Il est guide de profession.

3 Jeanne habite dans l'est de la France.

4 Elle n'est pas mariée.

5 Grasse est une ville de Vendée.

6 Sylvie travaille dans un magasin.

7 Annick et Yves sont fiancés depuis six mois.

8 Ils habitent dans l'ouest de la France.

9 Yves travaille sur un bateau.

10 Claire a deux enfants.

11 Henri est bourguignon.

12 Il vend du vin.

à vous!   your go!

1 **Regardez la carte de France ci-dessous. Écrivez en français les détails concernant chaque personne présentée.** *Look at the map of France below. Write in French the details concerning each person introduced.*

Exemple:

a **Jeanne** habite à Luçon en Vendée dans l'ouest de la France. Elle est professeur de sciences naturelles. Elle est célibataire.

2 Complétez les dialogues ci-dessous. *Fill in the gaps in the dialogues below.*

a – _____ habitez-vous?
　　– J'habite _____ Brest, _____ Bretagne, _____ l'ouest de la France.

b – Vous _____ des enfants?
　　– Oui, _____ une fille _____ s'appelle Isabelle.

c – Quel est votre métier?
　　– Je _____ travaille _____. Je suis étudiant.

d – Est-ce que vous _____ dans un hôpital?
　　– Non, je _____ ouvrier d'usine.

e – Vous _____ bourguignon, n'est-ce pas?
　　– C'est exact. Je suis _____ Dijon.

f – Est-ce que vous êtes mariée?
　　– Oui, je suis mariée _____ dix ans.

jeu de rôles   *rôle play*

Conseil: Révisez l'alphabet et les nombres cardinaux, page 386. *Advice: Revise the alphabet and the cardinal numbers on page 386.*

Exemple:
Read the Laurent / Laure dossier then practise the conversation following it with your partner.

A Dossier de **LAURENT / LAURE** 26 ans Célibataire	**B** Vous êtes **LAURENT / LAURE** 25 ans Célibataire

A Vous vous appelez Laurent / Laure.　　　　**B** C'est exact.

A Vous avez 26 ans.　　　　　　　　　　　　**B** Non. J'ai 25 ans.

A Vous êtes célibataire.　　　　　　　　　　**B** C'est exact.

(Partenaire A: tournez à la page 6. *Partner A: turn to page 6.*)

(Partenaire B: tournez à la page 13. *Partner B: turn to page 13.*)

Partenaire A

A1 Now imagine that you have been given some information about Partner B (Christian / Christiane). As you are only double-checking, *do not ask questions*, but make statements instead.

If your information is wrong, your partner will set the record straight so that you can correct his / her file (**son dossier**).

Dossier de **CHRISTIAN / CHRISTIANE**
Âge: 43 ans
Ville / Région: Planville, Bretagne
Adresse e-mail*: chris.hyrbec@clubweb.com
Situation de famille: marié(e)
Enfants: 1 fils, Claude
Travail: bureau

*   · (dot) = point
    – (dash) = tiret
    @ = arobase

A2 Imagine that you are Jacques / Jacqueline. This time your partner is checking information about you. Set the record straight if he / she makes a mistake.

Vous êtes **JACQUES / JACQUELINE**
Âge: 31 ans
Ville: Paris
Numéro de téléphone: 01.48.16.25.96
Situation de famille: célibataire
Animaux: 1 chat, Mimi
Métier: ingénieur

et vous?   *and what about you?*

Pouvez-vous vous présenter? Dites votre nom, parlez de votre famille et de votre travail. Expliquez où vous habitez, depuis quand et, si vous voulez, donnez votre adresse et votre numéro de téléphone.

Prenez des notes. *Take notes.* Listen while the other members of the class introduce themselves.

Vérifiez avec le professeur. *Check with the teacher.*

on se décrit

Elizabeth Ouate a fini la rédaction où elle doit faire le portrait des membres de sa famille. Voici l'extrait sur sa mère.

Ma mère s'appelle Claire. Elle est née en Normandie. Elle est blonde et elle a les cheveux courts. Elle est petite. Elle est enquêtrice pour la SNES depuis cinq ans. C'est un truc de sondages. Elle pose des questions aux gens dans la rue. C'est idéal pour elle, parce qu'elle est bavarde et très curieuse. Quand elle a du temps libre, elle aime bien lire et écouter de la musique que moi je déteste. Et elle écoute toujours la radio dans la voiture et aussi quand elle fait la cuisine ou le repassage . . .

QU'EST-CE QUE ÇA VEUT DIRE? — *WHAT DOES THAT MEAN?*

une rédaction	*an essay*
on se décrit (décrire)	*describing oneself / each other (to describe)*
court(e)	*short*
bavard(e)	*talkative*
curieux(-se)	*inquisitive, nosey*
un(e) enquêteur(trice)	*market researcher*
SNES (Société Nationale d'Enquêtes par Sondages)	*(fictitious) survey and opinion poll company*
un truc	*a thing, a whatsit*
les gens (m.)	*people*

on se décrit (suite)

Antoine parle de son frère jumeau, Dominique.

Interviewer   Antoine, pouvez-vous me parler de votre frère?

Antoine   Oui, avec plaisir. Il est cuisinier, comme moi. Nous travaillons dans le même restaurant à Ajaccio, en Corse. Nous nous ressemblons beaucoup. Nous avons les yeux noirs et les cheveux bruns. Nous n'avons pas beaucoup de cheveux mais nous avons une barbe et une moustache tous les deux. La seule différence, c'est que Dominique porte des lunettes.

Interviewer   Vous vous entendez bien?

Antoine   Oui. On va souvent au cinéma ou à des matchs de foot ensemble. Quelquefois, on va dans une discothèque avec des copines, mais moi, je n'aime pas tellement danser.

Interviewer   Quelle est la principale qualité de Dominique?

Antoine   Il est toujours de bonne humeur.

Interviewer   Et vous?

Antoine   Eh bien, moi, je suis beau, intelligent, riche, spirituel, courageux, généreux, honnête . . .

Interviewer   Vous n'oubliez pas quelque chose?

Antoine   Quoi donc?

Interviewer   Modeste, bien sûr!

QU'EST-CE QUE ÇA VEUT DIRE?   *WHAT DOES THAT MEAN?*

un frère jumeau	*a twin brother*
se ressembler	*to look alike*
oublier	*to forget*
s'entendre bien	*to get on well*
un copain / une copine	*a friend* (fam.)
pas tellement	*not much*
une qualité	*a (good) quality*
être de bonne humeur	*to be in a good mood*
spirituel(le)	*witty*

on se décrit (suite)

Laurent parle de sa petite amie, Chantal, à un ami.

Laurent   Chantal est très douée en anglais.

Ami   Et toi?

Laurent   Moi, je suis nul!

Ami   Et comment est-elle physiquement?

Laurent   Elle est très jolie. Elle est de taille moyenne. Elle est mince. Elle a les yeux bleus et les cheveux bruns. Et elle est toujours élégante. L'idéal, quoi!

Ami   Tu as de la chance, dis donc!

Laurent   Mais, elle aussi, elle a de la chance, non?

QU'EST-CE QUE ÇA VEUT DIRE?   *WHAT DOES THAT MEAN?*

doué(e)	*gifted*
nul(le)	*no good, hopeless*
dis donc (fam.)	*aren't you?* (here)

on se décrit (suite)

Monsieur Brède, boulanger-pâtissier à Rouen, parle de sa femme à un ami.

Ami	Et votre femme, ça va?
M. Brède	Ah, ma femme! Elle est toujours de mauvaise humeur en ce moment!
Ami	Ah bon, pourquoi?
M. Brède	Eh bien, elle est de mauvaise humeur quand elle mange trop, parce que ça la fait grossir et elle est de mauvaise humeur quand elle est au régime, parce qu'elle a faim.
Ami	Elle est gourmande?
M. Brède	Très! Elle adore faire de bons petits plats, surtout des recettes normandes.
Ami	Qui sont très riches!
M. Brède	C'est vrai! Et en plus, elle mange trop de gâteaux.
Ami	Il faut dire que c'est tentant quand on travaille dans une boulangerie-pâtisserie!
M. Brède	C'est vrai, mais elle n'a pas beaucoup de volonté! Résultat, elle croit qu'elle est malade et elle est toujours fourrée chez le médecin.

QU'EST-CE QUE ÇA VEUT DIRE? *WHAT DOES THAT MEAN?*

être de mauvaise humeur	*to be in a bad mood*
être au régime	*to be on a diet*
gourmand(e)	*someone who enjoys good food / greedy*
une recette	*a recipe*
c'est tentant	*it's tempting*
ne pas avoir de volonté	*to lack willpower*
elle est toujours fourrée chez . . .	*she's forever at . . .*

on se décrit (suite)

Maintenant, c'est François Muller qui se décrit.

Interviewer	Est-ce que vous pouvez vous décrire, Monsieur Muller?
François	Je vais essayer! Euh . . . J'ai 40 ans. Je mesure 1 mètre 90. J'ai les cheveux bruns et les yeux gris. Je fais du sport pour rester en forme et garder la ligne. Je vais à la piscine toutes les semaines et je joue au golf. Mes qualités? Je ne sais pas, il faut le demander à ma femme! Mes défauts? Je ne suis pas très patient et je suis têtu.

Interviewer	Parce que vous êtes alsacien?
François	Peut-être!

QU'EST-CE QUE ÇA VEUT DIRE?   *WHAT DOES THAT MEAN?*

essayer	*to try*
rester en forme	*to keep fit*
garder la ligne	*to keep one's figure*
têtu(e)	*stubborn, headstrong*
alsacien(ne)	*from Alsace*

on se décrit (suite et fin)

Josée Cousin, la Martiniquaise, parle de ses enfants.

Interviewer	Vous avez beaucoup de problèmes avec vos enfants?
Josée	Non, je n'ai pas à me plaindre! Simon est très gentil. À la maison, il fait souvent la vaisselle et il passe l'aspirateur, mais à l'école, il est paresseux.
Interviewer	Il est sportif?
Josée	Oui. Il adore l'athlétisme et il aime jouer au basket.
Interviewer	Et Annette?
Josée	Elle travaille bien à l'école, mais elle est timide. Elle, elle adore la musique. Elle chante toutes les chansons du hit-parade.
Interviewer	Elle chante bien?
Josée	Non, malheureusement. Elle chante faux.

QU'EST-CE QUE ÇA VEUT DIRE?   *WHAT DOES THAT MEAN?*

Je n'ai pas à me plaindre!	*I've got nothing to complain about!*
gentil(le)	*kind*
paresseux(-se)	*lazy*
elle chante faux	*she can't sing in tune*

avez-vous compris?   *did you understand?*

Relisez les descriptions. *Re-read the descriptions.*

Faites la liste des qualités et des défauts utilisés. *Make a list of the good qualities and faults mentioned.*

Qualités	Défauts
beau	bavarde

Qui est-ce? Donnez le nom des personnes décrites. *Who is it? Give the name of the people described.*

1 Ils ont les yeux noirs.

2 Il est grand.

3 Elle est timide.

4 Elle est hypocondriaque.

5 Il est impatient.

6 Elle parle beaucoup.

7 Ils portent la barbe et la moustache.

8 Il est têtu.

9 Elle a les cheveux blonds.

10 Elle n'est jamais de bonne humeur.

11 Il est paresseux mais il est gentil.

12 Elle mange trop.

13 Ils ne sont pas très modestes.

14 Elle est bonne en anglais.

15 Elle n'a pas beaucoup de volonté.

16 Elle aime la musique et la lecture.

17 Ils sortent souvent.

18 Ses enfants lui donnent beaucoup de satisfaction.

à vous!   *your go!*

1 **Choisissez un adjectif**. *Choose an adjective*. Find one that describes each of these characters. (You might need to look some words up. Make sure the adjectives agree in gender and number. If in doubt, refer to the Grammar box on page 14.)

gros   gourmand   laid   jaloux

fort   rusé

petit   joli   courageux

minuscule   pauvre

avare   grand

jeune   cruel

drôle   fort

David	Peter Pan	Goliath
Charlie Chaplin	Blanche-Neige	Harpagon / Scrooge
Tom Pouce	la belle-mère de	Cendrillon
Obélix	Blanche-Neige	les sœurs de Cendrillon
Astérix	Attila	Gargantua

Exemple: David = courageux

2 **Cochez seulement les mots et expressions utilisés dans les dialogues**. *Tick only the words and expressions used in the dialogues.*

jouer au badminton / tennis / golf / foot / basket / volley / squash / ping-pong / Scrabble

jouer aux échecs / cartes / fléchettes

faire du ski / cheval / vélo / yoga / judo / patin à glace

faire de la natation / voile / gymnastique / musculation

regarder la télévision / **écouter** la radio / de la musique / **chanter** / **danser** **lire** / **coudre** / **tricoter** / **faire** les mots croisés / **faire collection de . . .**

sortir / **aller** au cinéma / à la piscine / **manger** au restaurant

faire le ménage / la vaisselle / la cuisine / la lessive / les courses / les lits / le jardinage

repasser / **passer l'aspirateur** / **ranger** / **laver**

et vous?   *and what about you?*

Travaillez avec un / une partenaire. *Work with a partner*.

First take it in turns to describe yourself. Include one or two obvious inaccuracies for your partner to spot.

Now prepare a series of statements to try to find out more about your partner's tastes. Your conversation should be similar to that in the **jeu de rôles**. You might like to give some extra information in your answers.

Exemple:

A Vous jouez au tennis.

B Non. Je joue au badminton.

A Vous aimez faire la cuisine.

B C'est exact. J'aime bien préparer des plats français.

jeu de rôles   *rôle play*

Partenaire B

(**Partenaire A: tournez à la page 6.** *Partner A: turn to page 6.*)

B1 Imagine that a civil servant is checking your file (**votre dossier**). If his / her information is wrong, set the record straight.

*	· (dot) = point
	– (dash) = tiret
	@ = arobase

> Vous êtes
> **CHRISTIAN / CHRISTIANE**
> **Âge**: 44 ans
> **Ville / Région**: Planville, Normandie
> **Adresse e-mail***: krys-hirbec@clubweb.fr
> **Situation de famille**: divorcé(e)
> **Enfants**: 1 fille, Claude
> **Travail**: magasin

B2 This time you are the civil servant checking a file. Imagine that you have been given some information about Partner A (Jacques / Jacqueline). As you are only double-checking, *do not ask questions*, but make statements instead.

If your information is wrong, your partner will set the record straight so that you can correct his / her file (**son dossier**).

> Dossier de
> **JACQUES / JACQUELINE**
> **Âge**: 32 ans
> **Ville**: Paris
> **Numéro de téléphone**: 01.48.16.25.87
> **Situation de famille**: célibataire
> **Animaux**: 1 chien, Max
> **Métier**: architecte

UN PEU DE GRAMMAIRE

A LITTLE GRAMMAR

à ...	(+ town)
e.g. je travaille **à Londres**	*I work in London*

en ...	(+ feminine countries / regions)
e.g. j'habite **en Angleterre**	*I live in England*
j'habite **en Bretagne**	*I live in Brittany*
j'habite **en Corse**	*I live in Corsica*

but: à la ...	(+ small island)
e.g. j'habite **à la Martinique**	*I live in Martinique*

au ...	(+ masculine countries)
e.g. j'habite **au Pays de Galles**	*I live in Wales*
je vais en vacances **au Portugal**	*I go on holiday to Portugal*

depuis	***for, since***
je travaille **depuis six mois**	*I've been working for six months*
j'habite en France **depuis 2006**	*I've been living in France since 2006*

Note that if something is still going on, still current at the time it is expressed, the **present tense** must be used.

Agreement of adjectives

il est grand / **elle** est grand**e**	*he / she is tall*
ils sont grand**s**	*they are tall* (masc. or mixed)
elles sont grand**es**	*they are tall* (fem. only)

but:	
il est jeune / elle est jeune	*he / she is young*
il est paresseux / elle est paresseuse	*he / she is lazy*
il est spirituel / elle est spirituelle	*he / she is witty*
il est sportif / elle est sportive	*he / she is sporty*
ils sont curieux / elles sont curieuses	*they are inquisitive / nosey*

Verb conjugation

Please refer to the verb table from page 376 onwards.

▶ **Grammaire** 1, 2, 3

EXERCICES

 A   Complétez avec les verbes ci-dessous, puis traduisez en anglais.

avons   sommes   habitez   porte   jouez   ai   apprends   est

1 Je _____ des lunettes depuis l'année dernière.

2 J' _____ le français depuis trois ans.

3 Nous _____ une maison de campagne depuis l'an 2000.

4 Vous _____ ici depuis longtemps?

5 Elle _____ en vacances depuis une semaine.

6 Nous _____ à la retraite depuis cinq ans.

7 J' _____ un chien depuis six mois.

8 Vous _____ au golf depuis combien de temps?

 B   **Utilisez les noms et adjectifs ci-dessous de façon différente.** *Use the nouns and adjectives below in different ways.*

Exemples: Un professeur intéressant. Un enfant curieux.

un professeur sympathique	une actrice célèbre
un homme curieux	une voisine bavarde
un problème délicat	une secrétaire bilingue
un appartement moderne	une femme élégante
un enfant paresseux	une voiture rapide
un étudiant timide	une question difficile
un livre ennuyeux	une cliente patiente
un sport dangereux	une histoire intéressante
un père indulgent	une remarque sérieuse
un animal intelligent	une vendeuse aimable

C

Imaginez que vous venez de rencontrer votre partenaire idéal(e)! Faites une description détaillée. Utilisez le texte suivant. *Imagine that you have just met your ideal partner! Write a detailed description. Use the following text.*

Je viens de rencontrer l'homme / la femme de ma vie. Il / Elle s'appelle (**1**) _____ . Il / Elle a (**2**) _____ ans. Il / Elle est (**3**) _____ . Il / Elle mesure (**4**) _____ . Il / Elle a les yeux (**5**) _____ et les cheveux (**6**) _____ . Il / Elle aime faire (**7**) _____ , jouer (**8**) _____ , aller (**9**) _____ et (**10**) _____ . Il / Elle a beaucoup de qualités. Il / Elle est (**11**) _____ . (**12**) _____ et (**13**) _____ . Malheureusement, il / elle est aussi (**14**) _____ et (**15**) _____ . Personne n'est parfait!

D

Aidez d'autres personnages de *Façon de Parler!* à se présenter. Utilisez les notes ci-dessous. *Help other characters from **Façon de Parler!** to introduce themselves. Use the notes below.*

Exemple: Je m'appelle Lucien Cousin. J'habite à Fort-de-France à la Martinique. Je suis marié. J'ai . . .

Lucien Cousin: médecin; Fort-de-France, Martinique; marié; 2 enfants (Simon, 12 ans, Annette, 9 ans); natation, tennis, musculation

Tahar Aboulfath: 28 ans; beur* (parents marocains) né Limoges; appartement (immeuble moderne); comptable; célibataire; petite amie (Yasmin) depuis 6 mois; taekwondo, promenades en VTT, jet-ski (lacs du Limousin)

* Maghrébin né en France de parents immigrés.

Claude Dupré: fermier (petit village à 15 km de Rouen, Normandie); marié; femme, Liliane, de Grenoble dans les Alpes; 4 enfants (Jean-Pierre, 17 ans, Paul, 15 ans, Colette, 13 ans et Philippe, 11 ans) qui aident pendant les vacances; parents à la retraite; mère fait cuisine pour toute la famille

Chantal: 23 ans; célibataire; petit ami (Laurent, 25 ans), vendeuse (magasin: Primono); cours d'anglais; cinéma, discothèque; adore musique

Monsieur Déveine: Dijon, Bourgogne; ami de Henri Boivin; marié; homme d'affaires; au chômage

E **Imaginez que vous venez de rencontrer une personne que vous n'aimez pas. Écrivez à votre ami(e) français(e) pour lui en parler.** *Imagine that you have just met a person that you do not like. Write to your French friend to tell him / her about it.*

F **Faites votre autoportrait et décrivez les membres de votre famille, en vue d'un jumelage avec une ville française. Parlez aussi de vos passe-temps.** *Describe yourself and the members of your family, with a view to a twinning with a French town. Also mention your hobbies.*

écoutez bien!   *listen carefully!*

Listen to a civil servant checking the information on a file. Then imagine that you are the civil servant. Correct the mistakes on the form below.

Numéro de dossier: 6529
Nom de famille: LEGROS **Prénom:** Patricia
Âge: 40 ans
Situation de famille: Célibataire
Enfants: 0 **fils** 0 **fille(s)**
Couleur des yeux: Bleus
Taille: 1 m 50
Profession: Architecte
Passe-temps: Voile, bridge
Adresse: 64, rue de Nancy, Paris 10ème*

*(10ème = 10th **arrondissement**. Paris is divided into twenty administrative districts called **arrondissements**.)

lecture

To take part in the extensive SNES survey on dating, fill in the online questionnaire below.

SondageSnes.com

| Accueil | Visite | FAQ | Participer | Rapports et Archives |

Participez à la grande enquête SNES sur les rencontres!

Quand vous choisissez une personne avec qui sortir, quelles sont les qualités que vous recherchez? (Cochez autant de réponses que vous le souhaitez.)

Intelligent(e) . . . . ☐
Amusant(e) . . . . ☐
Extroverti(e) . . . . ☐
Qui aime flirter . . . . ☐
Qui a de la conversation . . . . ☐
Qui a des goûts semblables . . . . ☐
Qui a le sens de l'humour . . . . ☐
Flatteur / euse . . . . ☐
Poli(e) et bien élevé(e) . . . . ☐
Qui présente bien . . . . ☐

Généreux / euse . . . . ☐
Ponctuel(le). . . . . ☐
Sans opinion . . . . ☐
Qui a d'autres qualités . . . . ☐

Quelle importance donnez-vous au physique de la personne?

Très important. . . . . ☐
Assez important . . . . ☐
Pas très important. . . . . ☐
Sans importance . . . . ☐
Sans opinion. . . . . ☐

Quel est selon vous le meilleur jour de la semaine pour le premier rendez-vous?

Lundi. . . . . ☐
Mardi. . . . . ☐
Mercredi . . . . ☐
Jeudi . . . . ☐
Vendredi . . . . ☐
Samedi . . . . ☐
Dimanche . . . . ☐
Sans préférence. . . . . ☐

Quel est à votre avis l'endroit idéal pour une première rencontre?

Dans un lieu d'intérêt touristique / un musée . . . . ☐
Dans un jardin public . . . . ☐
Dans un café. . . . . ☐
Dans un restaurant . . . . ☐
Dans un bar . . . . ☐
Dans une boîte de nuit. . . . . ☐
Dans un centre d'activités – patinoire, bowling etc. . . . . . . ☐
A un évènement sportif – régate, tournoi de tennis etc. . . . ☐
Dans un cinéma . . . . ☐
Dans un autre endroit. . . . . ☐
Sans opinion . . . . ☐

Selon vous, qui doit payer lors du premier rendez-vous?

L'homme . . . . ☐
La femme. . . . . ☐
Chacun paie sa part. . . . . ☐
La personne qui a lancé l'invitation . . . . ☐
Sans opinion . . . . ☐

Qu'est-ce qui décrit le mieux les vêtements que vous choisissez pour le premier rendez-vous?

Décontractés . . . . ☐
Sexy. . . . . ☐
Très élégants . . . . ☐

Moulants et plutôt provocants. . . . . □
Un autre style . . . . □

Quel est votre degré d'assurance quand vous rencontrez un nouveau / une nouvelle partenaire?

Je suis très sûr(e) de moi . . . . □
J'ai confiance en moi. . . . . □
Je ne suis ni sûr(e) de moi ni timide . . . . □
Je suis plutôt timide . . . . □
Je suis très timide . . . . □
Sans opinion . . . . □

Où / Comment a-t-on le plus de chance de rencontrer un nouveau / une nouvelle partenaire?

Au café . . . . □
Au supermarché . . . . □
Au travail . . . . □
Dans un train . . . . □
Dans la rue . . . . □
Dans un club. . . . . □
Par l'intermédiaire d'amis . . . . □
Par une agence matrimoniale . . . . □
Par Internet . . . . □
Par un autre moyen . . . . □
Sans opinion . . . . □

Quelle image de vous souhaitez-vous donner lors de la première rencontre?

Sexy. . . . . □
Modeste . . . . □
Amusant(e). . . . . □
Décontracté(e) . . . . □
Sûr(e) de moi. . . . . □
Intéressant(e) . . . . □
Qui parle avec facilité . . . . □
Cultivé(e) . . . . □
Sympa. . . . . □
Calme . . . . □
Une autre image . . . . □
Sans opinion . . . . □

Avez-vous déjà utilisé un site de rencontres sur Internet?

Oui . . . . □
Non. . . . . □

Valider

Deuxième unité

un week-end difficile

Lundi matin, Jeanne demande à ses élèves ce qu'ils ont fait pendant le week-end.

Laure   Moi, dimanche, j'ai fini mes devoirs et j'ai aidé ma mère. J'ai fait la vaisselle et j'ai cassé un verre.

Isabelle   Avant-hier, moi je n'ai rien fait, mais mon frère a perdu sa montre, ma sœur a acheté une robe et mon chien a mordu le facteur.

Michel   Hier, j'ai dormi jusqu'à midi. L'après-midi, mes amis et moi on a joué au football, et le soir, j'ai écouté les CD de mon groupe préféré.

Thomas   Et moi, hier, j'ai attendu l'heure du programme sportif, et j'ai regardé la télé tout l'après-midi. Ma sœur m'a parlé, mais je ne lui ai pas répondu!

Michel   Et vous, mademoiselle, avez-vous dormi jusqu'à midi hier?

Jeanne   Non, je n'ai pas dormi jusqu'à midi.

Thomas	Est-ce que vous avez regardé la télé?
Jeanne	Non, je n'ai pas regardé la télévision.
Isabelle	Qu'est-ce que vous avez fait?
Jeanne	J'ai téléphoné à une amie, nous avons bavardé longtemps, j'ai oublié mes pommes de terres et elles ont brûlé.
Laure	Et alors, qu'est-ce que vous avez fait?
Jeanne	Alors, j'ai mangé au restaurant!

QU'EST-CE QUE ÇA VEUT DIRE?

un(e) élève	*a pupil*
avant-hier	*the day before yesterday*
mordre	*to bite*
préféré(e)	*favourite*
jusqu'à	*until, up to*
brûler	*to burn*

avez-vous compris?

Répondez *vrai* ou *faux*.

1 Dimanche, Laure a fini ses devoirs.

2 Elle n'a pas aidé sa mère.

3 Elle n'a pas fait la vaisselle.

4 Isabelle n'a rien fait, avant-hier.

5 Elle n'a pas perdu sa montre.

6 Michel n'a pas dormi jusqu'à midi, hier.

7 Le soir, il a écouté des disques.

8 Hier, Thomas a attendu l'heure du programme sportif.

9 Il n'a pas regardé la télé tout l'après-midi.

10 Jeanne Chouan a téléphoné à une amie et elles ont bavardé longtemps.

11 Elle n'a pas oublié ses pommes de terre.

12 Elle n'a pas mangé chez elle.

à vous!

Choisissez les bons mots pour raconter le week-end désastreux de Marie!

fait   choisi   téléphoné   cassé   bavardé   mordu
aidé   mangé   fait   perdu   oublié   brûlé

Samedi après-midi, j'ai (**1**) _____ ma mère. J'ai (**2**) _____ la vaisselle, mais malheureusement j'ai (**3**) _____ trois assiettes. Puis j'ai (**4**) _____ la cuisine. Mon petit ami m'a (**5**) _____ et nous avons (**6**) _____ longtemps. J'ai (**7**) _____ la viande et elle a (**8**) _____ ! Alors, le soir, nous avons (**9**) _____ au restaurant où j'ai (**10**) _____ un plat qui n'était pas tellement bon. Pour tout arranger, le chien de la patronne m'a (**11**) _____ et mon petit ami a (**12**) _____ son portefeuille!

la vie quotidienne

Et nos touristes, qu'est-ce qu'ils ont fait récemment?

Martin   Tu as ouvert une bonne bouteille hier, hein?

Henri   Ah oui, mais j'ai trop bu et j'ai trop chanté, tu sais!

Martin   Alors aujourd'hui, je suppose que tu as mal à la tête et à la gorge!

Henri   Oui, mais c'était super!

Philippe	Vous avez reçu beaucoup de cadeaux pour votre anniversaire, Sylvie?
Sylvie	Bien sûr! Du parfum, des chocolats, des fleurs . . . Et le soir, j'ai mis une robe neuve et je suis allée au restaurant avec des amis.
Philippe	Vous avez bien mangé?
Sylvie	Oui, c'était délicieux!

Le directeur	Mademoiselle Le Goff, pourquoi avez-vous été en retard au bureau lundi matin?
Annick	Je suis désolée, Monsieur le directeur, mais je n'ai pas entendu le réveil. C'était exceptionnel!
Le directeur	Quelle excuse! Vous avez lu mon rapport et ouvert mes lettres, j'espère!

Annick	Alors, vous avez eu une tempête en mer la semaine dernière?
Yves	Oui, nous avons eu très peur. J'ai vu des éclairs énormes! C'était effrayant!
Annick	Mon pauvre chou! Et vous n'avez pas pris beaucoup de poissons?
Yves	Ah non, évidemment.

Josée	Bonne journée, chéri? Ça va?
Lucien	Comme ci comme ça.
Josée	Qu'est-ce que tu as fait ce matin?
Lucien	Oh, je n'ai rien fait de spécial. J'ai fait des piqûres, j'ai pris la tension de plusieurs malades . . . J'ai regardé des radios aussi. C'était plutôt ennuyeux!

Client	Est-ce que vous avez travaillé dimanche dernier?
Antoine	Non, nous n'avons pas travaillé. Mais malheureusement, il n'a pas fait beau. Il a plu toute la journée. Alors, Dominique est resté à la maison. Il a écrit à notre amie Sylvie, et moi, je suis allé au cinéma.
Client	Qu'est-ce que vous avez vu?
Antoine	Un film anglais. C'était très intéressant!

QU'EST-CE QUE ÇA VEUT DIRE?

j'ai bu (boire !)	*I drank, I have drunk*
c'était	*it was*
vous avez reçu (recevoir !)	*you received, you have received*
j'ai mis (mettre !)	*I put on, I have put on*
être en retard	*to be late*
j'ai été (être !)	*I was, I have been*
un rapport	*a report*
vous avez eu (avoir !)	*you had, you have had*
une tempête	*a storm*
mon pauvre chou	*my poor love*
nous avons vu (voir !)	*we saw, we have seen*
un éclair	*a flash of lightning*
faire une piqûre	*to give an injection*
prendre la tension	*to take the blood pressure*
j'ai pris (prendre !)	*I took, I have taken*
une radio	*an X-ray*
plutôt ennuyeux	*rather boring*
il a plu (pleuvoir !)	*it rained, it has rained*
je suis allé(e) (aller !)	*I went, I have been*
je suis resté(e)	*I stayed, I have stayed*

avez-vous compris?

Cochez les bonnes réponses.

1 Henri a mal à la tête / au dos, parce qu'il a trop mangé / bu.

2 Pour son anniversaire, Sylvie a reçu des fleurs / une plante et des gâteaux / des chocolats.

3 Annick a été en retard à l'hôpital / au bureau, parce qu'elle n'a pas entendu la télévision / le réveil. C'était exceptionnel / normal.

4 Pendant la tempête, Yves et ses amis ont eu très faim / peur, et ils n'ont pas pris beaucoup de poissons / vêtements. C'était formidable / effrayant.

5 Lucien a fait des piqûres / radios, et il a pris la température / la tension de plusieurs malades. C'était intéressant / ennuyeux.

6 Dimanche dernier il a plu tout l'après-midi / toute la journée. C'était désagréable / bien. Antoine est allé au cinéma / au stade et Dominique a écrit une carte postale / un mél à Sylvie.

à vous!

Travaillez avec un / une partenaire.

Vous êtes un / une des touristes. Votre partenaire doit deviner qui vous êtes! Répondez simplement oui ou non. Puis changez de rôle.

Exemple: **A** Vous avez / Est-ce que vous avez / Avez-vous ouvert une bonne bouteille hier?
B Non.
A Vous avez / Est-ce que vous avez / Avez-vous reçu beaucoup de cadeaux?
B Oui.
A Alors, vous êtes Sylvie.

on va à la noce

Monsieur et Madame Brède marient leur fille, Anne. Voici le faire-part qu'ils ont envoyé (à la page 27).

Certaines personnes ont déjà répondu.

Madame
Roger Coquard

Monsieur et Madame
Adrien Potais

Monsieur et Madame
Charles Brède

Madame
André Bérault

Monsieur et Madame
Jérôme Viargues

sont heureux de vous faire part du mariage de leurs
petits-enfants et enfants

Anne et Christian

et vous prient d'assister à la Bénédiction Nuptiale
qui leur sera donnée
le Samedi 17 Mai 2008 à 16 heures
en l'Église St. Joseph à Rouen

26, rue Jouvenet
76120 Rouen

50, rue Stanislas
76100 Rouen

Toulouse,
le 1er avril
2008

Chers amis,

Nous sommes très heureux
d'apprendre le mariage de votre
fille Anne. Nous vous prions
d'accepter toutes nos félicitations à
cette occasion et nous adressons nos
vœux de bonheur les plus sincères
aux jeunes mariés. Veuillez croire,
chers amis, à nos sentiments très
amicaux.*

Marie-Reine et Jean-Philippe

*Formal ending

Les membres de la famille et les amis proches
ont également reçu l'invitation suivante.

Une autre réponse vient d'arriver chez
les Brède.

Madame Charles Brède
Madame Jérôme Viargues

recevront en l'honneur de leurs enfants
au restaurant 'La Pergola' à Planville
à partir de 19 heures

26 rue Jouvenet
76120 Rouen

50 rue Stanislas
76100 Rouen

Réponse souhaitée avant le 20 avril 2008

Paris, le 3 avril 2008

Chers Irène et Charles,
Je suis enchantée d'apprendre le mariage d'Anne et
de Christian. Toutes mes félicitations! Je suis très
touchée par votre invitation. Je ne pourrai
malheureusement assister ni à la cérémonie religieuse ni
au repas car je serai aux États-Unis à ce moment-là.
En effet, je pars chez ma sœur à Boston début mai
pour un séjour d'un mois. Transmettez tous mes vœux
de bonheur aux jeunes mariés. Mes pensées seront avec
vous le 18!

Bien affectueusement,
Gabrielle

QU'EST-CE QUE ÇA VEUT DIRE?

la noce	*wedding*	le bonheur	*happiness*
un faire-part (inv.)	*an announcement (wedding, birth, etc.)*	recevront* (recevoir)	*will entertain (here)*
		à partir de . . .	*from . . .*
assister (à)	*to attend, to be at*	enchanté(e)	*delighted*
sera / serai / seront* (être)	*will be (to be)*	pourrai* (pouvoir)	*will be able to*
félicitations (fem.)	*congratulations*	ni . . . ni . . .	*neither . . . nor . . .*
un vœu	*a wish*	car	*for, because*

*Future tense

 ## avez-vous compris?

Répondez en français.

1 Qui sont les grands-parents d'Anne?

2 Quel est le nom de famille de Christian?

3 Où Anne et Christian vont-ils se marier?

4 Quand vont-ils se marier?

5 Qui a déjà envoyé une réponse à l'annonce du mariage?

6 Qui a été invité au restaurant?

7 À quelle heure sont-ils attendus?

8 Les invités doivent répondre avant quelle date?

9 Qui a répondu négativement à l'invitation?

10 Pourquoi?

 ## à vous!

À quoi correspondent les réponses ci-dessous? Choisissez entre un mariage, une naissance, un décès, une invitation, ou des vœux pour une personne malade.

1 MONSIEUR YVON JOSSEPIN

vous remercie de votre aimable invitation à laquelle il aura le grand plaisir de se rendre.

2 Madame Jean-Claude Poulain

vous prie d'accepter ses vœux les meilleurs pour le rétablissement de votre santé.

3 CHRISTOPHE LENORMAND

adresse ses compliments et ses félicitations aux parents et ses vœux de bonheur aux jeunes époux.

4 MONSIEUR ET MADAME GERARD LACROIX

vous prient de bien vouloir agréer l'expression de leur douloureuse sympathie et vous adressent leurs plus sincères condoléances.

5 IRENE LEVASSEUR

vous adresse ses plus vives félicitations à l'occasion de la naissance du petit Alexandre.

on va à la noce (suite et fin)

Au mariage d'Anne, certains invités se plaignent . .

J'ai grossi! Le pantalon que j'ai mis aujourd'hui est trop étroit!

Aïe! J'ai mal aux pieds. Les chaussures que mon frère m'a prêtées sont trop petites!

La robe que j'ai empruntée est à ma sœur, je n'aime pas la couleur! Elle ne me va pas!

QU'EST-CE QUE ÇA VEUT DIRE?

un(e) invité(e)	*a guest*
se plaindre	*to complain*
emprunter	*to borrow*
elle ne me va pas	*it doesn't suit me*
prêter	*to lend*
étroit(e)	*narrow, tight*

à vous!

Choisissez les bons mots pour compléter les plaintes des invités (page 30).

Choose the right words to complete the complaints of the guests (page 30).

train   voiture   cadeau   hélicoptère   chemise   sandales

1 – La _____ que j'ai achetée récemment n'est pas assez rapide!

2 – J'ai grossi! La _____ que j'ai mise est trop petite!

3 – Les _____ que j'ai empruntées sont trop grandes. Elles sont à ma mère, bien sûr!

4 – C'est une vraie catastrophe! Le _____ que j'ai choisi ne plaît pas à la mariée.

5 – Le _____ que j'ai pris n'était pas direct!

6 – L' _____ que le jeune couple a loué est en retard!

encore une visite chez le médecin

Après le mariage de sa fille, Madame Brède retourne chez le médecin.

Le médecin	Alors, Mme Brède, qu'est-ce qui ne va pas cette fois?
Madame Brède	Ah docteur, j'ai passé un dimanche épouvantable: j'ai été malade comme un chien, j'ai eu mal à la tête, j'ai dû rester au lit et je n'ai rien pu manger de la journée!
Le médecin	Eh bien, ça doit être sérieux!
Madame Brède	Ne plaisantez pas, docteur, je n'ai pas envie de rire ce matin. Il me faut un médicament pour le foie, quelque chose de radical!
Le médecin	Pour le foie! et votre régime alors?
Madame Brède	Aujourd'hui, docteur, j'ai une excuse!
Le médecin	Une excuse?
Madame Brède	Oui, nous avons marié notre fille, Anne, il y a deux jours.
Le médecin	Toutes mes félicitations!
Madame Brède	La cérémonie a été splendide et le repas a été somptueux. Pour commencer, nous avons eu du homard à l'américaine, puis j'ai mangé une belle sole meunière, ensuite du gigot d'agneau avec des flageolets et des haricots verts – j'en ai pris deux fois, et . . .
Le médecin	Et je suppose que vous avez aussi bien bu?
Madame Brède	Bien sûr! l'apéritif d'abord, puis du vin blanc avec le poisson, du vin rouge avec la viande et du champagne avec une pièce montée magnifique.
Le médecin	Et vous vous étonnez d'être encore malade aujourd'hui?
Madame Brède	Pas du tout, docteur, mais je compte sur vous pour me donner un bon médicament.
Le médecin	Il n'y a pas de remède miracle contre la gourmandise, vous savez!

QU'EST-CE QUE ÇA VEUT DIRE?

épouvantable	*dreadful*
j'ai dû (devoir)	*I had to, I have had to*
j'ai pu (pouvoir)	*I could, I was / have been able to*
plaisanter	*to joke*
il y a	*ago* (here)
du homard	*lobster*
du gigot d'agneau	*leg of lamb*
des flageolets (m.)	*small kidney beans*
j'en ai pris deux fois	*I had two helpings*
une pièce montée	(*a special cake of choux pastry, served at weddings, etc*)
s'étonner	*to be surprised*
il me faut	*I need*
le foie	*liver*

avez-vous compris?

1 Pourquoi Mme Brède a-t-elle passé un dimanche épouvantable?

2 Où a-t-elle dû rester?

3 A-t-elle pu manger quelque chose?

4 Est-ce qu'elle a vraiment besoin d'un médicament pour le foie?

5 Pourquoi n'a-t-elle pas suivi son régime?

6 Comment a été le mariage de sa fille, Anne?

7 Qu'est-ce qu'on a mangé?

8 Qu'est-ce qu'on a bu?

à vous!

Vous êtes malade! Complétez la conversation.

Le médecin   Alors, M . . ., qu'est-ce qui ne va pas aujourd'hui?

Vous   (**1** *Say you spent a dreadful Sunday. You had a headache, you had to stay in bed, and you couldn't eat anything all day*.)

Le médecin   Vous n'avez rien mangé, rien du tout?

Vous   (**2** *Say no. You need some medicine for your liver*.)

Le médecin   Pour le foie? Et votre régime alors?

Vous   (**3** *Say you have an excuse today. You went to a friend's wedding two days ago*.)

Le médecin   Et je suppose que vous avez bien mangé?

Vous	(**4** *Say yes. You ate lobster, then leg of lamb. You had two helpings.*)
Le médecin	Et vous avez aussi bien bu?
Vous	(**5** *Say of course. An apéritif first, then red wine, and champagne.*)
Le médecin	Et vous vous étonnez d'être malade aujourd'hui?
Vous	(**6** *Say not at all, doctor. You're counting on him to give you some good medicine!*)

et vous?

Qu'est-ce que vous avez fait le week-end dernier? C'était comment? Cochez les bonnes réponses. **Ajoutez d'autres activités si vous voulez.** *Add other activities if you wish.*

Exemple: J'ai joué au squash. C'était fatigant!

LOISIRS

J'ai joué au badminton / au squash / au tennis / au football / au ping-pong.
J'ai fait du yoga / du taekwondo / de l'aérobic / de la natation / de la voile.
Je n'ai pas fait de sport.
J'ai joué au Scrabble / aux échecs.
J'ai tricoté / fait de la couture.
J'ai écouté des CD / regardé la télé.
J'ai lu le journal / un magazine / un livre / une bande dessinée.

TRAVAUX MÉNAGERS

J'ai fait la cuisine / la vaisselle / la lessive.
J'ai passé l'aspirateur.
J'ai repassé.
Je n'ai pas fait de ménage / de bricolage.
J'ai travaillé dans le jardin.
J'ai lavé la voiture.

SORTIES

J'ai fait les courses / une promenade.
J'ai visité un monument historique.
J'ai suis allé(e) à la campagne / au bord de la mer.
Je suis allé(e) chez mes parents / mes enfants / des amis.
Je suis allé(e) au cinéma / au concert / au théâtre / à un match de foot / à une conférence / dans un cybercafé.

jeu de rôles

Fill in your diary for the past week, and ask your partner what he / she did at certain times last week.

Exemple: Qu'est-ce que vous avez fait hier soir?
Avez-vous fait les courses lundi matin?

Then answer your partner's questions.

UN PEU DE GRAMMAIRE

Le passé composé	*The perfect tense* (Regular verbs)
-er verbs	
j'ai joué / je n'ai pas joué	*I played, I have played / I didn't play, I haven't played*
-re verbs	
j'ai perdu / je n'ai pas perdu	*I lost, I have lost / I didn't lose, I haven't lost*
-ir verbs	
j'ai choisi / je n'ai pas choisi	*I chose, I have chosen / I didn't choose, I haven't chosen*

(For irregular verbs, please consult the verb tables at the back of the book.)

il y a	***ago***
J'ai téléphoné à mes parents il y a deux jours	*I phoned my parents two days ago*
Il y a trois ans, je suis allé(e) en vacances en Normandie	*Three years ago, I went on holiday to Normandy*

Agreement of the preceding direct object

Le pantalon que j'ai emprunté	*The trousers (that) I borrowed*
La robe que j'ai achetée	*The dress (that) I bought*
Les chaussures que j'ai mises	*The shoes (that) I put on*

▶ **Grammaire** 2, 4, 7(a)(b)(c)

EXERCICES

A Choisissez un des adjectifs ci-dessous pour compléter les phrases.

super	merveilleux	drôle	désagréable
magnifique	formidable	normal	génial
triste	ennuyeux	exceptionnel	fatigant
intéressant	amusant	effrayant	moche
délicieux	agréable	bon	fantastique

1 L'année dernière, j'ai visité le Louvre. C'était . . . Ce n'était pas . . .

2 La semaine dernière, nous avons eu une tempête. C'était . . .

3 Il a plu toute la journée. C'était . . .

4   Nous avons vu un film de Charlot (*Charlie Chaplin*). C'était . . .

5   Mardi matin, elle a été en retard au bureau. C'était . . .

6   Hier il a dû rester au lit. C'était . . .

7   Jeudi soir, nous sommes allés au concert. C'était . . .

8   Samedi après-midi, j'ai travaillé dans le jardin. C'était . . .

9   Cette nuit il a neigé. C'était . . .

10   Dimanche soir ils ont mangé au restaurant chinois. C'était . . .

Maintenant faites vos propres phrases.

B   Complétez avec **depuis** ou **il y a**.

1   Je travaille à Strasbourg _____ cinq ans.

2   Je suis secrétaire à Eurofret _____ un an.

3   Je suis arrivé à Londres _____ six mois.

4   J'habite en Angleterre _____ le mois d'avril.

5   Elle est allée en Grèce _____ trois ans.

6   Je suis au bureau _____ huit heures ce matin.

7   Laurent et Chantal sont allés au cinéma _____ deux semaines.

8   Elle a téléphoné _____ environ une heure.

9   Il a un magasin à Luçon _____ février 2006.

10   J'ai changé de travail _____ trois mois.

11   Nous sommes pacsés _____ cinq ans.

12   Nous avons divorcé _____ dix ans.

13   J'ai pris ma retraite _____ deux ans.

14   Je suis au chômage _____ le début de l'année.

15   Je porte des lunettes _____ l'âge de quatre ans.

Maintenant, donnez quelques détails similaires à propos de votre propre situation.

C   Un(e) jeune français(e) a fait du babysitting dans une famille nombreuse. Quelles sont ses récriminations? Expliquez en anglais.

1   Les enfants n'ont pas joué avec les voisins après la classe.

2   Paul n'a pas aidé Marie à ranger ses affaires.

3   Philippe n'a pas attendu Henri devant l'école.

4   Les jumeaux n'ont pas mangé.

5 Le bébé n'a pas dormi.

6 Le chien a cassé le vase chinois.

7 Je n'ai pas pu regarder mon émission favorite. Le téléviseur était en panne.

8 Finalement j'ai perdu patience et j'ai téléphoné à leur mère!

D Envoyez une carte postale ou un mél à un ami / une amie pour lui raconter quelque chose d'intéressant que vous avez fait récemment.

E Complétez la conversation. Utilisez 'tu'.

Alain (**1** *Say 'hello Jean' and ask how he is.*)

Jean Comme ci comme ça, et toi?

Alain (**2** *Say you telephoned yesterday evening. Ask him where he went.*)

Jean Je suis allé chez Michelle. Elle m'a invité à dîner.

Alain (**3** *Say he is lucky. Ask what they ate.*)

Jean Michelle a préparé des soles meunières et moi j'ai apporté une bouteille de bordeaux blanc.

Alain (**4** *Ask what they did after the meal.*)

Jean Nous sommes allés au cinéma pour voir un film anglais qui passe au Rex.

Alain (**5** *Ask if they saw any friends there.*)

Jean Ah oui, nous en avons rencontré plusieurs.

écoutez bien!

You are about to hear a sample from a survey conducted on a European scale. The question was: '**Vous avez fait quelque chose d'intéressant samedi soir?**' Unfortunately, the notes from the French interviewers have not been translated accurately. Your job is to correct all the mistakes which have crept in.

1 Went to disco with girlfriend but left after two hours.

2 Had a shower, put on a new dress and went to a restaurant with a girlfriend.

3 Phoned a friend who's been living in Spain for six years. Chatted for about 30 minutes.

4 Didn't do anything special. Stayed at home and watched TV all evening: a programme about America, then an English film on another channel.

5 Was lucky! Borrowed 50 euros off a friend in the street. Then went to the casino and came away with 400 euros.

6 Had dinner at her in-laws and had an argument about holidays.

lecture

Read the magazine article on Jacques Prévert which includes two of his early poems. Imagine you are giving a brief talk in English about him. Give a few biographical details, and explain one of his poems.

Jacques Prévert est né à Neuilly-sur-Seine en 1900. Dans sa jeunesse le poète a fait partie du mouvement surréaliste, et il est devenu brillant scénariste au cinéma. Dans sa poésie, les choses et les êtres parlent un langage à la fois proche et inattendu. À côté du charmant Prévert, il existe un poète libertaire, dont la passion se tourne en anarchisme virulent. Il s'attaque à tout ce qui relève de l'ordre social établi (famille, armée, police, justice, politique, Église), et sa protestation suggère une vision du monde et de la sociéte.

Paroles (1945) a été le premier recueil de sa poésie à paraître. Puis il a publié **Histoires** (1946), **La Pluie et le beau temps** (1955), et **Choses et autres** (1973). Il a aussi écrit des chansons, dont certaines, interprétées par Yves Montand, ont eu beaucoup de succès, par exemple, **Les feuilles mortes** et **Barbara**. Jusqu'en 1946 Prévert a écrit des scénarios et des dialogues de film pour Marcel Carné: **Les Enfants du Paradis** (1945), **Quai des Brumes**, avec Jean Gabin et Michèle Morgan, et **Hôtel du Nord** (1938). Il est mort à Omonville-la-Petite, Manche, en 1977.

Les Enfants du Paradis

Le message

La porte que quelqu'un a ouverte
La porte que quelqu'un a refermée
La chaise où quelqu'un s'est assis
Le chat que quelqu'un a caressé
Le fruit que quelqu'un a mordu
La lettre que quelqu'un a lue
La chaise que quelqu'un a renversée
La porte que quelqu'un a ouverte
La route où quelqu'un court encore
Le bois que quelqu'un traverse
La rivière où quelqu'un se jette
L'hôpital où quelqu'un est mort.

Paroles, Jacques Prévert

Déjeuner du matin

Il a mis le café
Dans la tasse
Il a mis le lait
Dans la tasse de café
Il a mis le sucre
Dans le café au lait
Avec la petite cuiller
Il a tourné
Il a bu le café au lait
Et il a reposé la tasse
Sans me parler
Il a allumé
Une cigarette
Il a fait des ronds
Avec la fumée
Il a mis les cendres
Dans le cendrier
Sans me parler
Il s'est levé
Il a mis
Son chapeau sur sa tête
Il a mis
Son manteau de pluie
Parce qu'il pleuvait
Et il est parti
Sous la pluie
Sans une parole
Sans me regarder
Et moi j'ai pris
Ma tête dans ma main
Et j'ai pleuré.

Paroles, Jacques Prévert

un bon repas entre amis

Henri Boivin a invité son ami Martin, qui est très gourmand, à déjeuner. Martin ne connaît pas bien la Bourgogne.

Henri	Moi, je suis né à Dijon. C'est une ville que j'aime beaucoup.
Martin	C'est une ville qui est surtout connue pour sa moutarde, n'est-ce pas?
Henri	Oui, mais aussi pour le pain d'épice, la crème de framboise, la crème de cassis . . .
Martin	Ah, la crème de cassis!
Henri	Alors, vous voulez un kir, Martin?
Martin	Avec plaisir!
Henri	Voilà! . . . Santé!
Martin	Santé! Hmm . . . C'est un apéritif que j'adore!
Henri	Dijon est une ville historique très intéressante. Il faut voir le Palais des Ducs, qui est très célèbre, il faut visiter les musées . . .
Martin	Depuis combien de temps habitez-vous ici, à Nuits-Saint-Georges?
Henri	Depuis deux ans maintenant. Mais vous savez, ce n'est pas loin de Dijon. C'est une ville qui est aussi en Côte d'Or.
Martin	En Côte d'Or?
Henri	Oui. C'est la région qui se trouve à l'est de la Bourgogne. Il y a quatre régions qui s'appellent . . .

Martin	Moi, je m'intéresse surtout à la gastronomie, vous savez! Vous avez une devise . . .
Henri	'Bonne table, bons vins'?
Martin	C'est ça. C'est une devise qui me plaît énormément! . . . Hmm . . . Ça sent bon ici, dites donc! Qu'est-ce que c'est? Du bœuf bourguignon?
Henri	Non. Le bourguignon est un plat qui est très populaire et que j'aime bien manger, mais que je déteste préparer, à cause des oignons.
Martin	Quel dommage!
Henri	Ne vous inquiétez pas! Je vous ai préparé un poulet de Bresse, une autre spécialité de la région dont nous sommes très fiers.
Martin	Excellent!
Henri	Et pour commencer, une douzaine d'escargots à la bourguignonne.
Martin	Et comme vin?
Henri	Eh bien, vous avez la région de Chablis, qui produit de grands vins blancs secs, la Côte-de-Nuits avec ses vins rouges aux noms prestigieux, comme le Gevrey-Chambertin, le beaujolais, et naturellement, le Nuits-Saint-Georges.
Martin	Alors, qu'est-ce que nous allons boire à midi?
Henri	Devinez!
Martin	Une bonne bouteille de Nuits-Saint-Georges?
Henri	Bien sûr, c'est mon vin préféré!

QU'EST-CE QUE ÇA VEUT DIRE?

Je suis né(e) (naître 🔔)	*I was born (to be born)*
le pain d'épice	*(cake made with honey and spices)*
la framboise	*raspberry*
le cassis	*blackcurrant*
le kir	*(white wine with blackcurrant liqueur)*
Santé!	*Cheers! / Your health!*
il faut voir	*one must see*
une devise	*a motto*
sentir 🔔	*to smell*
Quel dommage!	*What a pity!*
Ne vous inquiétez pas!	*Don't worry!*
dont nous sommes fiers	*of which we are proud*
Devinez!	*Guess!*

avez-vous compris?

Relisez le dialogue et trouvez:

1 Une grande ville en Côte d'Or qui est connue pour sa moutarde.

2 Deux liqueurs qui sont aussi des spécialités connues.

3 Un apéritif d'origine bourguignonne.

4 Une des quatre régions de la Bourgogne qui se trouve à l'est.

5 Une devise bourguignonne qui plaît à l'ami d'Henri.

6 Un plat populaire qu'Henri n'aime pas préparer.

7 Une autre spécialité de la région qu'Henri va servir en entrée.

8 Une région de Bourgogne qui produit de bons vins blancs secs.

9 Un bâtiment très célèbre qui se trouve à Dijon.

10 Le vin qui est le vin favori d'Henri.

à vous!

Tourama fait une enquête pour savoir ce qui attire les visiteurs en Bourgogne. Remplissez le questionnaire ci-dessous.

POURQUOI LA BOURGOGNE?

Indiquez ce qui vous attire le plus dans cette région, en numérotant de un à six, par ordre de préférence:

☐ Le parc naturel du Morvan, qui préserve le charme des forêts et la sauvage beauté des lacs.

☐ Les rivières et les lacs qui favorisent les sports nautiques.

☐ Les châteaux et les vieilles forteresses qui remontent au Moyen Âge.

☐ Les nombreuses abbayes et églises qui représentent l'art roman.

☐ Le paysage varié, qui vous permet de faire des randonnées en VTT, à cheval et des randonnées pédestres.

☐ La cuisine et les vins, qui sont mondialement connus.

Relisez le questionnaire sur la Bourgogne et complétez les listes ci-dessous.

Caractéristiques géographiques	Bâtiments d'intérêt historique	Activités sportives	Autres avantages
forêts	châteaux		

on se contacte

Colette Dupré a envoyé un e-mail à sa correspondante anglaise.

De :	"Colette Dupré" <col.dupre@neuf.fr>
A :	"Alison Newman" <alinewman@hotmail.com>
Date :	27/10 18:20
Objet :	Mon village

Salut Alison!

Moi aussi, j'habite à la campagne, dans une ferme! Elle est dans un petit village perdu qui s'appelle Beauchamp. Tout près, il y a une rivière et des bois. C'est bien pour mes frères qui aiment aller à la pêche et grimper aux arbres, mais à mon avis, il n'y a rien pour les jeunes ici. Il faut aller à Rouen qui se trouve à 15 kilomètres. Moi non plus, je n'aime pas beaucoup le climat. Chez nous aussi il pleut souvent . . .

QU'EST-CE QUE ÇA VEUT DIRE?

on se contacte	*getting in touch*	grimper	*to climb*
un(e) correspondant(e)	*a penfriend*	moi aussi	*me too, so do I*
perdu	*in the middle of nowhere, lost*	à mon avis	*in my opinion*
tout près	*very near*	moi non plus	*neither do I*

on se contacte (suite)

Simon Cousin envoie un courriel au fils Muller en Alsace.

De :	"Simon Cousin" <sim.cousin@ola.com>
A :	"Emile Muller" <mil.muller@libnet.fr>
Date :	05/11 17:42
Objet :	Vive la Martinique!

. . . Si tu es bon en géographie, tu sais que la Martinique est une île des Caraïbes. C'est le top pour les vacances. Il fait toujours beau et il y a des tas de trucs à faire pour les jeunes. Il y a des plages magnifiques et c'est super pour la voile, la planche à voile, le ski nautique et la plongée sous-marine. Mais moi, je préfère le jet-ski. C'est vraiment marrant! Il y a plein de dauphins, mais je n'ai jamais vu de requins. J'espère que tu aimes le poisson. On en mange beaucoup ici. J'espère que tu vas aimer les spécialités créoles. Sinon, on peut toujours aller au McDo!
Simon

QU'EST-CE QUE ÇA VEUT DIRE?

C'est le top! (fam.)	*it's the best!*	C'est marrant! (fam.)	*it's fun(ny)!*
des tas de trucs (fam.)	*lots of things*	un requin	*a shark*
la voile	*sailing*	goûter	*to taste*
la plongée sous-marine	*deep-sea diving*		

avez-vous compris?

Dites si les phrases ci-dessous correspondent à Colette / à Simon / à quelqu'un d'autre.

1 Habite à la montagne.

2 Habite sur une île.

3 Sa maison se trouve à la campagne.

4 À son avis, il n'y a rien à faire pour les jeunes.

5 Pense qu'il y a beaucoup d'activités pour les jeunes.

6 Mange souvent du poisson.

7 Aime aller à la pêche.

8 Fait beaucoup de sports nautiques.

9 Fait du ski.

10 Dit qu'il fait toujours beau.

11 Aime sa région parce qu'il y a beaucoup de neige l'hiver.

12 Dit qu'il pleut souvent.

13 Va quelquefois manger des fastfoods.

14 Aime faire la cuisine créole.

15 Habite dans un endroit isolé.

à vous!

Qu'est-ce qu'on a en commun? Travaillez avec un / une partenaire. *What do we have in common? Work with a partner*. Take it in turns, using the sentences below. If your situation / opinion corresponds to your partner's say **Moi aussi** or **Moi non plus** accordingly. If not, say what your situation / opinion is.

Exemples: – Je suis célibataire.
       – Moi aussi. (*same situation*)
   (*or*) Moi, je suis marié(e) depuis sept ans. (*different situation*)
       – Je n'aime pas le jazz.
       – Moi non plus. (*same opinion*)
   (*or*) Moi, j'adore le jazz, surtout Louis Armstrong. (*different opinion*)

- J'aime bien la région où j'habite.
- Je n'aime pas ma maison / mon appartement.
- Ma région se trouve dans le sud / le nord / l'est / l'ouest / le centre du pays.
- J'habite près / loin du centre-ville.
- Je n'habite pas à la montagne / au bord de la mer.
- Je n'aime pas les sports nautiques / les sports d'hiver.
- Je fais / Je ne fais pas beaucoup de sport.
- Je ne mange jamais de viande / de légumes / d'escargots.
- Je n'ai jamais mangé de lapin.
- Il pleut souvent où j'habite.

Vous pouvez aussi ajouter vos propres idées.

on se contacte (suite)

Dominique a envoyé une invitation à Sylvie.

De :	"Dominique Rossi" <dom.rossi@alo.fr>
A :	"Sylvie Clément" <sylvie.clement@wanadoo.com>
Date:	24/03 22:16
Objet :	Invitation

Il faut absolument venir nous voir en Corse. Il y a plein de choses à faire et à voir ici. La côte est splendide, il y a des criques sauvages, de belles plages de sable, de jolies stations balnéaires, des ports pittoresques. Et puis, il y a aussi des montagnes. C'est idéal pour faire des randonnées. Et toi qui aimes l'histoire, tu vas pouvoir visiter des endroits historiques. Il y a toutes sortes de vieux bâtiments, des forteresses, des musées, de vieilles églises, etc . . . Et comme tu es gourmande, je suis sûr que tu vas aimer les spécialités gastronomiques du pays. Le "prisuttu" (du jambon), les "figatelli" (des saucisses), et le 'brocciu' (du fromage de brebis) sont parfaits pour les pique-niques!

Pour plus de détails, clique sur le lien ci-dessous:
http//www.venez-en-corse.fr/visite-guidee.htm

LA CORSE!

C'est une île enchanteresse . . .

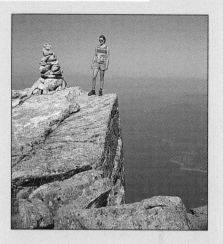

- ▶ qui est tout près de l'Hexagone.
- ▶ qui a des plages de sable fin, désertes.
- ▶ que les touristes n'ont pas encore découverte.
- ▶ qui vous offre des randonnées pédestres, en VTT ou à cheval dans les montagnes.

- ▶ qui a une multitude de criques sauvages à visiter en bateau.
- ▶ où vous êtes sûr d'avoir beau temps.
- ▶ qui est riche en histoire.
- ▶ que vous ne voudrez pas quitter.

QU'EST-CE QUE ÇA VEUT DIRE?

plein de choses	*lots of things*	comme	*as*
une plage de sable	*a sandy beach*	une brebis	*a ewe*
pas encore	*not yet*	cliquer	*to click*
une station balnéaire	*a seaside resort*	un lien	*a link*
un endroit	*a place*	l'Hexagone	*France (thus called because of its shape)*

avez-vous compris?

Un / une ami(e) britannique veut partir en vacances avec vous. *A British friend wants to go on holiday with you*. Try to convince him / her that you should go to Corsica. Use the e-mail and attached link sent by Dominique to Sylvie for ideas.

à vous!

Complétez les renseignements sur la Corse envoyés par Dominique. Utilisez les mots ci-dessous.

population   fiers   située   climat   clients   cher   près   adorent

La Corse est une île qui est (**1**) _____ à 170 kilomètres des côtes françaises, qui a une (**2**) _____ relativement faible, qui a un (**3**) _____ chaud et sec l'été et que nous allons te faire visiter quand tu vas venir!

'*Les Flots bleus*', où nous travaillons depuis cinq ans, est un restaurant qui est (**4**) _____ du port, que les touristes (**5**) _____ , qui ne coûte pas (**6**) _____ , dont le patron accueille chaleureusement les (**7**) _____ et dont nous sommes très (**8**) _____ .

on se contacte (suite)

Claire Ouate vient de recevoir un e-mail de Marie Muller.

De :	"Marie Muller" <marie.muller@libnet.fr>
A :	"Claire Ouate" <clairouate@ola.com>
Date :	12/05 09:20
Objet :	Week-end à Strasbourg

. . . C'est une ville historique très belle et très intéressante. Comme c'est le siège du Conseil de l'Europe et du Parlement Européen, elle est très cosmopolite. Il y a aussi un grand centre universitaire, un château et des musées. Moi, j'adore la cathédrale qui date du Moyen Âge et les vieilles ruelles aux maisons pittoresques merveilleusement fleuries. Malheureusement, c'est toujours plein de touristes. Il y a de nombreux magasins de souvenirs et d'antiquités, des "winstub" où l'on déguste le vin, etc . . . Et comme c'est une grande ville commerciale et industrielle, il y a beaucoup de circulation, de bruit et de pollution. Heureusement que nous avons le tramway. C'est aussi rapide que le métro mais beaucoup plus pratique car on y entre et on en sort très facilement, même si on est dans une chaise roulante ou si on a un landau ou une poussette. Le design est très moderne. Il est confortable, climatisé, informatisé et surtout respectueux de l'environnement. De plus, il est transparent, ce qui permet de profiter au maximum de la beauté de Strasbourg. . . .

QU'EST-CE QUE ÇA VEUT DIRE?

le siège	*the seat*
une ruelle	*a small narrow street*
le bruit	*noise*
fleuri(e)	*full of flowers*
(mal)heureusement	*(un)fortunately*
de nouveau	*again*
nombreux (-se)	*numerous*
une chaise roulante / un fauteuil roulant	*a wheelchair*
un landau	*a pram*
une poussette	*a pushchair*
climatisé(e)	*air-conditioned*
informatisé(e)	*computerised*

avez-vous compris?

Répondez *vrai* ou *faux*.

1 Strasbourg est une ville où il y a beaucoup d'étrangers.

2 C'est une ville touristique.

3 Il n'y a pas beaucoup de voitures.

4 Il y a une université.

5 Le château date du Moyen Âge.

6 Il y a des quartiers pittoresques.

7 Il y a beaucoup de fleurs.

8 Le tramway est moins rapide que le métro.

9 Les handicapés physiques et les femmes avec de jeunes enfants peuvent se déplacer facilement.

10 Le tramway est peu polluant.

on se contacte (suite et fin)

Voici un passage de la réponse de Claire.

A :	"Marie Muller" Marie.Muller@libnet.fr
Cc :	
Date :	12/05 12:48
Objet :	Tr: Week-end à Strasbourg
Piece(s) jointe(s) :	

... J'aimerais beaucoup visiter Strasbourg, malgré le bruit, les embouteillages et la pollution! Ici à Rouen, c'est la même chose. C'est aussi un grand centre industriel et commercial. Mais la vieille ville vaut la peine d'être visitée. Comme Strasbourg, c'est une ville riche en monuments historiques. Il y a aussi une université et des maisons très pittoresques. (Ci-joint deux photos, une vue générale avec la cathédrale, et le Gros-Horloge qui date du XVIème siècle.) Rouen a aussi son tramway. On l'appelle le "Métrobus" car une partie du réseau est souterraine. Il relie le centre de la ville à la banlieue.

Nous venons de déménager et nous habitons maintenant dans un quartier assez laid, mais nous avons un appartement confortable, dans un immeuble moderne assez loin du centre ville. Il y a un ascenseur, un digicode et un interphone. Fini les concierges qui se mêlent des affaires des autres! Nous avons de la chance parce qu'il y a une grande salle de séjour et une chambre d'amis. ...

QU'EST-CE QUE ÇA VEUT DIRE?

malgré	*despite (in spite of)*
un embouteillage	*a traffic jam*
vaut la peine (de) (valoir)	*is worth (to be worth)*
comme	*like*
une horloge	*a clock* (especially town or church)
un siècle	*a century*
un réseau	*a network*
souterrain(e)	*underground*
relier	*to link*
la banlieue	*the suburb*
nous venons de déménager	*we have just moved*
un immeuble	*a block of flats*
un digicode	*entry code*
un interphone	*intercom*
se mêler des affaires des autres	*to be a busybody, to interfere in someone else's business*
une chambre d'amis	*a guest room*

avez-vous compris?

1 Qu'est-ce que Rouen et Strasbourg ont en commun? Faites une liste.

2 Décrivez le nouvel appartement de Claire, en anglais.

à vous!

1 Reliez les phrases.

a Il a une cathédrale . . .

b Nous venons de déménager . . .

c Nous avons de la chance . . .

d Dans le vieux quartier . . .

e Le 'Métrobus' de Rouen . . .

f Il y a beaucoup d'étudiants . . .

g Il y a de nombreux magasins de souvenirs . . .

h Il y a beaucoup de vieux bâtiments . . .

i Strasbourg a un tramway . . .

j Il y a beaucoup d'embouteillages . . .

(i) parce qu'il y a beaucoup de circulation.

(ii) les maisons sont très pittoresques.

(iii) parce que c'est un centre universitaire.

(iv) parce que c'est une ville historique.

(v) très moderne.

(vi) qui date du XVIème siècle.

(vii) parce que nous n'aimons pas les concierges!

(viii) parce que c'est une ville touristique.

(ix) relie le centre de la ville à la banlieue.

(x) parce qu'il y a un ascenseur.

2 Complétez les phrases ci-dessous avec les mots suivants.

photographiée   visités   regardée   mangé   lu   goûtées   vu   bue

a À mon avis, ce livre vaut la peine d'être . . .

b À mon avis, ce film vaut la peine d'être . . .

c À mon avis, le musée et le château valent la peine d'être . . .

d À mon avis, cette émission de télévision vaut la peine d'être . . .

e À mon avis, cette bouteille de vin vaut la peine d'être . . .

f À mon avis, ces spécialités valent la peine d'être . . .

g À mon avis, cette vue vaut la peine d'être . . .

h À mon avis, ce plat vaut la peine d'être . . .

un nouveau logement

Pour trouver un nouvel appartement, Claire Ouate a acheté *De Particulier à Particulier*, magazine hebdomadaire spécialiste de l'immobilier. Elle y a trouvé les annonces ci-dessous.

— Ventes régions —

76 SEINE MARITIME

═ APPARTEMENTS ═

■ 151 / 4FVR1856 – **DIEPPE (76)** APPARTEMENT, 80 m², face chenal, clair, vue panoramique sur 3 directions. Au 8e et dernier étage. 3 chambres, séjour avec cheminée, salle de bains, cuisine, vide-ordures. Ascenseur, chauffage individuel, 2 balcons, véranda, 2 caves, garage.

■ 151 / 6FV1663 – **ROUEN CENTRE (76)** Dans copropriété calme, entre gare (5 mn à pied) et nouvelle préfecture. Appartement grand standing, 6 pièces principales + cave (150 m², jardin privatif 120 m²). Plein sud. Cuisine, 2 salles de bains, chauffage individuel, placards, balcon. Garage proche (25 m²) 2 voitures + grenier.

■ 453 / 3FV801 – **ROUEN (76)** 3 pièces, au 1er, 70 m² habitables: entrée, cuisine, séjour, 2 chambres, salle de bains, wc, chauffage individuel électrique. Garage + place de parking. Proche centre ville.

■ 152 / 2FVN926 – **ROUEN (76)** Rive droite. 5 mn de la gare et du vieux marché. Tout confort, remis entièrement à neuf, 48 m². Chambre, séjour, cuisine, salle de bains avec wc, entrée. Meublé et agencé à neuf.

avez-vous compris?

Lisez les annonces et trouvez le français pour les mots et expressions ci-dessous.

1 *luxury flat*

2 *entrance hall*

3 *renovated*

4 *furnished*

5 *parking space*

6 *rubbish chute*

7 *fireplace*

8 *cellar and attic*

un nouveau logement (suite)

Par curiosité, Clarie a aussi regardé des annonces de maisons.

MAISONS

■ 153 / MFVR1186 – **LE HAVRE (76)** Maison à colombages[1], 170 m² habitables, exposition sud, 10 mn à pied centre ville. Sur 500 m² jardin clos. Salon, salle à manger, cuisine aménagée, 5 chambres, salle de bains, douche, 2 cabinets toilette, 2 wc, studio indépendant 90 m², garages 3 voitures.

■ 153 / MFVN421 – **3 MN ST VALERY EN CAUX (76)** Chaumière restaurée, 18e siècle. Parfait état. 230 m² habitables, tout confort, toit, chaume neuf, colombages, entrée, séjour, cheminée, cuisine équipée, arrière-cuisine, 6 chambres, plafond cathédrale, bureau, salle de bains, 2 wc, salle d'eau, chauffage central, moquette. Terrain de 1.000 m², abri et serre. 2 mn mer.

1. Half-timbered house, typical of Normandy.

■ 151 / MFV1641 – **10 MN GARE DE ROUEN (76)** Maison, quartier résidentiel, 198 m², exposition sud + jardin 480 m². Rez-de-chaussée: cuisine, salle à manger, salon (cheminée), bureau, wc. 1er: 4 chambres, salle de bains, cabinet de toilette, wc. 2e: 3 chambres, cabinet de toilette, wc, grenier. Sous-sol, garage 2 voitures.

■ 152 / MFVR1495 – **FECAMP CENTRE (76)** Maison ancienne, parfait état, terrasse et jardin paysager 300 m². Face à l'Abbatiale et aux ruines du château des Ducs Richard. Cuisine aménagée, séjour, salon, bureau, 4 chambres, salle de bains, cabinet de toilette, salle de jeux. Cave, dépendances, grenier, chauffage gaz. 250 m² habitables.

avez-vous compris?

Lisez les annonces et trouvez le français pour les mots et expressions ci-dessous.

1 old house

2 fitted kitchen

3 study

4 playroom

5 patio

6 central heating

7 thatched house

8 garden shed and greenhouse

9 basement

10 ground floor

11 utility room

12 fitted carpet

13 out-building

14 washroom

15 landscaped garden

16 'granny' annexe

un nouveau logement (suite et fin)

Guillaume cherche un nouveau logement à Paris, de préférence dans le 14ème arrondissement. Il a passé la petite annonce suivante.

PARIS LOCATIONS
Demandes

URGENT. Etudiant cherche studio meublé, calme, dans 14e.
Maximum 800 € / mois.
05.46.81.15.27 (si absent laisser message répondeur)

avez-vous compris?

Lisez les OFFRES ci-dessous et essayez de trouver un logement pour Guillaume.

PARIS LOCATIONS
Offres

■ 153 / 1POL3603 – **14e** Métro Pernéty, près Montparnasse. Studio 13 m^2 + mezzanine, kitchenette, salle de bains, chambre. **Meublé**, cuisine équipée, canapé, bureau, lit. 760 € / mois toutes charges comprises.

■ 153 / 1POL1263 – **14e** Mouton-Duvernet. Chambre **meublée**, bien pour étudiant(e) ou pied-à-terre. 740 € / mois charges comprises.

■ 153 / 1POL158 – **14e** Studio: cuisine équipée, réfrigérateur, plaques de cuisson, évier, hotte. Entrée avec placard, salle d'eau, lavabo, wc, baignoire. Pièce principale. Parquet bois, rangements. Fenêtres dans les 3 pièces, vue dégagée. Au 7e sans ascenseur. Cave. Chauffage central compris. 900 € / mois charges comprises.

Maintenant, décrivez en anglais le logement que vous avez choisi pour lui.

à vous!

Imaginez que vous voulez échanger votre maison / appartement avec une maison / un appartement en France. Complétez la petite annonce ci-dessous.

> ## ÉCHANGES ENTRE PROPRIÉTAIRES
>
> *ÉCHANGE . . .*
>
> *CONTRE . . .*

UN PEU DE GRAMMAIRE

Qui et Que / Qu'

Who / Whom / Which / That

C'est une île **qui** a un climat chaud et sec et **que** les touristes adorent.

It's an island which has a hot and dry climate and that tourists love.

Une île is the *subject* of **a** (hence **qui**), but the *object* of **adorent** (hence **que**), this time the subject being **les touristes**.

C'est un plat **qui** est très connu mais **qu'**il n'aime pas préparer. *It's a dish which is well known but that he doesn't like to prepare.*

Un plat is the *subject* of **est très connu** (hence **qui**), but the *object* of **n'aime pas préparer** (hence **qu'**), this time the subject being **il**.

Dont

Whose / Of which

C'est une spécialité **dont** je suis fier.

It's a speciality of which I'm proud.

Dont is frequently used with expressions such as **se servir de** (*to use*), **avoir besoin de** (*to need*), **avoir envie de** (*to fancy, to feel like*), etc.

Encore des adjectifs

More adjectives

Il y a **des** ports pittoresques.

There are (some) picturesque harbours.

Il y a **des** endroits magnifiques.

There are (some) magnificent places.

but

Il y a **de** belles montagnes.	*There are (some) beautiful mountains.*
Il y a **de** vieilles églises.	*There are (some) old churches.*

In the plural, when the adjective comes *before* the noun it describes, use **de** instead of **des**. Most adjectives in French come after the nouns, but a few common ones come before, for instance: beau / belle, vieux / vieille, petit(e), grand(e).

▶ **Grammaire** 3, 9

EXERCICES

A   Complétez avec **des** ou **de / d'**.

Dans ma ville, il y a (**1**) _____ monuments historiques et (**2**) _____ maisons pittoresques dans (**3**) _____ petites ruelles que j'adore. Il y a aussi un château et (**4**) _____ musées très intéressants. Il y a (**5**) _____ vieilles églises et une très belle cathédrale. Comme il y a beaucoup de touristes, il y a (**6**) _____ nombreux magasins de souvenirs. Il y a (**7**) _____ excellents restaurants et (**8**) _____ hôtels très confortables.

B   Complétez avec **qui** ou **que / qu'**.

1 La région _____ je voudrais visiter se trouve dans le centre.

2 Le plat _____ coûte 20 euros est une spécialité régionale.

3 L'église _____ date du XIIème siècle vaut la peine d'être visitée.

4 Le vin _____ je préfère est très connu.

5 Le village _____ elle aime est très pittoresque.

6 Le plat _____ il n'aime pas préparer est délicieux.

7 La rivière _____ traverse la région s'appelle *l'Andelle*.

8 Les stations balnéaires _____ sont populaires sont situées sur la côte ouest.

C   Complétez le texte ci-dessous avec le vocabulaire suivant.

> cherchées   dormi   tes nouvelles   trouvées   fauteuils
>
> la semaine dernière   déménagé   en ville   des meubles   répondu
>
> ma chambre   perdu

Je t'écris ce petit mot pour te raconter ce que j'ai fait (**1**) _____ . Vendredi dernier j'ai
(**2**) _____ . Quelle journée! D'abord j'ai (**3**) _____ les clés du nouvel appartement.
Je les ai (**4**) _____ partout et je les ai finalement (**5**) _____ dans ma voiture.
Samedi, j'ai été (**6**) _____ pour choisir (**7**) _____ . J'ai acheté une commode que
j'ai mise dans (**8**) _____ et deux (**9**) _____ pour le salon.

Dimanche, j'ai (**10**) _____ jusqu'à midi. Je t'ai téléphoné l'après-midi mais tu n'as pas
(**11**) _____ . Écris ou téléphone bientôt pour me donner de (**12**) _____ .

D   Choisissez **qui**, **que / qu'** ou **dont** et donnez le nom de l'animal décrit.

1   Animal _____ chante et _____ vole.

2   Animal _____ vit dans l'eau et _____ on peut manger.

3   Animal familier _____ les souris ont peur.

4   Animal familier _____ mord souvent les facteurs.

5   Animal _____ les gens détestent quand ils souffrent d'arachnophobie.

6   Animal fabuleux _____ on représente avec un corps de cheval et _____ porte une
corne unique sur la tête.

7   Animal _____ l'homme a domestiqué pour fournir de la viande, du lait et de la laine.

8   Poisson vorace _____ les espèces sont 'commun', 'pélerin', 'blanc' ou 'bleu' et _____
l'énorme bouche est dotée de nombreuses dents très pointues.

9   Oiseau mythologique, symbole de l'immortalité, _____ a le pouvoir de renaître de ses
cendres.

10   Mammifère d'Afrique _____ le cou est très long et _____ mange des feuilles d'arbres.

E   Décrivez en français votre maison / appartement idéal(e) et sa situation.

F   Écrivez à un(e) ami(e) français(e) pour lui parler de votre région et de votre ville / village. Expliquez pourquoi, à votre avis, ils / elles valent la peine d'être visité(e)s.

écoutez bien!

A young woman telephones her parents to tell them about the fantastic holiday she is having. Or is she? Listen carefully to what she says and try to identify the advantages and the drawbacks concerning the following points: **1** hotel, **2** food, **3** weather, **4** beach and sea, **5** places of interest, and **6** shopping.

lecture

Read the article and make a list for an English magazine of what can be done in the home to help preserve the environment.

FAISONS LA CHASSE AU GASPI* À LA MAISON

L'avenir de notre planète est en danger. Même s'il s'agit d'une goutte d'eau dans la mer, nous devons tous faire des efforts pour limiter le gaspillage qui détériore notre environnement. Il suffit pour cela de commencer par prendre de bonnes habitudes à la maison. Voici quelques conseils faciles qui permettent de réduire notre consommation excessive d'eau et d'énergie.

Achetez de préférence des produits locaux. Les fruits et légumes cultivés et mûris au soleil sont de meilleure qualité que ceux cultivés en serre et leur transport nécessite moins de carburant donc moins d'émission de gaz nocifs. Achetez-les en vrac* ou dans des emballages biodégradables pour limiter les déchets. Faites du compost avec les déchets alimentaires au fond de votre jardin ou sur votre balcon. Vous produirez ainsi de l'engrais bio* pour vos plantes.

Quand vous faites la cuisine, mettez le couvercle sur les casseroles pour gaspiller moins d'énergie. Evitez l'eau courante pour rincer les légumes et faire la vaisselle. Vous pourrez ainsi utiliser l'eau de lavage des légumes pour arroser vos plantes. Vous pouvez également récupérer l'eau de pluie. Il faut aussi fermer les robinets* lorsqu'on se brosse les dents ou qu'on se lave les mains. Prenez une douche rapide au lieu de prendre un bain. Mais attention, une douche débite 8 à 10 litres d'eau par minutes, il ne faut donc pas laisser pas couler l'eau pendant le savonnage.* Sélectionnez le programme 'éco' du lave-linge ou du lave-vaisselle, Il est aussi plus économique de les faire tourner à pleine charge. Faites sécher votre linge sur une corde plutôt que dans un sèche-linge. Dégivrez régulièrement votre congélateur. Améliorez l'isolation de votre logement (double-vitrage aux fenêtres, laine de verre au grenier etc.) et si vous devez changer votre chauffage, choisissez de préférence une énergie renouvelable (solaire, éolienne etc.). Ne laissez pas le téléviseur, le lecteur DVD et l'ordinateur en veille.* Eteignez-les. Servez-vous de produits d'entretien naturels, tels que le vinaigre ou la cire,* pour faire le ménage. Triez, réutilisez et recyclez les journaux, le verre, le plastique etc. Refusez les prospectus publicitaires en collant une étiquette* "Pas de publicité" sur votre boîte à lettres, pour ne pas contribuer au gaspillage de papier. Finalement, substituez chaque jour trois heures de télé par trois heures de lecture ou de jeux de société.

* le gaspi *(short for gaspillage)* = *waste*; en vrac = *loose*; l'engrais (m.) bio = *organic fertilizer*; un robinet = *a tap*; le savon = *soap*; en veille = *in standby mode*; la cire = *wax*; une étiquette = *a label.*

1 Match these answers with the questions.

1 Oui, nous l'avons ouverte pour le dîner.

2 Oui, je l'ai reçue ce matin.

3 Oui, je l'ai acheté la semaine dernière.

4 Oui, je l'ai éteinte à minuit.

5 Non, je suis restée à la maison.

6 Non, je les ai trouvées dans mon sac.

7 Oui, et je l'ai déjà lu.

8 Oui, je l'ai visitée hier.

9 Non, je l'ai allumée vers midi et demi.

a Est-ce que vous avez pris votre billet?

b Vous avez perdu vos clés?

c Avez-vous écouté la radio hier matin?

d Vous avez acheté une bonne bouteille de vin?

e Est-ce que vous avez vu notre usine?

f Vous avez regardé la télé hier soir?

g Avez-vous acheté le journal aujourd'hui?

h Est-ce que Paul vous a envoyé une carte postale?

i Mireille, vous êtes allée au cinéma samedi soir?

2 Tell a friend about your last holiday. First, put the verbs in the perfect tense.

L'année dernière, pour aller en vacances, j' (**vendre**) tous mes bijoux. Alors, j' (**pouvoir**) aller à l'hôtel, et j' (**manger**) au restaurant midi et soir. Naturellement, j' (**grossir beaucoup**). J' (**visiter**) la région, et j' (**perdre**) mon chemin plusieurs fois. Je (**ne pas dormir**) jusqu'à midi tous les jours.

Now, choose the right past participle:

J'ai reçu / lu / écrit beaucoup de cartes postales. Il n'a pas vu / bu / plu et je n'ai pas fait / eu / ouvert mon parapluie une seule fois. J'ai pris / été / mis beaucoup de photos.

3   Choose the correct word.

a Où sont mes chaussures? Où les as-tu mis / mises?

b Regardez ces belles fleurs que / qui j'ai trouvés / trouvées dans la montagne!

c Où sont les clés de la voiture? Je ne les ai pas vus / vues.

d Rends-moi mes devoirs! Je te les ai déjà rendu / rendus.

e L'homme que / qui m'a vendu / vendue sa Mobylette vaut / veut / voit acheter une Jaguar.

4   Choose the correct answers, then link them to the pictures.

a Voici la boisson qu'Henri Boivin boit tous les jours.
C'est la boisson qu'il a bu / bue hier.

b Voici la tarte que Marie Muller préfère.
C'est la tarte qu'elle a préparé / préparée le week-end dernier.

c Voici le vin blanc que François Muller choisit quand il fait les courses. C'est le vin qu'il a choisi / choisie avant-hier.

d Voici la spécialité bretonne qu'Yves et Annick font souvent. C'est la spécialité qu'ils ont fait / faite récemment.

e Voici le fromage que Claire achète régulièrement. C'est le fromage qu'elle a acheté / achetée ce matin.

f Voici le plat que Sylvie adore manger.
C'est le plat qu'elle a mangé / mangée il y a deux jours.

Le camembert

Les crêpes

Le Sylvaner

SYLVAN
VIN
d'ALSAC

Le Nuits
St-Georges

La tarte à l'oignon

La bouillabaisse

Le Nuits-Saint-Georges

5   Find the opposites, and give the feminine forms.

beau
bonne humeur
mince
long
doué
génèreux
riche
courageux
grand
ancien
patient
jeune
marié
intéressant

impatient	égoïste
célibataire	laid
vieux	mauvaise humeur
timide	pauvre
petit	ennuyeux
nul	gros
moderne	court

6   Match the French phrases to their English equivalents.

Exemple: **a** = des plages magnifiques

une maison ancienne	**a**	*magnificent beaches*
une jolie rivière	**b**	*picturesque narrow streets*
des ruelles pittoresques	**c**	*a twelfth-century church*
un vieux quartier	**d**	*an isolated place*
un vieil immeuble	**e**	*an old district*
une église du douzième siècle	**f**	*an old block of flats*
un endroit isolé	**g**	*a landscape garden*
une cuisine aménagée	**h**	*a famous seaside resort*
un château du Moyen Âge	**i**	*a fitted kitchen*
des plages magnifiques	**j**	*a medieval castle*
une station balnéaire très connue	**k**	*an old house*
un jardin paysager	**l**	*a pretty river*

7   How would the following people describe themselves?

a   Woman: *average height (1 m 65); short brown hair; green eyes; very jealous; stubborn.*

Je suis . . . Je mesure . . . J'ai . . ., etc.

b   Man: *short and fat; appreciates good food; always in a good mood; rather lazy.*

c   Woman: *tall; fairly thin; long blond hair; blue eyes; pretty; intelligent; single.*

d   Man: *eighteen years old; very tall (2 metres); black hair; brown eyes; friendly; fairly shy.*

8   Read the advertisements for flats, and answer the questions referring to each one.

a   What are the advantages of these flats?

b   What sports facilities can the owners enjoy?

c   What does the firm offer to attract clients?

d   What are the limitations?

e   How does the firm try to ensure it can get in touch with you quickly?

f   Since the hall, kitchen and bathroom are not included in the number of rooms in French advertisements, what does '3 pièces' refer to?

SOLVAC

Côte d'Azur

358 000 €

2 pièces plein sud • terrasse
cuisine et salle d'eau équipées • vue sur la mer
accès direct à la plage

1 parcours de santé • 8 tennis • 2 piscines
ping-pong • pétanque

Existe également en 3 et 4 pièces
Pour vous décider, venez passer 2 jours à
SOLVAC

L'hébergement est gratuit pendant 2 nuits.
Cette offre est valable sous réserve des places disponibles.
Tél. 01 93 28 75 17

Bon pour une documentation gratuite.

Nom

Adresse

Tél. Dom.

Tél. Bur.

A retourner à

SOLVAC

B.P. 46 • 06210 • Mandelieu

CALME ET CHARME AU CŒUR DE PARIS

3 pièces • 60 m² 1 balcon • 685 000 €

Dans un quartier vivant et bien desservi
– Commerces
– Métro à 200 m
– Parkings

Visite de l'appartement témoin et bureau de vente sur place le samedi et le lundi de 14 h à 18 h. Autres jours sur rendez-vous. Tél. 01 47 62 41 18

Pour recevoir une documentation, envoyez votre carte de visite à:

IMMOB • 52 av. Malesherbes • 75008 Paris

livraison immédiate

Parc des Écureuils

chambre   chambre   cuisine   balcon   séjour   entrée   SDB

g In what way are these flats well-situated?

h Is it possible to visit one at any time?

i How soon could one move in?

j Why isn't there a cut-out coupon for those who wish to receive more information?

k What rooms are there in the flat?

l On what floor is the flat situated?

m Would it be unsuitable for an elderly person?

n Is the flat in good condition?

o How is it heated?

p What are the other extras?

75 rue de la liberté

GD LIVING + CHBRE

cuisine • salle de bains • w.c.
5e étage • asc.
+ cave • chauff. central • Garage
Balcon • vue exceptionnelle
LUXUEUSEMENT RENOVE
Visites sur rendez-vous   tél.: 04 42 82 69 32

Quatrième unité

au restaurant

Chantal et Laurent dînent ensemble dans un nouveau restaurant à Rouen.

Serveuse	Bonjour, messieurs-dames!
Laurent	J'ai réservé une table pour deux personnes, par téléphone, ce matin.
Serveuse	Oui monsieur, à quel nom?
Laurent	Darieux.
Serveuse	Ah oui. Par ici, messieurs-dames . . . Voilà.
Laurent	Merci . . . Voyons . . . Deux menus à 28 euros, s'il vous plaît.
Chantal	Attends, Laurent. Tu sais bien que je suis végétarienne maintenant. Avez-vous un menu végétarien, s'il vous plaît?
Serveuse	Non. Je suis désolée, mademoiselle. Mais vous pouvez choisir à la carte.
Chantal	Pourquoi pas? . . . Alors, pour commencer, je prendrai les asperges vinaigrette.
Laurent	Pour moi, l'avocat aux crevettes et puis . . .
Chantal	N'oublie pas que tu es allergique aux crustacés!
Laurent	C'est vrai, mais seulement aux moules.
Serveuse	Et ensuite?
Chantal	Qu'est-ce qu'il y a dans le poivron farci?
Serveuse	Il y a du riz, de l'ail, des oignons, des tomates, des champignons . . .
Chantal	Pas de viande?
Serveuse	Non. C'est parfait pour les végétariens.
Chantal	Alors, je prendrai le poivron farci.
Laurent	Le poulet au curry, c'est une sauce relevée?
Serveuse	Ah oui, monsieur.
Laurent	En ce cas, je prendrai le lapin chasseur.

Serveuse	Très bien, monsieur.
Laurent	Et avec quoi le servez-vous?
Serveuse	Avec des pommes vapeur.
Laurent	Très bien.
Serveuse	Et comme boisson?
Chantal	Qu'est-ce que vous recommandez?
Serveuse	Pour accompagner le lapin je vous recommande un bordeaux léger ou même une bouteille de Pouilly-Fuissé.
Laurent	Est-ce que je peux avoir la carte des vins?
Serveuse	Mais certainement, monsieur. Voilà.

QU'EST-CE QUE ÇA VEUT DIRE?

je prendrai (prendre)	*I will have* (lit. *take*)
les asperges (f.) vinaigrette	*asparagus in vinaigrette*
l'avocat (m.) aux crevettes (f.)	*avocado with prawns*
les crustacés (m.)	*shellfish*
les moules (f.)	*mussels*
le poivron farci	*stuffed pepper*
une sauce relevée	*a hot and spicy sauce*
le lapin chasseur	*(rabbit in white wine, with tomatoes and mushrooms)*
des pommes (f.) vapeur	*steamed potatoes*
léger (légère)	*light*
en ce cas	*in that case*

avez-vous compris?

Dites si les phrases ci-dessous correspondent à Chantal ou à Laurent.

1 a réservé une table pour deux personnes par téléphone.

2 a pris le menu à 28 euros.

3 est végétarienne.

4 a pris les asperges vinaigrette, pour commencer.

5 a commandé l'avocat aux crevettes.

6 n'a pas pris le lapin chasseur.

7 est allergique aux moules.

8 a choisi le poivron farci.

9 n'a pas mangé de viande.

10 a demandé la carte des vins.

à vous!

Travaillez avec un / une partenaire. Complétez le dialogue.

Serveur / serveuse	Bonjour messieurs-dames.
Client(e)	(**1** *Say you reserved a table for two people, by telephone, this morning.*)
Serveur / serveuse	C'est à quel nom?
Client(e)	_____ .
Serveur / serveuse	Ah oui. Par ici, messieurs-dames . . . Voilà.
Client(e)	(**2** *Say thank you, and ask for two menus at 26 euros.*)
Serveur / serveuse	Oui, M _____ . Qu'est-ce que vous prendrez pour commencer?
Client(e)	(**3** *Say you'll have avocado with prawns.*)
Serveur / serveuse	Et pour monsieur / madame aussi?
Client(e)	(**4** *Say no, asparagus in vinaigrette. He / she is allergic to prawns.*)
Serveur / serveuse	Et ensuite? Poulet rôti, steak, lapin chasseur, omelette aux champignons?
Client(e)	(**5** *Choose what you would like.*)
Serveur / serveuse	Et comme boisson?
Client(e)	(**6** *Ask what he / she recommends.*)

au restaurant (suite et fin)

Les Brède ont choisi le même restaurant et ils n'en sont pas satisfaits.

Mme Brède	Quel service! Ça fait une demi-heure au moins que nous attendons le dessert!
M. Brède	Patience, chérie, il y a du monde.
Mme Brède	Il n'y avait presque personne quand nous sommes arrivés, mais nous avons dû attendre quand même! Jeune homme, s'il vous plaît!

Serveur	Messieurs-dames?
Mme Brède	Jeune homme, les crêpes Suzette que j'ai commandées, elles sont prêtes?
Serveur	Je vais vérifier, madame.
M. Brède	Ne t'inquiète pas, mon chou. Ils sont en train de les préparer, j'en suis sûr.
Mme Brède	Je me demande s'ils ont déjà ramassé les œufs!
Serveur	Je suis désolé, madame, mais nous n'avons plus de zeste de mandarine. Je peux vous proposer des crêpes au beurre, au sucre, au chocolat, aux pommes . . .
Mme Brède	Ah non! Qu'est-ce qu'il y a d'autre?
Serveur	Citron givré, moka, mousse au chocolat, gâteau norvégien. . . .
M. Brède	Qu'est-ce que c'est exactement, le gâteau norvégien?
Serveur	C'est une génoise, avec de la glace à la vanille recouverte de meringue.
Mme Brède	Alors, deux gâteaux norvégiens.
Serveur	C'est en supplément, madame.
M. Brède	En ce cas, moi, je prendrai autre chose. Qu'est-ce que vous avez comme glaces?
Mme Brède	Que tu es radin, Charles!
Serveur	Vanille, café, praliné, chocolat, fraise, framboise, pistache . . .
M. Brède	Alors, une glace vanille-fraise et un gâteau norvégien.
Mme Brède	Attends, Charles! Regarde la dame à la table d'à côté! Elle a un dessert bien appétissant! Je préfère celui-là!
Serveur	C'est du moka, madame.
Mme Brède	Très bien!
M. Brède	Alors, un moka et une glace vanille-fraise. Oh . . . Et pouvez-vous me donner une autre cuillère? Celle-ci est sale.

QU'EST-CE QUE ÇA VEUT DIRE?

il y a du monde	*there are a lot of people / it's crowded*	le moka	*coffee cream cake*
		en supplément	*extra*
il y avait	*there was / there were*	Qu'est-ce que vous avez comme . . .?	*What sort of . . . have you got?*
quand même	*all the same, even so*		
en train de	*in the process of*	radin(e)	*mean*
le zeste	*zest, thin rind* (of citrus fruit)	d'à côté	*next to us, next door*
la mandarine	*mandarin orange*	celui-là (m.) celle-là (f.)	*that one*
citron givré	*lemon sorbet* (served in the lemon skin)	celui-ci (m.) celle-ci (f.)	*this one*
		une cuillère / cuiller	*a spoon*
une génoise	*a sponge cake*		

avez-vous compris?

Répondez en français.

1 Les Brède, ont-ils dû attendre longtemps au restaurant?

2 Est-ce qu'il y avait du monde ce soir-là?

3 Qu'est-ce que Mme Brède a commandé?

4 À part les crêpes, qu'est-ce qu'il y avait comme dessert?

5 Pourquoi M. Brède a-t-il préféré une glace au gâteau norvégien?

6 Pourquoi Mme Brède a-t-elle aussi changé d'avis?

à vous!

1 D'autres clients du restaurant se plaignent. Qu'est-ce qu'il faut changer et pourquoi?

a Pouvez-vous me donner une autre ⚒, s'il vous plaît, celle-ci est sale.

b Pouvez-vous me donner un autre 🍷, s'il vous plaît, celui-ci est fêlé.

c Pouvez-vous me donner une autre 🍽, s'il vous plaît, celle-ci est ébréchée.

d Pouvez-vous me donner une autre 🧻, s'il vous plaît, celle-ci est tachée.

e Pouvez-vous me donner un autre 🔪, s'il vous plaît, celui-ci ne coupe pas bien.

f Pouvez-vous me donner une autre 🪑, s'il vous plaît, celle-ci n'est pas repassée.

g Pouvez-vous me donner d'autres 💐, s'il vous plaît, celles-ci sont fanées.

h Pouvez-vous me donner une autre 🍶, s'il vous plaît, celle-ci n'est pas fraîche.

i Pouvez-vous me donner une autre 🥖, s'il vous, plaît, celle-ci est rassie.

j Pouvez-vous me donner une autre 🍾, s'il vous plaît, celle-ci est vide.

2 Comprenez-vous les menus? Reliez les plats et leur description.

a   Ananas Surprise

b   Gâteau Norvégien

c   Folie au Chocolat

d   Plateau de Fruits de Mer

(i)   une soupe de carottes.

(ii)   du lapin, des champignons et des tomates dans une sauce au vin blanc.

(iii)   du pâté 'maison'.

e Melon Antillais

f Potage Crécy

g Terrine du chef

h Couscous

i Bêtise de Banane

j Lapin chasseur

k Poivron Farci

l Coq au vin

m Tarte 'maison'

(iv) des huîtres, des crevettes, des langoustines, des crabes, des oursins.

(v) du poulet, du lard fumé, des oignons, de l'ail, des champignons et du vin rouge.

(vi) un plat nord-africain à base de semoule, de viande et de légumes, servi avec une sauce relevée.

(vii) un poivron, du riz, des champignons, de la viande hâchée et de l'ail.

(viii) du melon rempli de fruits exotiques arrosés de rhum.

(ix) une tarte aux prunes.

(x) une banane flambée à l'armagnac, servie avec de la glace à la vanille et du sirop d'érable.

(xi) une génoise et de la glace à la vanille couvertes de meringue.

(xii) de l'ananas et de la salade de fruits arrosés de Grand Marnier.

(xiii) des poires, de la meringue, du sorbet cassis, de la sauce au chocolat et de la crème Chantilly.

quelques spécialités normandes

Les Normands connaissent-ils bien leur région? Claire Ouate enquête.

Claire Pardon, madame, vous êtes de Rouen?

Mme Brède Oui, je suis rouennaise.

Claire Connaissez-vous bien la ville?

Mme Brède Oui, assez bien.

Claire Connaissez-vous les monuments historiques?

Mme Brède Oui, bien sûr.

Claire Lequel préférez-vous, personnellement?

Mme Brède C'est difficile à dire, il y en a beaucoup, vous savez! Il faut plus d'une journée pour faire le tour des admirables monuments de Rouen. Mais il faut voir le palais de justice et la place du Vieux-Marché, où Jeanne d'Arc a été brûlée vive en 1431. Moi, j'aime particulièrement la cathédrale et le Gros-Horloge.

Claire	Aimez-vous les spécialités gastronomiques de la région?
Mme Brède	Oui, je suis plutôt gourmande!
Claire	Lesquelles préférez-vous?
Mme Brède	Je crois que j'aime tout, vous savez! J'utilise beaucoup la sauce normande avec le poisson, et j'adore les soles de Dieppe et les crustacés. Mon mari, lui, préfère les tripes à la mode de Caen, et il boit du cidre et du calvados, naturellement!
Claire	Aimez-vous les fromages normands?
Mme Brède	Oui, beaucoup.
Claire	Lesquels préférez-vous?
Mme Brède	Je les aime bien tous: le camembert, le livarot et le pont-l'évêque. Mais malgré mes origines normandes, mon fromage préféré est le fromage de chèvre!
Claire	Connaissez-vous d'autres régions de France?
Mme Brède	Oui, car en général nous passons nos vacances en France.
Claire	Laquelle préférez-vous, à part la Normandie?
Mme Brède	Je ne sais pas, elles sont toutes très différentes, chacune a son charme, mais je crois que la Normandie reste ma région favorite.
Claire	Eh bien, je vous remercie, madame.
Mme Brède	Je vous en prie!

QU'EST-CE QUE ÇA VEUT DIRE?

il faut	*it is necessary, one must*
il faut plus d'une journée	*you need more than a day*
les tripes (f.)	*tripe*
le fromage de chèvre	*goat's cheese*
chacun(e)	*each one*
favori (favorite)	*favourite*

avez-vous compris?

Répondez en français.

1 Citez quelques monuments historiques de Rouen.

2 Lesquels Mme Brède préfère-t-elle?

3 Quelle est la sauce dont elle se sert?

4 Quels plats aime-t-elle?

5 Quelle spécialité gastronomique son mari préfère-t-il?

6 Quelles boissons produit-on en Normandie?

7 Nommez des fromages de Normandie.

8 Quel fromage Mme Brède préfère-t-elle?

9 Va-t-elle en vacances à l'étranger?

10 Quelle région française aime-t-elle le mieux?

à vous!

Trouvez l'intrus. *Find the odd one out.*

1 Lequel de ces fruits ne se mange pas?
un ananas   une pomme de pin   une cerise   une groseille   une framboise

2 Laquelle de ces plantes est une fleur?
un champignon   un oignon   un sapin   un brin d'herbe   un œillet

3 Lesquels de ces hommes ne parlent pas français dans leur pays?
les Québécois   les Belges   les Maltais   les Martiniquais   les Luxembourgeois

4 Lesquelles de ces chaussures ont leur origine chez les Indiens d'Amérique?
les mocassins   les sandales   les bottes   les pantoufles   les espadrilles

5 Laquelle de ces boissons ne provient pas du raisin?
le cognac   le porto   le vin   le champagne   l'eau d'Évian

6 Les premières lettres de ces intrus vous donnent le nom d'un fruit. Lequel?

les Français et la nourriture

Claire Pardon, mademoiselle. Je fais une enquête sur les Français et la nourriture. Qu'est-ce que cela veut dire pour vous 'bien manger'?

Chantal Moi, je suis végétarienne maintenant. 'Bien manger' veut dire avoir un régime équilibré, pour la santé, et varié, pour le plaisir, mais pas au détriment des animaux!

Claire Vous êtes végétarienne depuis longtemps?

Chantal Non, mais depuis que je mange de la nourriture plus saine, je me porte mieux.

Claire Je suppose que vous n'êtes pas une fan des fastfoods, alors!

Chantal   Je suis tout à fait contre. D'abord, il n'y a presque rien pour les végétariens. Ensuite, je n'aime pas l'ambiance de ce genre de restaurant, c'est trop froid, trop impersonnel. Et puis, c'est mauvais pour l'environnement. Les emballages sont un véritable fléau! Malheureusement, les jeunes adorent ça.

QU'EST-CE QUE ÇA VEUT DIRE?

la nourriture	*food*	il n'y a presque rien	*there's virtually nothing*
équilibré(e)	*balanced*	l'emballage (m.)	*packaging, wrapping materials*
sain(e)	*healthy, wholesome*	un fléau	*a scourge*
se porter mieux	*to feel better*		

les Français et la nourriture (suite)

Claire   Pardon, monsieur. Je fais une enquête sur la nourriture.

Homme   Ça tombe bien, je suis traiteur!

Claire   Alors vous êtes bien placé pour expliquer ce que veut dire 'bien manger'.

Homme   'Bien manger' est de plus en plus difficile, parce qu'on utilise de moins en moins de produits frais, de produits de qualité.

Claire   Pourquoi pas?

Homme   Pour des raisons d'argent et d'hygiène. Les produits frais, par exemple, coûtent deux fois plus cher que les produits surgelés. Beaucoup de restaurateurs utilisent aussi des conserves, les haricots verts par exemple, parce qu'ouvrir une boîte de conserve, c'est moins cher et c'est plus rapide. La bonne vieille gastronomie française est menacée.

Claire   Pourtant, il y a encore de bons restaurants en France!

QU'EST-CE QUE ÇA VEUT DIRE?

Ça tombe bien!	*That's lucky! / You're in luck!*
un traiteur	*an outside caterer*
de plus en plus	*more and more*
de moins en moins	*fewer and fewer / less and less*
être bien placé(e) pour (faire quelque chose)	*to be in a good position to (do something)*
surgelé(e)	*(deep) frozen*
les conserves (f.)	*tinned food*
une boîte de conserve	*a tin, a can*

les Français et la nourriture (suite)

Claire   Pardon, madame. Qu'est-ce que c'est pour vous 'bien manger'?

Grand-mère   Pour moi, ça veut dire manger les plats traditionnels, préparés avec des produits de qualité et surtout, avec amour.

Claire   Vous êtes bonne cuisinière?

Grand-mère   Sans me vanter, je peux dire que mes amis et ma famille apprécient les petits plats que je leur prépare! Il n'y a rien de plus agréable que de passer une heure ou deux, ou plus quelquefois, à table avec ses proches. On bavarde, on plaisante, on prend son temps. Chez moi, les repas, c'est sacré!

QU'EST-CE QUE ÇA VEUT DIRE?

se vanter	*to boast*
un petit plat	*a delicacy, a special dish*
ses proches (m.)	*one's nearest and dearest*

les Français et la nourriture (suite et fin)

Claire   Pardon, mademoiselle. Qu'est-ce que c'est pour vous 'bien manger'?

Étudiante   La nourriture ne m'intéresse pas beaucoup. Mais j'aime bien me retrouver avec des copains au McDo. J'adore les hamburgers et les frites.

Claire   Et à la maison?

Étudiante   Ma mère travaille et elle rentre tard le soir, alors elle n'a pas le temps de faire la cuisine. La plupart du temps, elle achète des plats cuisinés qu'on fait réchauffer au micro-ondes.

Claire   Ça vous plaît?

Étudiante   C'est pas mauvais, c'est très pratique et il y a beaucoup de recettes basses calories. C'est bon pour la ligne.

Claire   Vous savez faire la mayonnaise?

Étudiante   Rien de plus facile. J'ouvre le pot qui est dans le frigo!

QU'EST-CE QUE ÇA VEUT DIRE?

les plats cuisinés (m.)	*ready-made meals, convenience food*
un (four) micro-ondes	*a microwave (oven)*
(faire) réchauffer	*to heat / warm up*
un pot	*a jar* (here)
Ça vous plaît? (plaire 🔔)	*Do you like that?*

avez-vous compris?

Qui est-ce? Chantal, le traiteur, la grand-mère, l'étudiante ou la mère de l'étudiante?

1 Est végétarienne.

2 Ne veut pas grossir.

3 Prépare des plats traditionnels.

4 Dit que la gastronomie est en danger.

5 Achète beaucoup de plats cuisinés.

6 Dit que l'emballage des fastfoods menace l'environnement.

7 Ne sait pas faire la mayonnaise.

8 Est tout à fait contre les fastfoods.

9 Dit que les produits frais coûtent très cher.

10 Utilise régulièrement un four micro-ondes.

11 N'aime pas l'ambiance des restaurants comme les McDo.

12 Adore les repas en famille ou avec des amis.

13 N'a pas le temps de faire la cuisine.

14 Pense qu'il faut avoir un régime équilibré et varié.

⟩

15 Prépare des petits plats avec amour.

16 Ne s'intéresse pas à la nourriture.

17 Dit que les conserves sont pratiques et bon marché.

18 Se porte mieux depuis qu'elle mange plus sainement.

à vous!

Reliez.

une bonne . . .	plats
des plats . . .	d'argent et d'hygiène
ouvrir . . .	son temps
faire réchauffer . . .	cuisinière
c'est bon . . .	surgelés
faire . . .	pour la ligne
pour des raisons . . .	basses calories
un régime . . .	au micro-ondes
des recettes . . .	équilibré
prendre . . .	la cuisine
des produits . . .	une boîte de conserve
des petits . . .	cuisinés

Maintenant, faites des phrases en utilisant certaines de ces expressions.

et vous?

Est-ce que la nourriture est importante pour vous? Expliquez.

- Que pensez-vous des fastfoods?
- Aimez-vous aller au restaurant? Expliquez.
- Aimez-vous les longs repas en famille ou entre amis?
- Utilisez-vous beaucoup de plats cuisinés / de produits surgelés / de conserves? Pourquoi?
- À votre avis, faut-il 'manger pour vivre et non vivre pour manger'?
- Qu'est-ce que c'est pour vous 'bien manger'?
- Achetez-vous des produits bio? Pourquoi?

UN PEU DE GRAMMAIRE

Les pronoms relatifs	*Relative pronouns*
lequel / laquelle / lesquels / lesquelles?	*which one / which ones?*
lequel de ces monuments préférez-vous?	*which (one) of these monuments do you prefer?*
lesquelles de ces spécialités préférez-vous?	*which (ones) of these specialities do you prefer?*

Les pronoms démonstratifs	*Demonstrative pronouns*
celui-ci (m.) / celle-ci (f.)	*this one*
ceux-ci (m.) / celles-ci (f.)	*these ones*
celui-là (m.) / celle-là (f.)	*that one*
ceux-là (m.) / celles-là (f.)	*those ones*

▶ **Grammaire** 8, 9(d), 10

EXERCICES

A Faites le bon choix.

1 Lequel / Laquelle de ces deux hommes est votre ami?
Celle / Celui qui porte un costume gris.

2 La jeune fille que / dont j'ai oublié le nom est fonctionnaire en Bretagne.

3 La région qui / que je voudrais visiter se trouve au centre de la France.

4 Le livre que / dont j'ai besoin est à la maison.

5 Le gâteau qui / que m'a beaucoup plu est une spécialité alsacienne.

6 La robe que / dont j'ai envie coûte trop cher.

7 Lesquelles / Lesquels de ces jeunes gens sont corses?
Ceux-ci. / Celles-ci.

8 L'île que / qui vous offre des plages de sable et des montagnes est un paradis touristique.

B   Utilisez les mots ci-dessous pour compléter les mini-dialogues.

lequel   lesquels   laquelle   lesquelles   lequel

1 – _____ des boissons normandes préférez-vous?
 – Le calvados, bien sûr!

2 – _____ de ces fromages voulez-vous?
 – Celui-ci, c'est mon préféré!

3 – _____ de ces fruits prenez-vous?
 – Ceux-ci.
 – Vous avez raison; ces fruits exotiques sont bien appétissants!

4 – _____ des vins alsaciens avez-vous choisi?
 – Celui-ci.
 – Le Sylvaner? Ah oui, il est frais et léger!

5 – _____ de ces boissons alcoolisées avez-vous déjà goûtées?
 – Celles-ci. C'est-à-dire, le cointreau, la liqueur de fraise et l'armagnac.

C   Complétez la conversation.

Serveur / serveuse   Vous avez choisi, messieurs-dames?

Client(e)   (**1** *Ask for two menus at 36 euros.*)

Serveur / serveuse   Alors, qu'est-ce que vous prenez pour commencer?

Client(e)   (**2** *Ask what the soup of the day is.*)

Serveur / serveuse   C'est de la soupe de tomates.

Client(e)   (**3** *Order a soup and a melon with port [au porto].*)

Serveur / serveuse   Et ensuite, l'escalope de veau, le poulet rôti, ou le lapin chasseur?

Client(e)   (**4** *Order the rabbit for your partner, and the chicken for yourself. Ask what it's served with.*)

Serveur / serveuse   Avec des pâtes fraîches et des légumes. Et comme boisson?

Client(e)   (**5** *Ask what the waiter / waitress recommends to go with the chicken.*)

Serveur / serveuse   Je vous recommande un vin blanc sec comme le Chablis ou le Pouilly-Fuissé.

Client(e)   (**6** *Order a bottle of Chablis.*)

Serveur / serveuse Qu'est-ce que vous prenez comme dessert, la mousse au chocolat, le baba au rhum, les fraises à la crème, la crème caramel?

Client(e) (**7** *Order two sweets.*)

 Bien manger, qu'est-ce que c'est exactement? Complétez le texte pour savoir ce que Chantal en pense.

emballage   frais   produits   régime   recettes   végétarienne   micro-ondes   cuisinés   ligne   conserves

"Depuis que je suis (**1**) _____ , je n'ai plus besoin de (**2**) _____ basses calories. J'ai un (**3**) _____ équilibré qui est bon pour la santé et pour la (**4**) _____ . Je n'achète plus de plats (**5**) _____ que l'on fait réchauffer au (**6**) _____ . Je préfère les produits (**7**) _____ aux (**8**) _____ et je me sers très peu des (**9**) _____ surgelés avec tout leur (**10**) _____ qui est mauvais pour l'environnement!"

E Lisez les publicités à la page 76.

1 Recommandez un restaurant aux personnes suivantes.

a Marielle s'est levée tard parce que c'est dimanche. Elle a faim mais son frigo est vide. Elle a envie d'écouter de la musique.

b Philippe a dépensé beaucoup d'argent pour acheter des billets pour l'Opéra Bastille, mais il veut emmener sa petite amie au restaurant après le spectacle. Ils aiment bien la bière tous les deux.

c Ces touristes étrangers veulent découvrir la cuisine typiquement française.

d C'est lundi. Anne-Marie et Simon n'ont pas de chance. Ils veulent manger un plateau de fruits de mer, mais le restaurant que des amis leur ont recommandé est fermé.

e Jean-Luc a travaillé chez lui toute la matinée. Il est fatigué. Il n'a rien à manger chez lui, mais il n'aime pas manger au restaurant.

f Un groupe d'amis a décidé de passer une bonne soirée. Ils veulent manger, mais aussi s'amuser. Ils aiment bien chanter.

2 Relisez les publicités et trouvez les équivalents français.

a until two in the morning **b** every day **c** non-stop service / uninterrupted service

d from eleven o'clock **e** a stone's throw from . . . **f** in the heart of the city

g wine and coffee included

écoutez bien!

Première partie
La télérecette d'aujourd'hui: La mousse au chocolat

Listen to the **télérecette** for **La Mousse au Chocolat**. Phone as often as you need to get the complete list of ingredients and instructions. Then complete the notes.

Ingrédients:

1 _____ œufs

2 _____ g de sucre en poudre

3 ½ _____ de crème fraîche

4 _____ g de chocolat noir en tablette

Marche à suivre: On fait fondre le chocolat dans (**5**) _____ ou (**6**) _____ cuillerées de (**7**) _____ très fort. On casse les (**8**) _____ , et on sépare les (**9**) _____ et les (**10**) _____ . On incorpore les jaunes, le (**11**) _____ , le chocolat et la (**12**) _____ . On ajoute les blancs d'œufs battus en neige très ferme. On met le dessert au (**13**) _____ plusieurs (**14**) _____ avant de servir.

Deuxième partie
Au restaurant

Now listen in to a conversation between a waiter and a rather fussy customer. First, fill in the price of the menu and the dishes available. Then note the four reasons the customer gives for not choosing that particular menu and explain why she doesn't want the ratatouille.

MENU
À PRIX FIXE
. . . . €
TOUT COMPRIS

Soupe 'Maison'
. . . .
***
Plat du jour
. . . .
***
Dessert au choix
. . . .
***
¼ vin – Cuvée du chef
. . . .

lecture

Read the sample of replies given by French youngsters on the subject of alcopops, then answer the questions on page 78.

Echantillon de réponses de jeunes Français interrogés sur les 'alcopops'.

Mustapha, 18 ans
'Moi je ne bois pas d'alcool car ma religion me l'interdit. Mais je trouve que ces boissons qui veulent passer pour des sodas sont dangereuses. Comme c'est sucré, certains en boivent beaucoup, persuadés que c'est inoffensif, mais après on ne se contrôle plus, on perd ses réflexes et c'est comme ça que les accidents arrivent. On devrait mettre des messages de prévention sur les étiquettes comme sur les paquets de cigarettes.'

Antoinette, 19 ans
'Je pense que ces boissons sont traîtres. On peut les acheter facilement et pour pas trop cher au supermarché. Les jeunes qui les consomment aiment leur goût sucré, surtout les filles qui les préfèrent à la bière. Certains garçons aiment aussi l'image qu'elles donnent d'eux. Ils trouvent que ça fait branché. Ils ne se rendent pas compte des risques qu'elles représentent. A mon avis, on ne devrait pas les vendre aux moins de 18 ans.'

Raphaël, 17 ans
'D'abord, boire de l'alcool, ce n'est déjà pas bon du tout pour la santé, surtout pour les jeunes. C'est encore pire quand on y ajoute des sodas, ça favorise le diabète et l'obésité. Et puis ça rend accro sans qu'on s'en rende compte. C'est un peu comme une drogue, il ne faudrait pas commencer. Personnellement je trouve ça franchement mauvais et c'est cher, surtout en boîte. Moi je préfère une bière de temps en temps. Je pense que la vente devrait être interdite pour les jeunes.'

Who is it? Mustapha (M), Antoinette (A) or Raphaël (R)?

1 N'aime pas le goût des alcopops.

2 Trouve que les jeunes ont trop aisément accès à ces boissons alcoolisés.

3 Ne boit jamais d'alcool.

4 Pense que ces boissons peuvent devenir une drogue.

5 Dit que les filles boivent moins de bière que les garçons.

6 Pense qu'on devrait prévenir des risques de ces boissons sur les bouteilles.

7 Trouve que c'est bon marché dans les magasins.

8 Dit que l'abus d'alcool peut causer des accidents.

9 Dit que les alcopops font grossir.

10 Pense que leur vente devrait être réglementée.

11 Dit que le mélange alcool et sucre est très mauvais.

12 Pense que beaucoup de jeunes ne savent pas que ces boissons sont dangereuses.

Cinquième unité

dans un hypermarché

Une dame âgée essaie de faire ses commissions.

Cliente   Pardon, mademoiselle. Je ne connais pas du tout cette grande surface. Pourriez-vous m'indiquer le rayon charcuterie, s'il vous plaît?

Vendeuse   C'est facile, regardez. Tout est écrit au-dessus des rayons.

Cliente   C'est que j'ai oublié mes lunettes à la maison et je n'y vois pas grand-chose!

Vendeuse   Ah, je comprends. Moi, je suis myope, mais maintenant je porte des verres de contact. Alors, l'alimentation est là-bas, au fond du magasin. Prenez la deuxième à gauche, puis continuez le long de l'allée centrale. Allez jusqu'au bout et le rayon charcuterie est sur votre droite, à côté du rayon boucherie.

Cliente   Je vous remercie, mademoiselle.

Vendeuse   Je vous en prie, madame.

QU'EST-CE QUE ÇA VEUT DIRE?

faire les commissions / courses	*to do the shopping*
une grande surface	*a super / hypermarket*
Pourriez-vous m'indiquer . . .?	*Could you show me . . .?*
le rayon	*department, counter* (lit. *shelf*)
au dessus (de)	*above*
l'alimentation (f.)	*food*
là-bas	*over there*
au fond (de)	*at the end/bottom (of)*
une allée	*an aisle* (here)
jusqu'au bout	*to the end*

dans un hypermarché (suite)

Nous retrouvons la dame qui attend au rayon boucherie.

Vendeur   C'est à qui le tour?

Cliente   J'espère bien que c'est à moi cette fois, ça fait dix minutes que je fais la queue! Je voudrais un saucisson sec et des rillettes d'oie, s'il vous plaît. Vous en avez?

Vendeur   Euh . . . non, madame, je regrette mais . . . .

Cliente   Une grande surface comme la vôtre et vous n'avez pas de rillettes d'oie!

Vendeur   C'est que . . .

Cliente   Donnez-moi une tranche de pâté de campagne, alors. C'est bien du pâté que vous avez là?

Vendeur   Non, madame, c'est de la chair à saucisse. Ici, c'est le rayon boucherie, le rayon charcuterie est juste à côté, sur votre gauche.

Cliente   Même sans mes lunettes, je vois qu'il y a aussi la queue!

Vendeur   Si vous ne voulez pas faire la queue, vous pouvez acheter des produits préemballés, là, à côté des surgelés.

QU'EST-CE QUE ÇA VEUT DIRE?

un saucisson sec	*a type of salami*
des rillettes (f.) d'oie (f.)	*potted goose meat for spreading*
une tranche	*a slice*
de la chair à saucisse	*sausage meat*
des produits préemballés	*pre-packed goods*

dans un hypermarché (suite)

La dame continue son périple.

Cliente   Pardon, madame. Je voudrais acheter des savonnettes et du shampooing.

Vendeuse   Eh bien, vous trouverez ça de l'autre côté de l'hypermarché, aux cosmétiques, en face des produits d'entretien.

Cliente   Oh là là!

Vendeuse   Vous voyez, là, devant les appareils électro-ménagers . . .

Cliente   Oh, ben, ça me fait penser que j'ai besoin d'ampoules!

Vendeuse   C'est près de l'entrée.

Cliente   Alors, je dois revenir sur mes pas?

Vendeuse	Oui. Vous voulez que je vous accompagne?
Cliente	Non, vous êtes très aimable, mais ce ne sera pas nécessaire.

QU'EST-CE QUE ÇA VEUT DIRE?

un périple	*an expedition, a tour, a trip*
une savonnette	*a bar of toilet soap*
vous trouverez	*you will find*
les produits d'entretien	*cleaning materials*
les appareils électro-ménagers	*electrical appliances*
une ampoule	*an electric bulb* (here)
revenir sur ses pas	*to retrace one's steps*

dans un hypermarché (suite et fin)

La dame âgée est maintenant à la caisse.

Cliente	Je vous dois combien, madame?
Caissière	95 euros.
Cliente	Soixante . . . quatre-vingts . . . Je suis désolée, mais je n'ai plus de billets. Attendez, j'ai peut-être de la monnaie dans mon autre porte-monnaie . . . Ah, voilà! Est-ce que j'ai assez d'argent maintenant? J'ai du mal à m'habituer aux euros et j'ai oublié mes lunettes.
Caissière	Il manque encore cinq euros.
Cliente	Mon Dieu! Qu'est-ce que je vais faire?
Caissière	Il faut remettre quelque chose dont vous n'avez pas vraiment besoin.
Cliente	Ah non! J'ai besoin de tout ça! Mais ma fille doit venir me chercher dans quelques minutes. Je vais l'attendre.

QU'EST-CE QUE ÇA VEUT DIRE?

la caisse	*the till, the cashdesk*
un billet	*a banknote* (here)
l'argent (m.)	*money*
la monnaie	*change*
j'ai du mal (à)	*I find it hard (to)*
il manque cinq euros	*you are short of five euros* (lit. *five euros are missing*)
aller / venir chercher	*to fetch / to collect*
remettre	*to put back*

avez-vous compris?

Cochez les bonnes réponses.

1 D'abord la dame âgée cherche le rayon boulangerie / pâtisserie / boucherie / charcuterie.

2 Elle est myope / a perdu ses lunettes / porte des verres de contact / a oublié ses lunettes.

3 Le rayon charcuterie se trouve au fond du magasin / à côté des surgelés / près de l'entrée / en face du rayon boucherie.

4 La dame veut acheter du shampooing / du dentifrice / une brosse à dents / des savonnettes.

5 Elle a aussi besoin de produits d'entretien / d'ampoules / de surgelés / de lessive.

6 À la caisse, la dame a trop d'argent / a assez d'argent / n'a pas assez d'argent / n'a pas de monnaie.

7 Elle va attendre sa fille / aller chercher sa fille / téléphoner à sa fille / remettre quelque chose dont elle n'a pas besoin.

à vous!

1 Vous travaillez dans une grande surface. Vous devez remettre dans les rayons les articles abandonnés par les clients. Faites une liste pour chaque rayon.

Les articles abandonnés:

1 raquette de tennis	1 poivron
1 botte d'asperges	10 yaourts nature
2 baguettes	1 robot ménager
1 chemise	1 paquet de petits pois surgelés
1 sac de pommes de terre	3 savonnettes
1 grand paquet de croissants	1 kilo de sucre
1 œuf de Pâques	6 côtelettes d'agneau
1 paquet de bonbons	1 jupe
12 boîtes de bière	1 pot de crème fraîche
1 boîte de céréales	3 paires de collants
1 saucisson sec	1 pot de glace au chocolat
1 kilo de pêches	1 tube de dentifrice
1 journal	1 demi-livre de beurre
2 paquets de café	2 ampoules
1 litre de lait demi-écrémé	1 boîte de lessive
1 paire de baskets	1 paquet d'enveloppes
1 douzaine d'œufs	1 camembert
1 bouteille de vin	4 tranches de jambon

CHARCUTERIE ▶   ÉPICERIE ▼   COSMÉTIQUES ▶

LIBRAIRIE-PAPETERIE   BOISSONS   SURGELÉS

CONFISERIE ▶   BOULANGERIE ▶   ▲ ÉLECTRO-MÉNAGER

◀ VÊTEMENTS-HOMMES   PRODUITS D'ENTRETIEN   FRUITS ET LÉGUMES ▶

BOUCHERIE ▶   CRÉMERIE ▶   ◀ VÊTEMENTS-FEMMES   SPORT ▶

2 Travaillez avec un / une partenaire. Préparez plusieurs phrases pour situer les différents rayons. Utilisez **devant**, **au bout de**, **au fond de**, **à droite (de)**, **à gauche (de)**, **près de**, **à côté de**, **en face de** ou **au-dessus de**. À tour de rôle, lisez vos descriptions. Votre partenaire prend des notes.

les Français et le shopping

Tout d'abord, nous retrouvons Claire au marché.

Claire Pardon, madame. Je fais une enquête sur les Français et le shopping. Je peux vous poser quelques questions?

Femme Oui, si vous voulez.

Claire Vous venez souvent au marché?

Femme Je fais mon marché deux fois par semaine. Je ne peux pas porter trop de choses à la fois, c'est lourd!

Claire Vous préférez aller au marché ou au supermarché?

Femme Au marché, bien sûr! C'est plus sympathique. J'y rencontre des amies. Et puis, je connais beaucoup de commerçants, maintenant. On bavarde, on plaisante . . .

Claire Oui, c'est très animé ici!

Femme Il y a des marchands qui sont très drôles. Ils font toutes sortes de choses pour attirer la clientèle.

Claire Et la marchandise?

Femme Il y a un très grand choix. Euh . . . C'est moins cher qu'au supermarché. Et on peut même goûter avant d'acheter.

Claire Mais ça prend plus de temps.

Femme Peut-être, mais c'est bien plus agréable. Personnellement, je déteste faire la queue à la caisse.

Claire Et quand il pleut?

Femme Je mets un imper avec une capuche et des bottes en caoutchouc. Je suis irrésistible!

QU'EST-CE QUE ÇA VEUT DIRE?

faire son marché	*to do one's shopping*	la marchandise	*the goods*
lourd(e)	*heavy*	mettre (☝)	*to put (on)*
un commerçant, un marchand	*a trader*	un imper(méable)	*a mac(kintosh)*
		une capuche	*a hood*
animé	*lively*	des bottes (f.) en caoutchouc (m.)	*Wellington boots* (lit. *rubber boots*)
attirer	*to attract*		

avez-vous compris?

Répondez en français.

1 Combien de fois par semaine la dame fait-elle son marché?

2 Qu'est-ce qu'elle aime en particulier au marché?

3 Avec qui bavarde-t-elle?

4 Que pense-t-elle de la marchandise?

5 Est-ce qu'elle trouve les prix raisonnables?

6 Qu'est-ce qu'elle aime faire avant d'acheter?

7 Qu'est-ce qu'elle déteste au supermarché?

8 Comment s'habille-t-elle quand il pleut?

les Français et le shopping (suite et fin)

Maintenant, Claire se trouve à l'entrée d'un supermarché.

Claire   Pardon, monsieur. Vous venez souvent au supemarché?

Client   Je viens tous les samedis. C'est moi qui fais les courses. Ma femme travaille, alors nous partageons les tâches.

Claire   Oui, comme beaucoup de gens de nos jours. Mais dites-moi, est-ce que vous aimez faire vos courses ici?

Client   Oui. Je trouve qu'il y a beaucoup d'avantages.

Claire   Par exemple?

Client   Eh bien, d'abord, on peut se garer sans problème. On trouve tout ce dont on a besoin sous le même toit et on met tout dans le caddie, même les jeunes enfants!

Claire   Mais quelquefois, ils sont difficiles à diriger, ces chariots!

Client   C'est vrai. Ça arrive.

Claire   Et que pensez-vous de la marchandise?

Client On trouve tout ce qu'on veut. Il n'y a que des produits de bonne qualité. Tout est propre et emballé. C'est très pratique.

Claire Et point de vue prix?

Client C'est meilleur marché que les petits magasins et comme il y a beaucoup de concurrence, il y a souvent des offres spéciales très intéressantes.

Claire Mais il faut faire la queue à la caisse.

Client Ça, c'est l'inconvénient, mais l'avantage, c'est qu'on n'est pas obligé d'avoir d'argent liquide sur soi. On peut payer tout en même temps par chèque ou avec une carte de crédit.

QU'EST-CE QUE ÇA VEUT DIRE?

partager	*to share*
une tâche	*a task, job*
se garer	*to park one's car*
sous le même toit	*under one roof*
un caddie, un chariot	*a trolley*
ne/n' . . . que	*only*
propre	*clean*
bon marché / meilleur marché (inv.)	*cheap / better value, cheaper*
la concurrence	*competition*
un inconvénient	*a disadvantage*
l'argent (m.) liquide	*cash*
avoir . . . sur soi	*to carry, have on one*

avez-vous compris?

Quels sont les avantages des supermarchés selon ce client?

à vous!

Relisez les dialogues puis complétez les phrases ci-dessous.

1 Je déteste faire _____ à la caisse.

2 On met tout dans _____ .

3 Quand _____ , je mets un imperméable.

4 On trouve tout ce dont on a _____ sous le même toit.

5 Je fais _____ sur les Français et le shopping.

6 On peut _____ sans problème.

7 Vous venez _____ au marché?

8 Ma femme travaille, alors nous _____ les tâches.

9 Je _____ beaucoup de marchands.

10 Comme il y a beaucoup de _____ , il y a souvent des offres spéciales.

11 Je fais mon marché deux fois _____ .

12 On n'est pas obligé d'avoir d' _____ sur soi.

13 On peut _____ avant d'acheter.

14 _____ sont quelquefois difficiles à diriger.

15 Je _____ tous les samedis.

et vous?

- Aimez-vous faire les courses?
- Quand faites-vous votre shopping?
- Où allez-vous? Pourquoi?

à la poste

Chantal a emballé le livre qu'elle vient d'acheter pour sa correspondante anglaise.
Maintenant elle va à la poste pour l'expédier et pour acheter des timbres.

L'employé	Vous désirez?
Chantal	Un carnet de timbres, s'il vous plaît. Ils sont autocollants?
L'employé	Oui.
Chantal	Très bien. C'est plus pratique.
L'employé	Voilà!
Chantal	Je voudrais aussi envoyer ce colis en Angleterre.
L'employé	En recommandé ou ordinaire?

Chantal	Ordinaire. C'est seulement un petit cadeau pour ma correspondante. C'est un livre de recettes normandes. Elle s'intéresse beaucoup à la cuisine française.
L'employé	Donnez. Je vais le peser. Ça fait huit euros en économique.
Chantal	C'est aussi cher que le livre!
L'employé	Ça vient d'augmenter. Et puis, vous savez, les livres sont très lourds. Il vaut mieux choisir quelque chose de plus léger comme cadeau.
Chantal	Je sais. Est-ce que je dois remplir une fiche pour la douane?
L'employé	Non, ce n'est plus nécessaire maintenant.
Chantal	Où est la boîte aux lettres?
L'employé	Elle est dehors.

QU'EST-CE QUE ÇA VEUT DIRE?

emballer	*to wrap / to pack*
expédier / envoyer	*to send*
un carnet de timbres	*a book of stamps*
autocollant	*self-adhesive*
un colis	*a parcel*
recommandé	*recorded delivery / registered*
peser	*to weigh*
Ça vient d'augmenter	*It's just gone up*
il vaut mieux	*it is better*
une fiche	*a form*
la douane	*the customs*
ne . . . plus	*no more, no longer*
dehors	*outside*

avez-vous compris?

Complétez.

Avant d'aller à la (**1**) _____ Chantal a (**2**) _____ le (**3**) _____ de cuisine pour sa correspondante anglaise. C'était un (**4**) _____ d'anniversaire. Chantal lui a acheté un livre de (**5**) _____ normandes parce que sa correspondante (**6**) _____ beaucoup à la gastronomie française. Elle a décidé de ne pas envoyer le (**7**) _____ en recommandé. En fait, envoyer le paquet lui a coûté aussi (**8**) _____ que le livre, mais Chantal n'a pas eu besoin de (**9**) _____ de fiche pour la douane. Elle a aussi (**10**) _____ un (**11**) _____ de timbres (**12**) _____.

à vous!

Reliez les phrases **1** à **4** aux phrases **a** à **d** pour faire quatre mini-conversations.

1 Vous avez une boîte aux lettres?

2 C'est combien pour envoyer cette lettre aux États-Unis?

3 Je voudrais dix timbres, s'il vous plaît.

4 Je voudrais envoyer un colis.

a En recommandé ou ordinaire?

b Donnez-la-moi, je vais la peser. Il faut l'envoyer par avion.

c Voilà un carnet de timbres autocollants.

d Oui, mais elle est dehors, à côté de la porte.

un braquage à la banque

Dans la banque où il travaille, Laurent s'occupe d'une jeune cliente.

Laurent Bonjour, mademoiselle, qu'y a-t-il pour votre service?

Cliente Je vais bientôt partir à l'étranger, et je voudrais quelques renseignements.

Laurent Où allez-vous?

Cliente En Angleterre. Mais je ne pars pas en vacances, je vais travailler là-bas. Je vais faire un stage d'un an, dans une entreprise, dans l'espoir d'améliorer mon anglais.

Laurent   Si vous êtes salariée, je vous conseille d'ouvrir un compte courant sur place, pour faire virer votre salaire directement sur votre compte.

Cliente   Est-ce que je peux garder ma carte de crédit, ou est-ce que je dois en obtenir une autre?

Laurent   Qu'est-ce que vous avez comme carte, la Carte Bleue, la Carte Visa?

Cliente   J'ai une Mastercard.

Laurent   Alors, aucun problème. Vous pouvez l'utiliser de la même manière qu'ici, c'est-à-dire pour régler vos achats, pour retirer de l'argent aux distributeurs automatiques de billets . . .

Cliente   Ah, ça c'est pratique, 24 heures sur 24, même le dimanche.

Mais . . . Qu'est-ce qu'il y a? Qu'est-ce qui se passe? Ah non!

Braqueur   Haut les mains! Que personne ne bouge!

QU'EST-CE QUE ÇA VEUT DIRE?

un braquage	*a hold-up*
s'occuper (de)	*to look after, to serve (a customer)*
les renseignements (m.)	*information*
là-bas	*over there!*
un stage	*a work experience placement*
une entreprise	*a business / company*
faire virer le salaire	*to have the salary paid in*
régler	*to pay, to settle up*
retirer de l'argent	*to withdraw money*
un distributeur automatique de billets (DAB)	*a cash / ticket dispenser*
un braqueur	*an armed robber*
Qu'est-ce qui se passe?	*What's happening?*
Haut les mains!	*Put your hands up!*
Que personne ne bouge!	*Nobody move!*

avez-vous compris?

Relisez la conversation et complétez le texte.

La jeune femme va bientôt aller en (**1**) _____ . Elle ne part pas en (**2**) _____ , elle y va pour (**3**) _____ . Elle va faire un (**4**) _____ d'un an dans une (**5**) _____ dans l'espoir d'améliorer son (**6**) _____ . Laurent lui conseille d'ouvrir un (**7**) _____ sur place. Il lui dit qu'elle peut utiliser sa (**8**) _____ de la même manière qu'en France pour (**9**) _____ ses achats et retirer de l'argent aux (**10**) _____

à vous!

Reliez les phrases **1** à **4** aux phrases **a** à **d** pour faire quatre mini-conversations.

1 Est-ce que je peux utiliser ma carte de crédit ici?

2 Vous partez en vacances?

3 Je vais partir travailler à l'étranger et je voudrais quelques renseignements.

4 Qu'est-ce que vous avez comme carte?

a J'ai une Mastercard.

b Dans quel pays allez-vous?

c Non. Je vais en Espagne pour faire un stage.

d Pas de problèmes. Vous pouvez régler vos achats et retirer de l'argent aux distributeurs de billets.

l'inspecteur Mars enquête

Maintenant l'inspecteur Mars interroge deux témoins. Le premier témoin était dans la rue au moment du hold-up.

Le témoin	Les cambrioleurs sont arrivés en voiture . . .
L'inspecteur Mars	Quelle voiture?
Le témoin	Une Citroën, je crois.
L'inspecteur Mars	Oui, et après?
Le témoin	Trois hommes sont descendus, le quatrième est resté au volant . . . ils sont entrés dans la banque . . . ils sont sortis en courant, ils sont montés dans la voiture et ils sont partis à toute vitesse.
L'inspecteur Mars	Combien de personnes sont arrivées en voiture?
Le témoin	Quatre, en tout.
L'inspecteur Mars	À quelle heure sont-ils entrés dans la banque?
Le témoin	Euh, je ne sais pas, à onze heures et demie peut-être.
L'inspecteur Mars	Et ils sont sortis . . .?
Le témoin	Environ cinq minutes plus tard.
L'inspecteur Mars	Et ils sont repartis tous ensemble?
Le témoin	Oui, ils sont partis par là.
L'inspecteur Mars	Et vous n'avez rien fait?
Le témoin	Qu'est-ce que vous croyez! Je ne suis pas James Bond, moi!

QU'EST-CE QUE ÇA VEUT DIRE?

un cambrioleur	*a burglar*
interroger	*to question*
un témoin	*a witness*
le volant	*the steering-wheel*
ils sont sortis en courant (courir)	*they ran out (to run)*
à toute vitesse	*at top speed*

avez-vous compris?

Répondez en français.

1 Comment les cambrioleurs sont-ils arrivés?

2 Combien d'hommes sont descendus de la voiture?

3 Où est resté le quatrième?

4 À quelle heure sont-ils entrés dans la banque?

5 Quand en sont-ils sortis?

6 Sont-ils repartis tous ensemble?

7 Pourquoi le témoin n'a-t-il rien fait?

l'inspecteur Mars enquête (suite et fin)

Le deuxième témoin, c'est la jeune cliente qui était au guichet de Laurent.

L'inspecteur Mars Mademoiselle, quelle heure était-il quand les cambrioleurs sont entrés dans la banque?

Cliente Euh . . . Moi, je suis arrivée peu après onze heures. Donc il était environ onze heures et quart.

L'inspecteur Mars Et où étiez-vous exactement?

Cliente Eh bien, j'étais à un guichet . . . C'était vraiment effrayant! J'ai entendu du bruit derrière moi, j'ai regardé, et j'ai vu trois hommes . . .

L'inspecteur Mars Qu'est-ce qu'ils ont fait, ces hommes?

Cliente	Ils ont sorti leur revolver. Ensuite, l'un d'eux, le gros aux cheveux noirs, a dit 'Haut les mains! Que personne ne bouge!' Tout le monde a eu très peur! Quelqu'un a crié . . .
L'inspecteur Mars	Et après?
Cliente	Ils sont allés droit à la caisse, à côté de moi.
L'inspecteur Mars	Ils ont menacé quelqu'un?
Cliente	Oui, la caissière. Ils lui ont demandé de mettre tout l'argent dans de grands sacs.
L'inspecteur Mars	Et ils étaient comment, ces cambrioleurs?
Cliente	Je ne m'en souviens pas très bien . . . Il y en avait un gros aux cheveux noirs, et un jeune qui portait un bonnet de laine jaune, et un pull à rayures rouge et blanc . . .
L'inspecteur Mars	Vous vous moquez de moi, mademoiselle!
Cliente	Mais non, monsieur l'inspecteur! C'est la vérité, je vous assure!

QU'EST-CE QUE ÇA VEUT DIRE?

Où étiez-vous?	*Where were you?*	se moquer de	*to make fun of*
menacer	*to threaten*	la vérité	*the truth*
il portait	*he was wearing*		

avez-vous compris?

Un jeune policier a pris des notes, mais il a fait treize erreurs. Aidez-le à les corriger.

> La jeune cliente était à l'école. Elle a entendu de la musique derrière elle, et quand elle a regardé, elle a vu quatre hommes. L'un d'eux a dit, 'Haut les coeurs! Que personne ne parle!' Ensuite ils sont allés droit au bureau, où ils ont menacé la directrice. Ils lui ont demandé de mettre tous les bonbons dans de petits sacs. Le gros cambrioleur avait les cheveux gris, et le vieux portait un bonnet en coton et un pull à fleurs.

à vous!

Imaginez que vous aussi, vous étiez à la banque au moment du braquage. L'inspecteur Mars vous interroge. Répondez à ses questions:

L'inspecteur Mars   Comment vous appelez-vous?

Vous   **1** _____

L'inspecteur Mars   À quelle heure êtes-vous arrivé(e) à la banque?

Vous   **2** _____

L'inspecteur Mars   Combien d'hommes sont entrés dans la banque?

Vous   **3** _____

L'inspecteur Mars   À quelle heure sont-ils arrivés?

Vous   **4** _____

L'inspecteur Mars   Est-ce qu'ils ont sorti leur revolver?

Vous   **5** _____

L'inspecteur Mars   Est-ce qu'ils sont allés au guichet?

Vous   **6** _____

L'inspecteur Mars   Et qu'est-ce qu'ils ont dit à la caissière?

Vous   **7** _____

L'inspecteur Mars   Et qu'est-ce que vous avez fait?

Vous   **8** _____

UN PEU DE GRAMMAIRE

The perfect tense with 'être'

A number of verbs in this unit are conjugated with **être** instead of **avoir**:

aller	*to go*
Il est allé à la poste.	*He went to the post office.*
arriver	*to arrive*
Je suis arrivé(e) à onze heures.	*I arrived at eleven o'clock.*

(continued)

partir	*to leave*
Ils sont partis.	*They left.*
entrer	*to enter, go in*
Ils sont entrés.	*They went in.*
sortir	*to go out*
Ils sont sortis.	*They went out.*
descendre	*to get off / out, go / come down(stairs)*
Trois hommes sont descendus.	*Three men got off / out.*
rester	*to stay*
Il est resté au volant.	*He stayed at the wheel.*

Note that:

1 The past participle agrees with the subject.

2 There are some verbs based on the verbs above. These are also conjugated with **être**, e.g. **repartir** (*to leave again*) and **ressortir** (*to come out again*).

3 Some of these verbs can have a direct object, in which case they are conjugated with **avoir**, e.g. Ils **ont** sorti leur revolver. (*They took out their guns.*)

▶ **Grammaire** 5, 7

EXERCICES

A　Vous êtes dans un hypermarché. Reliez ce que disent les clients et les réponses des vendeurs.

Clients:

1 Je voudrais acheter une raquette de tennis et des baskets.

2 Pardon, mademoiselle. Je voudrais acheter un rôti de porc.

3 Vous avez des œufs de Pâques?

4 Excusez-moi, monsieur. Le pain, s'il vous plaît?

5 Je dois acheter à manger pour mon chat.

6 Où se trouvent les jus de fruits, s'il vous plaît?

7 Je cherche des bottes en caoutchouc pour ma fille.

8 Je dois acheter des bananes pour les enfants.

9 J'ai besoin de paprika pour une nouvelle recette.

10 Pardon, madame. Je cherche le couscous.

11 Vous vendez des parasols?

12 Où sont les caisses, s'il vous plaît?

Vendeurs:

a Regardez au rayon enfants.

b Le rayon boulangerie est à côté des conserves.

c Les épices sont à côté des plats cuisinés.

d Là-bas. Vous voyez, il y a la queue!

e Regardez. C'est juste là, avec les autres boissons, à côté de l'eau minérale.

f Le rayon boucherie se trouve à gauche, juste après le rayon charcuterie.

g Oui, avec les meubles de jardin, là-bas.

h Allez au rayon sport. Il est au fond, à droite.

i Vous allez le trouver avec les pâtes et le riz.

j Oui. Le rayon confiserie est tout de suite à droite, après les biscuits.

k Le rayon fruits et légumes est à côté de l'entrée.

l Allez au rayon des aliments pour animaux, qui se trouve après les surgelés.

B Vous êtes à la poste en France. Complétez la conversation.

Employé Vous désirez?

Vous (**1** *You want a book of stamps.*)

Employé Voilà. Vous désirez autre chose?

Vous (**2** *You want to send a parcel.*)

Employé En recommandé ou ordinaire?

Vous (**3** *Choose and give a reason.*)

Employé   Alors, ça fait 6,50 euros.

Vous   (**4** *You want to know when your parcel will arrive.*)

Employé   Dans deux ou trois jours.

Vous   (**5** *Ask if the post box is outside.*)

Employé   Oui. À gauche en sortant.

 Complétez le texte.

La semaine dernière mon partenaire et moi (**1**) _____ (aller) en ville faire des achats. Nous (**2**) _____ (partir) de bonne heure pour éviter les embouteillages. Nous (**3**) _____ (trouver) une place de parking près du centre et nous (**4**) _____ (descendre) de voiture. D'abord nous (**5**) _____ (aller) à la banque pour avoir quelques renseignements car nous pensons aller (**6**) _____ (travailler) à l'étranger. L'employé nous a conseillé d' (**7**) _____ (ouvrir) un compte courant sur place pour faire (**8**) _____ (virer) notre salaire directement sur notre compte. Heureusement, on peut (**9**) _____ (utiliser) les cartes de crédit de la même manière qu'ici, pour (**10**) _____ (régler) les achats et pour (**11**) _____ (retirer) de l'argent aux distributeurs. Nous (**12**) _____ (ressortir) de la banque une demi-heure plus tard. Ensuite, je (**13**) _____ (entrer) dans un grand magasin pour acheter un nouveau débardeur. Luc, qui déteste le shopping, (**14**) _____ (rester) dehors.

D   Mettez les phrases dans le bon ordre pour raconter l'histoire. La première est correcte.

1   Je suis arrivé(e) au supermarché vers sept heures du soir.

2   Comme il y avait beaucoup de circulation, je suis resté(e) plus d'une heure dans les embouteillages.

3   Finalement, je suis allé(e) aux surgelés pour acheter de la glace pour le dessert.

4   Heureusement, elles n'étaient pas cassées.

5   J'ai eu des difficultés à trouver une bonne place au parking parce qu'il y avait beaucoup de monde.

6   Je suis finalement rentré(e) à la maison à neuf heures.

7   Naturellement, j'ai fait la queue à la caisse, comme d'habitude.

8   Bien entendu, ma glace était fondue!

9   Puis j'ai choisi un plat cuisiné pour le dîner.

10 Quand je suis descendu(e) de voiture, j'ai fait tomber mes lunettes.

11 Quand je suis sorti(e) du magasin, il était huit heures moins le quart.

12 Tout d'abord, je suis allé(e) au rayon épicerie pour acheter du café.

E Vous venez de recevoir un cadeau de votre ami(e) français(e). Écrivez-lui une lettre de remerciements.

écoutez bien!

Première partie: Dans une grande surface

Listen to the store announcements, then fill in the gaps.

1 At the garden department you can get _____ per cent off _____ .

2 Today _____ are on offer at the _____ counter.

3 Michael is waiting for his _____ at the _____ near the exit.

4 You can get five T-shirts for the price of _____ , because the shop is celebrating its _____ .

5 The shop closes in _____ minutes. You are asked to go to the _____ .

Deuxième partie: Dans la rue

Listen to the conversation and add the missing places in this street.

Sixième unité

un petit tour en Normandie

Guillaume et son frère Paul adorent le cyclotourisme. Pendant les vacances de Pâques, ils sont allés en Normandie. Voici quelques épisodes de leur périple, racontés par Guillaume à sa petite amie Maryse.

De :	"Guillaume Lejeune" <guillejeune@hotmail.com>
A :	"Maryse Robin" <maryse.robin@wanadoo.fr>
Date :	10/04 9:12
Objet :	Nouvelles de Normandie

Salut Maryse!

Nous sommes arrivés à Fécamp sans difficultés. Il a fait beau toute la journée et nous avons décidé de camper. Nous sommes allés à l'Office de Tourisme où on nous a indiqué un fermier très sympa qui nous a prêté son champ. Paul a monté la tente et j'ai fait cuire des saucisses sur notre petit réchaud à gaz. Nous n'avons pas très bien dormi parce que nous avons eu froid. Je t'écris du cybercafé où nous avons pris le petit déjeuner. Maintenant, direction Etretat. On aimerait survoler la ville en avion. Il paraît que c'est possible et que, vue du ciel, la côte d'Albâtre est impressionnante.

Bisous

Ton Guillaume

QU'EST-CE QUE ÇA VEUT DIRE?

un périple	*a journey*
un champ	*a field*
un réchaud à gaz	*a (portable) gas stove* (for camping)
on aimerait	*we would like to*
survoler	*to fly over*
bisous (m.) (lit. *kisses*)	*love* (at the end of a letter)

avez-vous compris?

Dites qui a . . .

1 donné des nouvelles à sa petite amie.

2 donné des renseignements aux deux frères.

3 passé la nuit dans un champ.

4 décidé de camper.

5 l'intention d'aller à Etretat.

6 préparé le repas du soir sur le réchaud à gaz.

7 monté la tente.

8 mal dormi.

9 pris le petit déjeuner au cybercafé.

10 prêté son champ aux deux cyclotouristes.

un petit tour en Normandie (suite)

Objet :	Nouvelles de Normandie
✎ Pièce(s) jointe(s) :	🗐

Salut Maryse!

Les falaises d'Etretat sont magnifiques. Ci-joint une photo prise du sommet de la falaise où on a dû grimper à pied (l'avion était beaucoup trop cher pour nous, pauvres étudiants!). Mais c'est une belle balade et la vue est superbe. On a aussi visité Le Clos Lupin, la villa d'été de Maurice Lebanc qui, comme tu le sais, est le créateur d'Arsène Lupin, le célèbre 'gentleman cambrioleur'. Un de ses polars, *L'aiguille creuse*, a d'ailleurs beaucoup contribué à la renommée d'Etretat. La maison est ouverte au public depuis 1999 – visite très originale, à caractère ludique, guidée par Arsène lui-même avec une énigme à résoudre.

J'espère que tu vas bien. Donne-moi un coup de fil ou envoie un texto.

Je t'embrasse

Ton Guillaume

QU'EST-CE QUE ÇA VEUT DIRE?

une falaise	*a cliff*
une aiguille	*a needle*
grimper à pied	*to climb up (on foot)*
une balade	*a walk*
un polar (*fam.*)	*a detective novel / film*
la renommée	*reputation*
à caractère ludique	*fun / entertaining*
une énigme	*a mystery, riddle*
résoudre	*to solve*

avez-vous compris?

Répondez *vrai* ou *faux*.

1   La vue du sommet des falaises d'Etretat est très belle.

2   Guillaume et Paul n'ont pas pu grimper jusqu'au sommet.

3   Ils ont survolé la ville en avion.

4   Le vol coûte cher.

5   Ils ont fait une belle promenade.

6   Arsène Lupin a une villa d'été à Etretat.

7   Maurice Lebanc est le créateur du célèbre 'gentleman cambrioleur'.

8   La visite guidée du Clos Lupin est ennuyeuse.

un petit tour en Normandie (suite)

Pont de Normandie, Seine Maritime.
Longueur 2141 mètres. Inauguré en 1995.

On a traversé la Seine par le pont de Normandie. Il a plu toute la journée et nos sacs à dos sont trempés (nous aussi!). Pour tout arranger, les sacs de couchage sont mouillés et la pile de ma lampe de poche est à plat. Résultat, on a décidé de coucher dans une chambre d'hôte près de Honfleur ce soir.

Bisous

Guillaume

Maryse Robin
229 rue de la
Convention
75015 Paris

QU'EST-CE QUE ÇA VEUT DIRE?

un sac à dos	*a rucksack*	mouillé	*wet*
trempé	*soaked, wet through*	la pile	*battery*
pour tout arranger	*to cap it all*	la lampe de poche	*torch*
un sac de couchage	*a sleeping bag*		

avez-vous compris?

Complétez le texte.

On a besoin de (**1**)_____ pour faire marcher un réveil ou un appareil photo numérique.

Un (**2**)_____ est très pratique pour les campeurs, les alpinistes, etc. qui ont besoin de porter leurs affaires.

Quand les sacs de couchage sont (**3**)_____ il faut les faire sécher.

Il a plu toute la journée et tous nos vêtements sont (**4**)_____ .

Quand on sort tard le soir on a souvent besoin (**5**) d' _____ .

Mon iPod ne marche plus car les piles sont (**6**) _____ .

à vous!

Relisez les e-mails et la carte postale et dites ce que les frères ont fait ou n'ont pas fait.
Exemple: manger des saucisses –> Ils ont mangé des saucisses.

1   Traverser le pont de Normandie.

2   Camper dans un camping.

3   Avoir froid sous la tente.

4   Survoler la région en avion.

5   Voir les falaises d'Etretat.

6   Grimper à pied au sommet.

7   Aller à l'Office du Tourisme.

8   Visiter la villa d'été de Maurice Lebanc.

9   Passer une nuit dans une chambre d'hôte.

10 Aller à la découverte de la Normandie en voiture.

un petit tour en Normandie (suite et fin)

Paul n'aime pas écrire, mais il adore téléphoner.

'Allô! . . . Salut, c'est Paul! . . . Oui, ça va . . . Nous sommes arrivés à Coutances . . . Un temps épouvantable! . . . Non! On a couché à l'auberge de jeunesse et comme nos sacs de couchage étaient encore humides, il a fallu louer des draps . . . On a bavardé, on a joué au tennis de table, au baby-foot . . . Oui, c'est très sympa . . . Oui, il y a beaucoup d'étrangers, des Anglais, des Belges, des Hollandais, des Allemands . . . On n'est pas restés sur la côte . . . Oui, on est allés à Bayeux . . . Bien sûr, on a vu la tapisserie de la reine Mathilde . . . C'est génial, c'est comme une bande dessinée . . . Oui, il y avait un monde fou, de toutes nationalités . . . Les plages du débarquement? On est allés à Gold beach . . . C'est à Arromanches . . . On a visité le musée du débarquement . . . Oui, très intéressant . . . Naturellement, il y a des cimetières militaires partout . . . On a l'intention d'aller jusqu'au Mont-Saint-Michel . . . Au revoir. À bientôt!'

QU'EST-CE QUE ÇA VEUT DIRE?

épouvantable	*dreadful*	génial	*great*
il a fallu	*we had to*	il y avait un monde fou	*it was very crowded*
louer	*to hire*	les plages du débarquement	*the landing beaches*
un drap	*a sheet*		

avez-vous compris?

Répondez *Oui*, *Si* ou *Non* et corrigez les erreurs.

1 Il a fait beau à Coutances pendant la visite des deux frères.

2 Guillaume et Paul ont passé la nuit à l'auberge de jeunesse de Coutances.

3 Ils n'ont pas eu besoin de louer des draps.

4 Leurs sacs de couchage n'étaient pas secs.

5 Ils ont rencontré beaucoup d'étrangers.

6 Les deux frères ont joué au tennis et au foot.

7   Ils ne sont pas restés au bord de la mer.

8   La tapisserie de la reine Mathilde attire beaucoup de visiteurs à Arromanches.

9   La tapisserie ressemble à une grande bande dessinée.

10   Guillaume et Paul ont visité une des plages du débarquement.

11   Ils ne recommandent pas la visite du musée.

12   Les deux frères veulent voir le Mont-Saint-Michel.

à vous!

Travaillez avec un / une partenaire. Complétez la conversation téléphonique entre Paul et sa sœur Clotilde.

Paul	– Allô!
Clotilde	– Allô!
Paul	– C'est toi, Clotilde?
Clotilde	– Oui.
Paul	– Salut, c'est Paul!
Clotilde	– Salut, Paul! Ça va?
Paul	– Oui, ça va.
Clotilde	– Où êtes-vous?
Paul	– Nous sommes arrivés à Coutances . . .

et vous?

Décrivez une visite intéressante que vous avez faite. Dites:

- où vous êtes allé(e)
- quand
- avec qui
- comment vous avez voyagé
- ce que vous avez vu

- quel temps il a fait
- où vous avez couché
- qui vous avez rencontré
- ce que vous avez fait le soir, etc.

camping en Corse

Les Muller sont allés en vacances en Corse. Nous les retrouvons quand ils arrivent au terrain de camping-caravaning *La Vetta*, à trois kilomètres de Porto-Vecchio. Ils n'ont pas de réservation. Marie va au bureau d'accueil pour voir s'il y a de la place.

Marie	Bonjour, monsieur.
Propriétaire	Bonjour, madame.
Marie	Est-ce que vous avez de la place pour une caravane?
Propriétaire	Oui. Vous êtes combien de personnes?
Marie	Deux adultes et deux enfants.
Propriétaire	Vous voulez un branchement électrique?
Marie	Oui, si c'est possible, mais nous voulons surtout un emplacement ombragé.
Propriétaire	Pas de problème. Vous comptez rester combien de temps?
Marie	Qu'est-ce qu'il y a pour les enfants?
Propriétaire	Nous avons une piscine et une aire de jeux. Il y a aussi une table de ping-pong et une table de billard. Et il y a un centre équestre tout près.
Marie	Et qu'est-ce qu'il y a comme équipements?
Propriétaire	Eh bien, il y a des blocs sanitaires avec douches, lavabos, prises-rasoir, des points d'eau chaude, des bacs pour la vaisselle, et nous avons même une machine à laver.
Marie	Il y a des magasins?
Propriétaire	Non, mais il y a un bar-restaurant avec un dépôt de pain.
Marie	Vous faites des plats à emporter?
Propriétaire	Non, mais nous servons des sandwichs, des salades et des repas chauds, steak-frites, omelettes . . .
Marie	La plage est loin d'ici?
Propriétaire	Il y a une belle plage de sable à Saint Cyprien, à environ cinq kilomètres.
Marie	Et qu'est-ce qu'il y a d'intéressant à voir et à faire dans les environs?

LA VETTA

Camping • Caravaning

★★★

Propriétaire	Il faut aller à Porto-Vecchio, naturellement. Je vous recommande aussi de visiter Bonifacio qui est une très vieille ville. Et puis il faut voir la forêt de l'Ospédale.
Marie	C'est parfait! Est-ce que nous pouvons rester une semaine?
Propriétaire	Oui. Je vous donne l'emplacement numéro 35. Alors, prenez cette allée jusqu'au bloc sanitaire et là, tournez à gauche . . .

QU'EST-CE QUE ÇA VEUT DIRE?

le bureau d'accueil	*reception*
de la place	*room, vacancies, space*
un branchement électrique	*an electric power-point*
un emplacement	*a pitch*
ombragé	*shaded*
une aire de jeux	*an outdoor play area*
un centre équestre	*a riding school*
un bloc sanitaire	*a toilet block*
un lavabo	*a washbasin*
une prise-rasoir	*a shaving-point*
un bac	*a tub* (here)
un dépôt de pain	*place where bread can be purchased*
des plats (m.) à emporter	*take-away food*
proche	*near*
à environ	*at about*
dans les environs	*in the neighbourhood*
une allée	*a lane*

avez-vous compris?

Qu'est-ce qu'il y a à *La Vetta*? Relisez le dialogue et complétez les listes ci-dessous.

Shopping / Nourriture	Les équipements du terrain	Ce qu'il y a pour les jeunes	Les environs
bar-restaurant	emplacements ombragés	piscine	plage de sable

à vous!

1 Qu'est-ce qu'il y a au terrain de camping? Reliez les symboles et les phrases.

a Ombragé

b Piscine

c Bar / Buvette

d Location de tentes

e Alimentation

f Branchements électriques

g Aménagements pour handicapés

h Laverie automatique

i Réductions enfants

j Garderie

k Animations

l Chiens en laisse acceptés

2 Complétez le mél envoyé par les propriétaires du camping aux demandes de renseignements de clients éventuels. Utilisez les mots ci-dessous.

magasins	terrain de camping	dépôts
vaisselle	bar-restaurant	machine à laver
emplacements	aire de jeux	centre équestre
plats à emporter	blocs sanitaires	prises-rasoir
plages	piscine	branchements

> Madame, Monsieur,
>
> Suite à la réception de votre mail, je vous fais parvenir de la documentation et vous remercie pour l'attention que vous portez à notre (a) _____.
>
> Tous les (b) _____ sont ombragés et il y a des (c) _____ électriques pour les caravanes et pour les tentes. Il y a deux (d) _____ modernes avec toilettes, douches et (e) _____ . Nous avons une (f) _____ et des bacs pour la (g) _____ . Il n'y a pas de (h) _____ , mais nous avons des (i) _____ de pain. Nous ne vendons pas de (j) _____ , mais nous avons un (k) _____ . Il y a une grande (l) _____ et une (m) _____ pour les enfants. Il y a plusieurs (n) _____ de sable et un (o) _____ à quelques kilomètres du terrain.
>
> Nous restons à votre disposition pour de plus amples renseignements.
>
> En espérant vous compter parmi notre clientèle, veuillez agréer, Madame, Monsieur, nos sincères salutations.

camping en Bretagne

Liliane Dupré a téléphoné à un terrain de camping en Bretagne pour obtenir des renseignements supplémentaires avant de réserver. Le propriétaire lui a envoyé la lettre suivante.

CAMPING DE LA PLAGE
Route de la Mer
56009 Étel

Tél. 02.96.53.87.25
Fax. 02.96.44.13.31

Étel, le 20 mars

Madame,

Suite à votre appel téléphonique de ce matin, j'ai le plaisir de pouvoir vous réserver un emplacement pour une voiture et deux tentes du 8 au 15 juillet inclus.

L'emplacement est de 10 € par jour, et la redevance campeur est de 4 € par adulte et 2 € par enfant. (Enfants de moins de trois ans – gratuit.) Il faut y ajouter une taxe de séjour de 1 € par nuitée et par personne à partir de dix ans.

Nous regrettons de vous informer qu'il n'y a pas de cafétéria dans le centre, mais nous avons un excellent service de plats cuisinés à emporter, midi et soir, tous les jours. En ce qui concerne la lessive, les campeurs ont à leur disposition une laverie automatique équipée de machines à laver et de séchoirs à linge.

Nous ne serons en mesure de confirmer votre réservation que lorsque vous nous ferez parvenir des arrhes, c'est-à-dire la somme de 40 €. Veuillez trouver ci-joint un formulaire à remplir pour confirmer votre réservation. Les conditions de réservation, d'annulation et de remboursement figurent au dos de la confirmation de réservation.

Dans l'attente de vous lire, je vous prie de croire, Madame, à mes sentiments les meilleurs.

P. Nazot

SERVICE DE LOCATION
P. J.

QU'EST-CE QUE ÇA VEUT DIRE?

Suite à . . .	*Following . . .*
du . . . au . . .	*from the . . . to the . . .*
une redevance	*a fee*
une taxe de séjour	*a visitor's / tourist tax*
un sèche-linge (inv.) / un séchoir à linge	*a tumble-dryer*
faire parvenir	*to send*
des arrhes (f.)	*a deposit*
Veuillez trouver ci-joint . . .	*Please find enclosed . . .*
un formulaire	*a form*
une annulation	*a cancellation*
. . . figurent au dos	*. . . are shown on the back*
Je vous prie de croire, . . ., à mes sentiments les meilleurs	*Yours faithfully*
P.J. (Pièces Jointes)	*Enclosures*

avez-vous compris?

Corrigez toutes les erreurs.

1 La famille Dupré veut aller faire du camping pendant quinze jours à Pâques.

2 Si on ne veut pas faire la cuisine, on peut aller manger à la cafétéria du terrain.

3 On peut acheter à manger tous les soirs, sauf le dimanche.

4 Des lave-vaisselle et des séchoirs à linge sont à la disposition des campeurs.

5 En plus de l'emplacement, il faut payer la redevance télévision et une place de parking.

6 Si vous voulez réserver, vous devez lire un formulaire et recevoir des arrhes.

7 Les pièces jointes figurent au dos de la confirmation de réservation.

à vous!

Complétez la conversation téléphonique avec Liliane Dupré mentionnée dans la lettre du propriétaire du *Camping de la Plage*.

Le propriétaire   Allô, Camping de la Plage!

Mme Dupré   Allô! Bonjour, monsieur. Je voudrais réserver (**1**) _____ au mois de juillet. C'est possible?

Le propriétaire   Oui. À quelle date exactement?

Mme Dupré   Pour une semaine, à partir du (**2**) _____ juillet.

Le propriétaire   Pas de problème, madame.

Mme Dupré   Est-ce qu'il y a un restaurant ou une cafétéria?

Le propriétaire   Non, mais nous avons un excellent (**3**) _____ .

Mme Dupré   Tous les jours?

Le propriétaire   Oui, madame, tous les jours, (**4**) _____ .

Mme Dupré   Et est-ce qu'on peut faire la lessive?

Le propriétaire   Oui, nous avons une laverie automatique équipée de machines à laver et de (**5**) _____ .

Mme Dupré   Et quels sont vos tarifs?

Le propriétaire   Alors, un emplacement coûte (**6**) _____ . (**7**) _____ est de quatre euros pour les adultes et de deux euros pour les enfants.

Mme Dupré   Jusqu'à quel âge?

Le propriétaire   Dix ans. Et c'est gratuit pour (**8**) _____ . Il y a aussi une taxe de séjour d'un euro par nuit et par personne.

Mme Dupré   C'est bien compliqué! Et que dois-je faire pour réserver?

Le propriétaire   Il suffit de remplir (**9**) _____ et d'envoyer 40 euros (**10**) _____ . Donnez-moi votre nom et votre adresse et je vais vous faire parvenir un formulaire immédiatement.

Mme Dupré   Alors, je suis madame Dupré, D-U-P-R-E accent aigu. J'habite . . .

jeu de rôles

Partenaire A

(**Partenaire B: tournez à la page 118**.)

A1   First, answer your partner's questions about the *Camping les Mimosas* in Brittany. Use the leaflet opposite.

CAMPING LES MIMOSAS

ACCÈS   Route N. 165 sortie Concarneau vers D. 44; S.N.C.F. Gare de Quimper – Correspondance par autobus; Aéroport de Pluguffan

ÉQUIPEMENTS ET LOISIRS   Ce camp est situé à moins d'1 km de la plage du Cap-Coz et du Centre Ville, dans un cadre calme et verdoyant avec le bénéfice des plaisirs de la mer et du soleil. 1,3 ha • 100 emplacements • 300 personnes.
Installations sanitaires modernes : Lavabos individuels et en cabines W.C.
Bacs à laver le linge et la vaisselle, équipés d'eau chaude.
Douches chaudes gratuites • Tables de repassage • Branchements électriques
Terrain de volley-ball • Tennis de table • Aire de jeux pour enfants.

SERVICES   Le ravitaillement se fait en ville à 1 km, mais certains commerces ambulants sont à disposition sur le camp pour les produits de première nécessité.
Vente permanente de produits fermiers.

ENVIRONS   À 500 mètres du camp:
Complexe sportif ultra-moderne avec Piscine ludique. Ferme Équestre • Centre Culturel • Centre Nautique

A2 You have been recommended the *Camping de Brallac'h* near Fouesnant in Brittany. Your partner has all the details. Ask him / her about the following points and make some notes when you get the information.

Exact situation?	Internet access?
Beach?	Electricity points?
Hot showers?	What's nearby?
Shops / food?	Does it close at night?
Caravans for hire?	Opening date?

UN PEU DE GRAMMAIRE

Le passé composé avec 'être'   ***The perfect tense with 'être'***

Here is the full list of verbs conjugated with **être**. Most of them go in pairs. Some of them have appeared already in Unit 5.

aller   ***to go***
Je suis allé(e) au cinéma.   *I went to the cinema.*

venir   ***to come***
Il n'est pas venu.   *He didn't come.*

arriver   ***to arrive***
Ils ne sont pas encore arrivés.   *They have not arrived yet.*

partir   ***to leave***
Ils sont partis à 8 heures.   *They left at 8 o'clock.*

entrer   ***to enter, go in***
Elle n'est pas entrée.   *She didn't come in.*

sortir   ***to go out***
Vous êtes sorti(es) hier soir?   *Did you go out last night?*

monter   ***to go up(stairs)***
Nous sommes monté(e)s au premier.   *We went up to the first floor.*

descendre   ***to go / come down(stairs) / to get off / out***
Il est descendu de bonne heure.   *He came down early.*
Je suis descendu(e) à 'Odéon'.   *I got off at 'Odéon' station.*

rester   ***to stay***
On est resté(e)s à la maison.   *We stayed at home.*

tomber   ***to fall***
Elle est tombée de vélo.   *She fell off her bicycle.*

naître   ***to be born***
Prévert est né en 1900.   *Prévert was born in 1900.*

mourir   ***to die***
Il est mort en 1977.   *He died in 1977.*

retourner   ***to go back***
Tu es retourné(e) en Corse?   *Did you go back to Corsica?*

passer   ***to go past / by / through / via***
Je suis passé(e) par Calais.   *I went via Calais.*

||||➡

Remember that some of these verbs can be used with a direct object and often have a different meaning, in which case they are conjugated with **avoir**:

Il a monté la tente.	*He put the tent up.*

On   ***We***

When **on** is used to make generalisations, its English equivalent is *one*, *they* or *you*. But it is also a familiar way of saying *we*.

On a couché à l'auberge de jeunesse.	*We spent the night at the youth hostel.*

Note that when **on** = **nous**, the verb is always singular but the past participle can agree with the subject in gender and number. (Adjectives and possessive pronouns agree in the same way.) For example: **On est parties contentes de notre visite**.

▶ **Grammaire** 5, 7, 8

EXERCICES

A Reliez les questions et les réponses.

1 Vous êtes allé à la piscine?

2 Est-ce que Jacques Prévert est né au XIXième siècle?

3 Édith Piaf est morte en quelle année?

4 Pourquoi ne sont-ils pas venus?

5 À quelle heure êtes-vous partie?

6 Combien de personnes sont entrées?

7 Est-ce que vous êtes sortis samedi soir?

8 Tu es sorti hier matin?

9 Êtes-vous déjà monté à la tour Eiffel?

10 À quelle station êtes-vous descendu?

a En 1963, je crois.

b À sept heures, et je suis arrivée à neuf heures.

c Je ne suis jamais allé à Paris!

d Nous sommes allés au cinéma.

e Je ne sais pas!

f Non. Je suis resté au lit jusqu'à midi.

g Non. Je ne sais pas nager!

h Je n'ai pas pris le métro. J'ai pris un taxi.

i Deux hommes et une femme.

j Non. En 1900, à Neuilly-sur-Seine.

B   Complétez le dialogue. Utilisez **je** et **on**.

Collègue   Qu'est-ce que vous avez fait pendant le week-end?

Vous   (**1** *Say you went to Brittany with some friends. You arrived on Friday evening.*)

Collègue   Il a fait beau?

Vous   (**2** *Say that it rained all day on Saturday.*)

Collègue   Vous avez fait quelque chose d'intéressant?

Vous   (**3** *In the morning, you went to the swimming-pool and in the afternoon, you visited a castle.*)

Collègue   Vous êtes sortis le soir?

Vous   (**4** *No, you stayed in the hotel.*)

Collègue   Et dimanche?

Vous   (**5** *You did some sailing.*)

Collègue   Quand êtes-vous rentrés?

Vous   (**6** *You left at four pm and you arrived home at eight.*)

Collègue   C'était bien?

Vous   (**7** *It was great!*)

C   Guillaume téléphone à un copain de fac pour lui raconter son périple. Aidez-le.

. . . Oui, je (**1** rentrer) à la maison avant-hier . . . Je (**2** partir) avec mon frère. . . On (**3** camper) mais on (**4** coucher) dans une chambre d'hôte et dans une auberge de jeunesse les jours où il (**5** pleuvoir) sans arrêt et que nos affaires étaient trempées! . . . Oui, on (**6** devoir) louer des draps . . . Oui, on (**7** grimper) au sommet des falaises d'Etretat d'où j' (**8** prendre) quelques photos . . . On (**9** visiter aussi) la maison de Maurice Leblanc . . . On (**10** traverser) le pont de Normandie . . . A Bayeux on (**11** voir) la tapisserie de la reine Mathilde . . . On (**12** aller) jusqu'au Mont-Saint-Michel . . .

D   Écrivez une lettre au propriétaire d'un terrain de camping où vous espérez séjourner, pour obtenir des renseignements. (Donnez les dates de la visite. Posez des questions sur les facilités du terrain. Demandez les tarifs et comment réserver.)

E Racontez l'histoire de Nicole et de Daniel. Mettez les phrases dans le bon ordre et reliez-les aux dessins.

1 Le lendemain matin de bonne heure ils ont acheté des provisions. **2** Il a fait beau toute la journée et Nicole a attrapé un coup de soleil. **3** Alors ils ont décidé de descendre à l'hôtel. **4** Peu après leur arrivée, Daniel a monté la tente tandis que Nicole a pris un bain de soleil. **5** Par un beau matin ensoleillé, Nicole et Daniel sont partis en week-end. **6** Ils sont repartis aussitôt après et ils ont pris la direction du camping municipal. **7** Tout à coup, il a commencé à pleuvoir. **8** Sur leur porte-bagages il y avait une tente et des sacs de couchage. **9** Une heure plus tard, ils sont arrivés à un croisement où ils ont dû décider quel chemin prendre. **10** Après avoir dit au revoir à leur famille ils sont montés à vélo. **11** Puis il a fait cuire des brochettes et des saucisses. **12** Elle a mis de la crème calmante et elle est allée au lit tôt. **13** Daniel a ri et il lui a dit 'C'est bien fait pour toi.' **14** Ils sont enfin arrivés au centre-ville où ils ont passé la nuit. **15** Il n'y avait pas beaucoup de monde dans les rue à cette heure-là.

A   **B**   **C**

D   **E**

F Imaginez que vous êtes Daniel ou Nicole et racontez l'histoire de votre point de vue. Changez deux ou trois phrases / détails.

jeu de rôles

Partenaire B

(Partenaire A: tournez à la page 112.)

B1 You have been recommended the *Camping les Mimosas* near Fouesnant in Brittany. Your partner has all the details. Ask him / her about the following points and make some notes when you get the information.

- Nearest town?
- Nearest beach?
- Size of site?
- Hot showers?
- Washing and washing-up facilities?

- Shops / food?
- Electricity points?
- What there is for youngsters?
- Places of interest nearby?

B2 Now answer your partner's questions about the *Camping de Brallac'h*. Use the leaflet below.

Camping de Brallac'h

Mousterlin

Réouverture

Après travaux le 1er Mai
Nouveaux Gérants

- Camping situé à 300 m d'une plage de sable fin
- Face aux îles Glénan
- Bar avec accès internet
Alimentation, Poissons, Pain, Frites
- Douches chaudes gratuites
- Point d'eau chaude
- 2 Blocs Sanitaires
- Branchements électriques
- Location de Caravanes
- Camping surveillé et fermé de 22 h à 8 h.

CLEUT-ROUZ – MOUSTERLIN
FOUESNANT – Tél. 02 98 56 00 60

écoutez bien!

You are about to listen to Jacques Vauquer's radio programme. He is interviewing a famous actress, Marlène Marin, who describes her holiday in Corsica.

LEXIQUE			
flâner	*to stroll*	une station	*a resort*
un édifice	*a building*	aménagé	*set up*
longer la côte	*to follow the coast*	tirer à sa fin	*to draw to a close*

Listen to the description of the tour and link the things to do and see in the various places below.

Exemple: Ajaccio = 3

SECTION A
Ajaccio   Porto   Evisa   Calvi

1 Plage, visiter forteresse.

2 Pêche, alpinisme, promenades.

3 Flâner sur le port, visiter la vieille ville (cathédrale, maison Bonaparte, hôtel de ville et musée napoléonien).

4 Falaises.

SECTION B
Saint-Florent   Bastia   Asco   Cervione   Aléria

1 Sports d'hiver.

2 Voir ruines grecques et romaines, visiter musée (vieux fort).

3 Visiter cathédrale.

4 Visiter citadelle, vieux port, musées, églises.

5 Sports nautiques, excursions.

SECTION C
Porto-Vecchio   Bonifacio   Plateau de Cauria   Propriano

1 Voir mégalithes.

2 Plage, sports nautiques.

3 Visiter citadelle.

lecture

You are telling a friend about your plans to stay at the *La Pointe-Marin* camp site, near the village of Sainte Anne in Martinique. Read the brochure (p. 120) and explain the following:

1 Whereabouts in Martinique Sainte Anne is situated.

2 How many people the camp site can cater for.

3 What facilities it offers.

4 What sports activities can be enjoyed.

5 What local attractions can be visited.

6 What different types of camping are available.

IIII➡

Camping de
Sainte Anne

Saint Anne à la Martinique est synonyme de belles plages et de farniente : 22 kms de littoral.

C'est un sympathique village situé à 20 kms à l'extrème sud de l'île et à 40 kms de l'aéroport.

Le camping de la Pointe-Marin est situé à 20 mètres de l'une des plus belles plages de la Martinique.

C'est un camping très ombragé. Sa capacité est de 150 places. L'accueil est très chaleureux et l'ambiance "bon enfant".

De nombreuses prestations sont offertes sur place : douches chaudes, restaurants "Les Pieds dans l'Eau", jeux d'enfants, locations de tentes et de matériels de camping, locations V.T.T.

La proximité de la plage permet de s'adonner dans de très bonnes conditions aux sports nautiques tels : planches à voiles, plongées subaquatiques, jet-ski, hobby-cat.

De juin à septembre, de nombreuses animations sont organisées sur le camping et permettent de découvrir les curiosités locales : ruines, distilleries, savane des pétrifications, îlets . . .

A noter que la fête patronale de Saint Anne se déroule du 26 juillet au 15

août, avec comme attraction un départ et une arrivée des courses de Yoles Rondes.

Vous pourrez jouer au tennis, au volley-ball, à la pétanque ou simplement vous allonger sur le sable blond après avoir dégusté un cocktail du fameux "Ti-Punch".

▸ **EMPLACEMENT NU**

Location de l'emplacement seul.

▸ **EMPLACEMENT AVEC TENTE**

Location de l'emplacement et d'une tente : de votre choix (2 à 8 places).

- La tente est livrée sans équipement.

▸ **TENTE ÉQUIPÉE**

Location de l'emplacement et d'une tente équipée de votre choix (2 à 8 places) avec table, chaises, couverts, réchaud, couchages, glacière . . .)

▸ **CARAVANE**

▸ **FORMULE WEEK-END**

Location de tente équipée du vendredi 16h00 au dimanche 13h00.

À noter que "Vivre et Camper à Saint Anne" vous offre la possibilité de location de petit matériel de camping et de plage (chaises longues, tapis de sol . . .)

Le Camping de la Pointe-Marin est recommandé par le GUIDE du ROUTARD.

RENSEIGNEZ-VOUS au 05.96.76.72.79 ou au 05.96.76.95.52   Fax: 05.96.76.97.82

1 Find the odd one out.

a le lapin chasseur
le poulet rôti
la sole meunière
le gigot d'agneau
l'escalope de veau

b la pharmacie
la papeterie
la charcuterie
la librairie
la bibliothèque

c un télégramme
du dentifrice
une fiche
un colis
un timbre

d des conserves
des produits surgelés
l'emballage
des plats cuisinés
des produits laitiers

e des rillettes
de la chair à saucisse
de la lessive
du saucisson
des côtelettes

f le rayon confiserie
le rayon produits d'entretien
le rayon électro-ménager
le rayon ameublement
le rayon sport

2 Link the French sentences to their English equivalents and correct the mistakes which have cropped up in the latter.

1 J'ai réservé une table pour trois par téléphone.

2 Vous avez choisi, messieurs-dames?

3 Qu'est-ce que vous recommandez?

4 Avec quoi le servez-vous?

5 Je prendrai le menu à seize euros.

6 Je suis allergique aux crustacés.

7 Pour commencer, je prendrai la soupe de poissons.

8 Nous sommes végétariens.

9 Le gâteau est bien appétissant!

a *To start with, I'll have the asparagus soup.*

b *They are vegetarians.*

c *Are you ready to order, gentlemen?*

d *The flan is really appetising!*

e *I am allergic to fish.*

f *What do you serve them with?*

g *I reserved a table for two by telephone.*

h *What does he recommend?*

i *We'll have the sixteen-euro menu.*

3   Complete the following conversation in a bank, using the cues given.

Employé   Qu'y a-t-il pour votre service?
Vous   (**a** *Say you're going abroad next month.*)
Employé   Où allez-vous?
Vous   (**b** *To England. You're going there to work*)
Employé   Alors, vous voulez quelques renseignements?
Vous   (**c** *Say that's right. Ask if one can use French credit cards*)
Employé   En général, oui. Qu'est-ce que vous avez comme carte?
Vous   (**d** *Say you have a Carte Bleue*)
Employé   Pas de problème.
Vous   (**e** *Confirm that one can withdraw money from cash dispensers.*)
Employé   Mais certainement, M . . ., 24 heures sur 24.
Vous   (**f** *Confirm that one can use the card in the same way as in France.*)
Employé   Naturellement, M . . .

4   Choose the right verb.

Quand elle est allée / est allé / sont allés en Normandie, elle a fait / a essayé / a découvert du camping. Elle a monté / est monté / est montée sa tente toute seule. Elle a dû / a eu / a pu de la chance, car il a plu / a été / a fait très beau. Elle est rentrée / est repartie / est arrivée début juin, et elle est devenue / est revenue / est restée trois semaines. Elle a passé / est passé / est passée de très bonnes vacances, et elle a plu / a pleuré / a voulu quand elle est reparti / est rentrée / a quitté chez elle.

5   A friend is asking you about your holiday. Answer him / her using the cues given.

Ami(e)   Où êtes-vous allé(e) en vacances cette année?

Vous   (**a** *Say that you went to France.*)

Ami(e)   Avec qui êtes-vous parti(e)?

Vous   (**b** *Say that you went there on your own.*)

Ami(e)   Vous êtes allé(e) au bord de la mer?

Vous   (**c** *Say no. You went near Tours.*)

Ami(e)   Vous avez fait du camping?

Vous   (**d** *No, you stayed in a hotel.*)

Ami(e)   Combien de temps êtes-vous resté(e) là-bas?

Vous   (**e** *You stayed one week there, and then spent two days in Paris.*)

Ami(e)	Qu'est-ce que vous avez fait dans la journée?
Vous	(**f** *You visited a lot of castles and you played golf.*)
Ami(e)	Et le soir, vous êtes sorti(e)?
Vous	(**g** *Of course. You went to the cinema, to concerts and to the restaurant.*)
Ami(e)	Vous voulez y retourner?
Vous	(**h** *Say you had a good holiday but you'd like to visit another region.*)

6   You work in a tourist office and have been asked to choose suitable camp sites for the following families. Look at the brochure and justify your choice for each family.

a 'Nous cherchons un terrain pour les grandes vacances. Nous avons trois enfants, de treize, quinze, et dix-sept ans . . .'

b 'Nous avons deux enfants, de huit et dix ans. Toute la famille adore faire de la voile . . .'

c 'Nous sommes à la retraite. Nous détestons faire la cuisine et nous détestons les chiens . . .'

d 'Nous préférons un petit terrain de camping à l'ambiance familiale, et nous avons un chien . . .'

LA MARÉE Accès direct à la mer, sanitaires chauffés hors saison, eau chaude gratuite. Juillet et août plats cuisinés, libre service, tabacs, journaux, bar, télévision, jeux, piscine, animation, chiens en laisse tolérés. 600 emplacements, dont 380 avec branchement électrique. Pas de réservation. 28 mars au 30 septembre

LA MOTTE Municipal. En bordure de mer, demi-ombragé, douches chaudes, rampe d'accès à la mer pour bateaux, laverie automatique, location de fer à repasser, aire de jeux et de sports. 800 emplacements dont 200 avec branchement électrique. Réservations pour juillet, août. Vacances de Pâques au 30 septembre

LES PINS Boisé, douches chaudes. Pêche à pied. Chiens en laisse tolérés. 40 emplacements dont 30 avec prises de courant. Assurance camping délivrée sur place. 1er mai au 30 octobre

LE CLAIR DE LUNE Municipal. Site exceptionnel aux ¾ entouré de mer, proximité port. Plats cuisinés. 100 emplacements. Chiens non admis. Pas de réservations. Vacances de Pâques au 30 octobre

Septième unité

un coup de fil

Anne passe un coup de fil à son amie Michelle.

Anne	Allô, Michelle. C'est Anne. Tu ne t'ennuies pas trop toute seule?
Michelle	Non, non, ça va. Je viens de regarder un feuilleton que je n'ai pas pu regarder hier et que j'ai enregistré.
Anne	Lequel?
Michelle	«Sous le soleil».
Anne	C'est sur quelle chaîne?
Michelle	Sur TF1. Ça se passe à Saint-Tropez. C'est super!
Anne	Moi, tu sais, en général je préfère les séries. Comme ça, on n'est pas obligé de rester cloué devant la télé chaque jour. Mais maintenant que je ne sors plus avec Jean-Paul . . .
Michelle	Ah oui, j'ai reçu ton e-mail. Écoute, si tu as envie de venir chez moi ce soir, on peut mettre un plat préparé au micro-ondes et regarder un DVD?
Anne	C'est que je ne voudrais pas rater «Vidéo gag», c'est mon émission humoristique préférée.
Michelle	J'en ai entendu parler, mais je ne l'ai jamais vue. C'est à quelle heure?
Anne	C'est à 18 heures 30 sur TF1. C'est vraiment marrant!
Michelle	Eh bien, viens tout de suite, si tu veux. On va rire ensemble!

QU'EST-CE QUE ÇA VEUT DIRE?

un coup de fil	*a phone call / a ring*
un feuilleton	*a serial*
enregistrer	*to record*
une chaîne	*a (TV) channel*
une série	*a series*
cloué devant la télé	*glued to the TV* (lit. *nailed*)
rater	*to miss*
une émission	*a (TV) programme*
J'en ai entendu parler	*I've heard about it*
rire	*to laugh*

avez-vous compris?

Choisissez les bons mots pour compléter le texte.

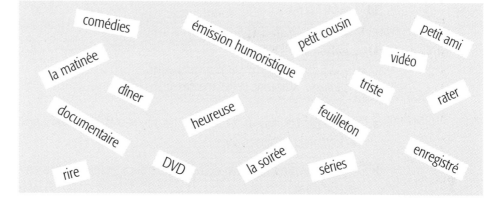

comédies

émission humoristique

petit cousin

petit ami

la matinée

vidéo

dîner

triste

rater

documentaire

heureuse

feuilleton

rire

DVD

la soirée

séries

enregistré

Anne est (**1**) _____ parce qu'elle ne sort plus avec son (**2**) _____ . Michelle l'invite
passer (**3**) _____ chez elle. Michelle a regardé un (**4**) _____ qu'elle a
(**5**) _____ la veille et qui s'appelle «Sous le soleil». À 18 heures 30, elles vont regarder
une (**6**) _____ que Michelle n'a jamais vue. Anne ne veut pas la (**7**) _____ parce
que ça la fait toujours beaucoup (**8**) _____ . Après ça, elles vont
(**9**) _____ ensemble puis regarder un (**10**) _____ .

à vous!

Regardez les programmes de TV. Reliez le titre de chaque émission à sa description.

1 | Les aventures de Super Balou

2 | Au Marché

3 | *Qui veut gagner des Millions?*

4 | Chef, la recette!

5 | Planète web

6 | Nos amis les animaux

7 | Le journal des malentendants

8 | Venez donc avec moi!

9 | Tout s' explique!

10 | Enfin libérés

11 | Dansez maintenant

12 | *Thalassa.* Magazine vertes marées

a Reportage. Les nouveaux sites pour les internautes. Cette semaine L'internet médical. Les e-docteurs sous surveillance.

b Docufiction. Reconstitution du calvaire de deux journalistes pris en otage pendant la guerre d'Irak.

c Un grand cuisinier nous livre ses secrets. Aujourd'hui le canard farci à la limousine.

d Magazine. La science expliquée aux jeunes sur le mode ludique. Aujourd'hui le courant électrique.

e Dessin animé. Retrouvez les personnages du Livre de la Jungle revus et corrigés par les studios Disney.

f L'été, sur les côtes bretonnes, les algues souillent les plages et font fuir les touristes. La principale responsable de ce fléau s'appelle Ulva armoricana, une salade de mer qui a toujours existé en Bretagne.

g Émission spéciale pour les sourds-muets. Langage par gestes et sous-titres.

h Présenté par Jean-Pierre Foucault. Le jeu d'origine anglaise qui a connu un vif succès l'été dernier, revient sur TF1.

i Divertissement. Présentation Dave Em. L'infatigable Dave reçoit des chanteurs et des chanteuses de talent, avec qui il interprète quelques titres en duo.

j L'importance des animaux familiers. Comment les choisir et comment les traiter.

k Le magazine hebdomadaire qui vous aide à faire vos courses. Meilleur rapport qualité – prix.

l Une personnalité vous emmène en voyage. Cette semaine, Marlène Poincet vous fait visiter la Corse.

et vous?

- Qu'est-ce que vous aimez comme émissions?
- Préférez-vous les documentaires sur l'histoire / l'art / la politique / les animaux / la vie quotidienne / les sciences, etc?
- Quelles émissions regardez-vous le plus souvent? Les infos, la météo, les jeux, les séries, les feuilletons, le sport, les divertissements, les docufictions, les émissions de télé-réalité, de télé-achat etc?

un coup de fil (suite et fin)

Chantal appelle Laurent sur son portable.

Chantal	Allô, **Laurent**. C'est **Chantal**! Dis donc, tu es libre **ce soir**? Tu as envie de sortir?
Laurent	Oui, bonne idée! Où veux-tu aller?
Chantal	Si on allait au cinéma?
Laurent	Oui. Qu'est-ce qu'on joue en ce moment?
Chantal	**Le dernier film de Spielberg**. C'est en version originale **à l'UGC**.
Laurent	Ah oui, j'en ai entendu parler. Il paraît que c'est **très bien**.
Chantal	La séance est à **huit heures** et le film commence à **huit heures et quart**.
Laurent	Pas de problème. Où est-ce qu'on se retrouve?
Chantal	**Devant le cinéma**?
Laurent	D'accord. À quelle heure?
Chantal	À **huit heures moins le quart**, ça va?
Laurent	Parfait. Alors, à **ce soir**!

QU'EST-CE QUE ÇA VEUT DIRE?

un (téléphone) portable	*a mobile (phone)*
Tu as envie de sortir?	*Do you fancy going out?*
Si on allait au cinéma?	*What about going to the cinema?*
Qu'est-ce qu'on joue?	*What's on?*
le dernier film	*the latest film*
en version originale (v.o.)	*shown in the original language*
UGC	*a chain of cinemas*
la séance	*the programme*
Où est-ce qu'on se retrouve?	*Where shall we meet?*
D'accord	*OK*

avez-vous compris?

Reliez pour faire des phrases complètes.

1 La séance est . . .

2 On se retrouve . . .

3 Tu as envie . . .

4 Qu'est-ce qu'on joue . . .

5 Le film commence . . .

6 Si on allait . . .

a en ce moment?

b à huit heures et quart.

c au cinéma?

d à huit heures.

e de sortir ce soir?

f devant le cinéma?

à vous!

1 Travaillez avec un / une partenaire.

Relisez la conversation téléphonique entre Chantal et Laurent. Changez les mots et expressions en **caractères gras** (*bold type*) pour faire d'autres dialogues semblables.

Exemple: – Allô, **Christine**. C'est **Paul**! Dis donc, tu es libre **samedi**?

2 Maintenant, à tour de rôle, demandez à votre partenaire s'il / si elle veut sortir avec vous. Proposez la piscine, le restaurant, le marché, le centre commercial, le concert, l'opéra, la discothèque, un musée, un match sportif, le zoo, le bord de la mer, etc. Acceptez ou refusez, mais donnez aussi une raison valable. Utilisez vos idées ou les suggestions ci-dessous.

Je suis / Je ne suis pas libre.
Je n'ai rien d'autre à faire.
Je n'ai pas le temps.
Je ne sais pas nager.
J'adore / Je déteste . . .
Je n'ai pas d'argent.
. . . m'intéresse(nt) beaucoup /
  ne m'intéresse(nt) pas.
Il fait trop froid
Il fait très beau.

Il pleut.
J'ai besoin de . . . / Je n'ai besoin
  de rien.
Je suis fatigué(e).
J'aime / Je n'aime pas . . .
Il y a trop de monde.
C'est trop cher.
Je n'ai pas faim.
Je n'aime pas / Je préfère la cuisine
  chinoise / indienne / italienne.

Exemples:
– Si on allait à l'exposition Picasso?
– Bonne idée. J'adore Picasso!

– Si on allait à l'exposition Picasso?
– Désolé(e), je ne suis pas libre.

au cinéma

Chantal et Laurent se sont retrouvés devant le cinéma. Il y avait beaucoup de monde. Après avoir fait la queue, ils sont arrivés au guichet pour prendre leurs billets.

Laurent	Deux places pour le film de Spielberg, s'il vous plaît.
La caissière	Je suis désolée, monsieur. C'est complet!
Laurent	Ce n'est pas possible! Nous faisons la queue depuis . . .
La caissière	*Muguet et l'actrice* commence dans quelques minutes, salle deux. C'est un bon policier.
Laurent	Oui, mais ce n'est pas en anglais! Qu'est-ce que tu en penses, Chantal, on y va?
Chantal	Oui, allons-y, pourquoi pas! Les critiques sont bonnes, et puis moi, j'aime bien les thrillers.

QU'EST-CE QUE ÇA VEUT DIRE?

après avoir fait la queue	*after queuing*
une place	*a ticket* (lit. *a seat*)
complet	*full*
un (film) policier	*a detective film*
On y va?	*Shall we go?*
Allons-y!	*Let's go!*

avez-vous compris?

Répondez *vrai* ou *faux*, ou *on ne sait pas*.

1 Il n'y a plus de place pour le film de Spielberg.

2 Le film de Spielberg est un thriller.

3 Laurent veut voir le film de Spielberg parce que les critiques sont bonnes.

4 Chantal aime les films policiers.

5 *Muguet et l'actrice* passe salle deux.

6 Le film a déjà commencé.

à vous!

Travaillez avec un / une partenaire. Consultez *Un peu de grammaire* (Après avoir / être . . .) à la page 139 avant de commencer.

D'abord, demandez à Laurent ce qu'il a fait après avoir quitté son travail.

Laurent   Aujourd'hui, j'ai quitté le bureau à six heures.

Vous   **Qu'est-ce que vous avez fait après avoir quitté le bureau?**

Laurent   Je suis allé à la boulangerie pour acheter du pain.

Vous   **Qu'est-ce que vous avez fait après être allé à la boulangerie?**

Laurent   Je suis rentré à la maison.

Vous   (1) _____

Laurent   J'ai téléphoné à mes parents.

Vous   (2) _____

Laurent   Je suis allé à la station-service.

Vous   (3) _____

Laurent   J'ai garé la voiture dans une petite rue pas loin d'ici.

Maintenant, demandez à Chantal ce qu'elle a fait.

Chantal   Moi, j'ai quitté le magasin à sept heures et demie.

Vous   **Qu'est-ce que vous avez fait après avoir quitté le magasin?**

Chantal   Je suis allée à la banque pour retirer de l'argent.

Vous   **Qu'est-ce que vous avez fait après être allée à la banque?**

Chantal   J'ai rencontré une amie et j'ai bavardé avec elle.

Vous   (4) _____

Chantal   Je suis allée au supermarché.

Vous   (5) _____

Chantal   À la maison, j'ai pris une douche.

Vous   (6) _____

Chantal   J'ai lu les critiques des derniers films dans le journal.

et vous?

Voici une liste des différentes sortes de films que l'on peut voir. Quelles catégories de films préférez-vous? Citez des films que vous connaissez dans ces catégories.

Les comédies musicales.
Les dessins animés
Les documentaires.
Les films d'aventure.
Les films comiques.
Les films d'épouvante.
Les films érotiques.

Les films de guerre.
Les films historiques.
Les films policiers / Les thrillers.
Les films de science-fiction.
Les films à sujet politique.
Les histoires d'amour.
Les westerns.

Quel est le dernier film que vous avez vu? C'était quelle sorte de film? Ça vous a plu?

au cinéma (suite)

Les lumières se sont éteintes. Le film commence. Après le générique, la première image qui apparaît sur l'écran est un article de journal.

Paris-Soir
ACTRICE CÉLÈBRE – MYSTÈRE!
HOMICIDE OU SUICIDE?

On a trouvé le corps d'Anna Belle dans sa villa 'Bella Vista' hier soir. Selon son mari elle s'est réveillée tôt et comme d'habitude, elle s'est levée tout de suite, elle a mis son maillot de bain et est allée faire sa séance de natation quotidienne. Une heure plus tard son mari Jean s'est inquiété. Il s'est levé à son tour et s'est rendu en toute hâte à la piscine. Mais l'actrice était déjà morte.

«Evidemment, elle a plongé» a-t-il dit.

«Elle s'est évanouie, puis elle s'est noyée. Elle a dû prendre trop de somnifères hier soir». Mais Jean n'a pas pu expliquer les marques autour du cou de sa femme. Ses sentiments devant la tragédie?

«Je suis bouleversé!» a-t-il dit. C'est le commissaire Muguet de la police judiciaire qui est chargé de l'enquête.

QU'EST-CE QUE ÇA VEUT DIRE?

éteindre / s'éteindre	*to switch off / to go out (lights)*
le générique	*the credits*
l'écran (m.)	*the screen*
selon	*according to*
comme d'habitude	*as usual*
quotidien(ne)	*daily*
s'inquiéter	*to worry / to be worried*
se rendre (à)	*to go / make one's way (to)*
en toute hâte	*hurriedly*
plonger	*to dive*
s'évanouir	*to faint*
se noyer	*to drown*
un somnifère	*a sleeping pill*
bouleversé	*devastated*

avez-vous compris?

Voici la liste des activités de l'actrice Anna Belle, selon son mari. Mettez-les dans l'ordre chronologique.

1 Elle a mis son maillot de bain.

2 Elle s'est évanouie.

3 Elle s'est levée tout de suite.

4 Elle s'est rendue à la piscine.

5 Elle a pris des somnifères.

6 Elle s'est noyée.

7 Elle s'est réveillée tôt.

8 Elle a plongé.

à vous!

Cette jeune fille a de la chance. Dites ce qu'elle a fait ce matin.

au cinéma (suite)

Le commissaire Muguet interroge Véronique, la femme de chambre d'Anna Belle.

Le commissaire Muguet	Votre patronne s'est couchée à quelle heure?
Véronique	Elle s'est disputée avec son mari, alors elle s'est couchée de bonne heure.
Le commissaire Muguet	Et vous?
Véronique	J'ai regardé un film à la télé. Je me suis couchée vers onze heures.
Le commissaire Muguet	Et Jean?
Véronique	Il est sorti. J'ai entendu la voiture.
Le commissaire Muguet	Il est rentré à quelle heure?
Véronique	Je ne sais pas. Demandez à Guy, le jardinier.
Le commissaire Muguet	Et le jour de l'accident?
Véronique	Je me suis levée à six heures, comme d'habitude. J'ai préparé le petit déjeuner pour huit heures, pour Anna, mais elle n'est pas venue. Je ne me suis pas inquiétée parce qu'elle n'est pas très ponctuelle.
Le commissaire Muguet	Qui a découvert l'accident?
Véronique	Vous êtes sûr que c'est un accident? Demandez à Monsieur Jean. C'est lui qui l'a trouvée.

QU'EST-CE QUE ÇA VEUT DIRE?

une femme de chambre	*a chambermaid*
un patron / une patronne	*a boss*
se disputer	*to argue*
se coucher	*to go to bed*
un jardinier	*a gardener*
trouver	*to find*

avez-vous compris?

Un jeune inspecteur a pris des notes pendant l'interrogatoire, mais il a fait quelques erreurs. Corrigez-les.

1 Anna Belle s'est disputée avec sa femme de chambre.

2 Anna s'est couchée tôt.

3 Véronique s'est couchée après avoir regardé la télévision.

4 Elle a entendu la voiture de Jean quand il est rentré.

5 Le jour de l'accident, elle s'est levée à six heures.

6 Anna n'a pas pris de petit déjeuner.

7 C'est Guy, le jardinier, qui a découvert l'accident.

au cinéma (suite)

Le commissaire Muguet interroge Jean, le mari de l'actrice.

Muguet Vous souvenez-vous à quelle heure vous vous êtes couchés la veille de l'accident?

Jean Moi, je me suis couché vers minuit.

Muguet Et votre femme?

Jean Anna était fatiguée et elle s'est couchée à dix heures.

Muguet Qu'a-t-elle fait avant de s'endormir?

Jean Elle a pris des somnifères comme tous les soirs.

Muguet Néanmoins, elle s'est réveillée tôt?

Jean	Comme d'habitude. Elle s'est levée tout de suite et puis elle est descendue se baigner. Elle fait vingt longueurs tous les matins avant le petit déjeuner.
Muguet	Pourquoi vous êtes-vous disputés avant de vous coucher?
Jean	Nous ne nous sommes pas disputés!
Muguet	Inutile de le nier, j'ai un témoin.
Jean	La femme de chambre, je parie. Elle m'a toujours détesté!

QU'EST-CE QUE ÇA VEUT DIRE?

se souvenir	*to remember*
la veille	*the day before*
néanmoins	*nevertheless*
avant de s'endormir	*before going to sleep*
se baigner	*to have a swim*
une longueur	*a length*
avant de vous coucher	*before going / you went to bed*
nier	*to deny*
je parie	*I bet*

avez-vous compris?

Choisissez la bonne réponse.

1 Anna s'est couchée vers minuit / à dix heures.

2 Avant de s'endormir, elle a pris des somnifères / le petit déjeuner.

3 Elle s'est réveillée tôt comme tous les soirs / d'habitude.

4 Elle a fait le petit déjeuner / vingt longueurs.

5 Jean et Anna se sont disputés avant de se coucher / après s'être couchés.

6 Jean nie / déteste la dispute avec sa femme.

à vous!

Travaillez avec un / une partenaire. Consultez *Un peu de grammaire* (Avant de / d' + inf.) avant de commencer.

D'abord, demandez à Laurent ce qu'il a fait avant de sortir.

Vous	**Qu'est-ce que vous avez fait avant de sortir?**
Laurent	Je me suis changé.
Vous	(**1**) _____
Laurent	J'ai téléphoné à mes parents.
Vous	(**2**) _____
Laurent	J'ai bu un café.
Vous	(**3**) _____
Laurent	J'ai ouvert mes lettres.

Maintenant vous interrogez Chantal.

Chantal	Moi, j'ai lu les critiques des derniers films dans le journal.
Vous	**Qu'est-ce que vous avez fait avant de lire le journal?**
Chantal	J'ai pris une douche.
Vous	(**4**) _____
Chantal	Je me suis reposée.
Vous	(**5**) _____
Chantal	J'ai mangé une pomme.
Vous	(**6**) _____
Chantal	J'ai enlevé mon manteau et mes chaussures.

et vous?

Demandez à votre partenaire ce qu'il / elle a fait avant de venir au cours de français. Posez trois ou quatre questions chacun(e).

Exemple: Qu'est-ce que vous avez fait avant de venir au cours de français?
Et avant de / d' . . .?

au cinéma (suite)

Maintenant le commissaire interroge Guy, le jardinier.

Muguet	Qu'est-ce que vos patrons ont fait la veille de l'accident?
Guy	Ils se sont disputés.

Muguet	Vous savez pourquoi?
Guy	Monsieur Jean était très jaloux.
Muguet	Qu'est-ce qui s'est passé après la dispute?
Guy	Anna s'est couchée et Monsieur Jean est sorti.
Muguet	À quelle heure est-il rentré?
Guy	Vers six heures, le lendemain matin. Il n'est pas rentré dans la maison, mais il s'est dirigé vers la piscine.
Muguet	Il s'est baigné?
Guy	Je ne pense pas.
Muguet	Il est resté longtemps dehors?
Guy	Je ne sais pas. Je ne l'ai pas vu rentrer.
Muguet	Je vous remercie. C'est tout pour l'instant.

QU'EST-CE QUE ÇA VEUT DIRE?

se diriger vers	*to take the direction of, to go towards*
le lendemain matin	*the following morning*

au cinéma (suite et fin)

Le commissaire Muguet continue l'interrogatoire de Jean.

Muguet	Vous connaissez votre femme depuis longtemps?
Jean	Nous nous sommes rencontrés il y a six mois. Je suis tout de suite tombé amoureux d'elle et nous nous sommes mariés peu de temps après, le 18 mai exactement.
Muguet	Votre femme était jeune et belle, n'est-ce pas?
Jean	Oui. Trop jeune et trop belle!
Muguet	Vous voulez dire qu'elle avait des amants?
Jean	Un amant.
Muguet	Comment le savez-vous?
Jean	Un matin, je me suis levé tôt, moi aussi. J'ai suivi Anna et je me suis caché derrière un arbre. Il est arrivé à la piscine quelques minutes plus tard . . . C'était Guy!
Muguet	Alors, qu'est-ce que vous avez fait?

Jean	Rien, mais l'autre soir, j'en ai parlé à Anna.
Muguet	Et vous vous êtes disputés?
Jean	J'étais en colère, mais je ne l'ai pas tuée! Demandez plutôt à la femme de Guy. C'est elle qui était jalouse!
Muguet	Guy est marié?
Jean	Bien sûr! Avec Véronique, la femme de chambre.

QU'EST-CE QUE ÇA VEUT DIRE?

se rencontrer	*to meet*
se marier	*to get married*
un amant	*a lover*
suivre	*to follow*
(se) cacher	*to hide*
être en colère	*to be angry*
j'en ai parlé	*I mentioned it*
tuer	*to kill*
Demandez plutôt . . .	*You'd better ask . . .*

avez-vous compris?

Qui a dit quoi exactement? Jean, Véronique ou Guy? Relisez tous les interrogatoires.

Exemple: Ils se sont disputés = **Guy**

1 Elle s'est disputée avec son mari.

2 Demandez à la femme de Guy.

3 Demandez à Guy.

4 Anna s'est couchée et Monsieur Jean est sorti.

5 Elle s'est couchée à dix heures.

6 Je me suis couchée vers onze heures.

7 Je me suis levée à six heures, comme d'habitude.

8 Elle s'est levée tout de suite.

9 Je me suis caché derrière un arbre.

10 Il s'est dirigé vers la piscine.

11 Je ne me suis pas inquiétée.

12 Nous nous sommes rencontrés il y a six mois.

13 J'ai entendu la voiture.

14 Je ne l'ai pas vu rentrer.

15 Nous nous sommes mariés le 18 mai exactement.

à vous!

Aidez le commissaire Muguet à faire son rapport. Complétez le texte avec les mots ci-dessous.

rencontrés · levée · couché · rentré · couchée · dirigé · disputés · sorti · venue · tué · trouvé · inquiétée · préparé · mariés · entendu

Jean et Anna Belle se sont (**1**) _____ il y a six mois. Ils se sont (**2**) _____ le 18 mai. La veille du crime, ils se sont (**3**) _____ . Anna s'est (**4**) _____ de bonne heure et Jean est (**5**) _____ . Véronique a (**6**) _____ la voiture. Jean dit qu'il s'est (**7**) _____ à minuit, mais Guy dit qu'il est (**8**) _____ vers six heures le lendemain matin et qu'il s'est (**9**) _____ vers la piscine. Véronique s'est (**10**) _____ à six heures et a (**11**) _____ le petit déjeuner. Anna n'est pas (**12**) _____ mais la femme de chambre ne s'est pas (**13**) _____ . C'est Jean qui a (**14**) _____ sa femme. Qui a (**15**) _____ Anna Belle?

et vous?

Maintenant, imaginez que c'est vous que le commissaire Muguet interroge sur vos activités de la veille. Répondez à ses questions et donnez le plus de détails possible.

- À quelle heure vous êtes-vous réveillé(e) hier?

- Vous êtes-vous levé(e) immédiatement?

- Ensuite vous êtes-vous lavé(e) ou avez-vous pris votre petit déjeuner?

- Qui a préparé le petit déjeuner?

- Qu'est-ce que vous avez mangé et bu?

- Qu'est-ce que vous avez fait après?

- Où avez-vous déjeuné?

- Qu'avez-vous fait l'après-midi?

- Vous êtes-vous disputé(e) avec quelqu'un?

- Le soir, êtes-vous sorti(e) ou êtes-vous resté(e) chez vous?

- Vous êtes-vous inquiété(e)?

- Vous êtes-vous couché(e) tard? Pourquoi?

- Qu'avez-vous fait juste avant de vous coucher?

UN PEU DE GRAMMAIRE

The perfect tense of reflexive verbs

When a verb is used reflexively, it is conjugated with **être**, and the past participle agrees with the subject.

Elle s'est couchée tôt.	*She went to bed early.*
Ils se sont disputés.	*They had an argument.*

Note that if the verb has a direct object, the past participle does not agree with the subject.

Les enfants se sont lavé les mains.	*The children washed their hands.*

Note that in a negative sentence, the reflexive pronoun remains with the auxiliary verb.

Je **ne** me suis **pas** inquiété(e).	*I did not worry.*

Avant de / d' + *infinitive*

Avant de partir	*Before leaving*
Avant de partir, elle a téléphoné.	*Before leaving, she telephoned.*
Nous avons mangé avant de partir.	*We ate before leaving.*

Note that **avant de** is always followed by the infinitive in French, when the subject is common to both verbs (i.e. partir / téléphoner and manger / partir).

||||⮕

Après avoir / être . . .

When the subject is the same throughout the sentence, **après** is followed by the perfect infinitive, that is to say **avoir** or **être** in the infinitive + the past participle of the verb.

Après avoir fait la queue, j'ai acheté les billets.	*After queuing I bought the tickets.*
Après être allés au cinéma, nous avons mangé au restaurant.	*After going to the cinema, we ate in a restaurant.*

▶ **Grammaire** 6, 7, 11

EXERCICES

A   Complétez le dialogue. Utilisez **vous**.

Ami(e)   Si on allait au cinéma?

Vous   (**1** *Ask what's on.*)

Ami(e)   Le dernier film de Tom Hanks.

Vous   (**2** *Say you've heard about it. Ask if it's in English.*)

Ami(e)   Oui, c'est en v.o.

Vous   (**3** *Ask what time it is on.*)

Ami(e)   La séance est à huit heures et le film commence à huit heures et quart.

Vous   (**4** *Ask where you should meet.*)

Ami(e)   Devant le cinéma. À huit heures moins le quart, ça va?

Vous   (**5** *Agree and say you'll see him / her tonight.*)

B   Répondez aux questions ci-dessous en utilisant le vocabulaire dans les bulles. Utilisez **je** ou **nous**. Utilisez chaque mot ou expression une fois seulement.

le 25 exactement

parce que c'était ennuyeux!

vers minuit

dans la piscine de l'hôtel

à cause des enfants

derrière un arbre

il y a six mois, en Espagne

à midi

1 Vous vous êtes couché(e) à quelle heure?

2 Pourquoi vous êtes-vous disputés?

3 Pourquoi vous êtes-vous endormi(e)?

4 Où vous êtes-vous cachés, les enfants?

5 Où vous êtes-vous baignés?

6 Vous vous êtes mariés au mois de juin?

7 Est-ce que vous vous êtes levé(e) de bonne heure?

8 Quand vous êtes-vous rencontrés?

C   Complétez le dialogue.

Collègue   Vous avez fait quelque chose d'intéressant samedi dernier?

Vous   (**1** *You did some shopping.*)

Collègue   Vous vous êtes levé(e) de bonne heure?

Vous   (**2** *You woke up at seven and got up immediately, as usual.*)

Collègue   Où êtes-vous allé(e)?

Vous   (**3** *You went to town.*)

Collègue   Vous y êtes allé(e) en voiture?

Vous   (**4** *No, you took the train.*)

Collègue   Vous avez fait les courses seul(e)?

Vous   (**5** *No, with some friends. You met at the station.*)

Collègue   Vous avez passé une bonne journée?

Vous   (**6** *Yes, but you got home late and you were tired.*)

Collègue   Qu'est-ce que vous avez fait le soir?

Vous   (**7** *You fell asleep in front of the television.*)

lecture

Read extracts from the web pages of the Vendée theme park **Le Puy du Fou** and answer the questions on page 44.

Historique

Depuis plus de 25 ans! L'aventure du Puy du Fou

Lorsque le château du Puy du Fou a été découvert le 13 juin 1977, il n'était plus que ruines et orties. 30 ans plus tard le Puy du Fou est salué comme une réussite mondiale avec plus de 1, 2 million de visiteurs chaque année.

PUYDUFOU.   ACCUEIL   LE GRAND PARC   LA CINESCENIE   GUIDE PRATIQUE   SOUVENIRS DE VOYAGE   RESERVATION

LE PLUS GRAND SPECTACLE DE NUIT AU MONDE!

- Plus de 7 millions de spectateurs...
- Des moyens hors du commun...
- 1100 acteurs sur la plus grande scène du monde (23 hectares)...
- 5000 costumes.
- La participation des plus grands artistes: Philippe Noiret, Alain Delon, Jean Piat, Robert Hossein, le compositeur Nick Glennie-Smith...

→ Découvrez l'historique du Puy du Fou®

Du Moyen-Âge à la fin de la Seconde Guerre Mondiale, vivez près de 2 heures d'émotions intenses et 700 ans d'histoire pour une fresque géante unique au monde. Une superproduction mêlant les technologies les plus récentes, les effets spéciaux les plus spectaculaires et l'enthousiasme de plus de 3000 acteurs. De juin à septembre, seules 28 représentations de la Cinéscénie® sont jouées par an. Si vous souhaitez prolonger votre voyage dans le temps en assistant à ce spectacle unique au monde, réservez dès maintenant

EXPLORER

- Vidéo
- Diaporama
- Plan
- Restaurants
- Réservez

Plan du site   FAQ   Newsletter   Mentions légales   Historique   Contacts   Journalistes   Professionnels   Enseignants   CE et Groupes

1   How many visitors does the park have every year?

2   When was the castle of Puy du Fou first discovered?

3   What condition was it in?

4   What makes the performances of the Cinéscénie so special?

5   How large is the stage?

6   How many actors are on stage?

7   How many costumes are used?

8   How many performances take place in a year?

9   When do these occur?

10 What period of history does the Cinéscénie cover?

Now read the descriptions of some of the attractions in the park and link them with the headings below. Give details of each one to an English friend.

LE GRAND PARC

Gladiateurs   Le Village XVIIIème
Les Vikings   Le Bourg 1900
Le Bal des Oiseaux Fantômes   La Fôret du Puy du Fou
La Cité Médievale   Les Restaurants
La Bataille du Donjon   Plan du parc
Mousquetaire de Richelieu

---

1   Plongez dans l'ambiance chaleureuse des vieux commerces du Bourg 1900. Dans les ruelles animées le garde champêtre* lance ses 'Avis à la population' et les Automates Musiciens s'animent aux fenêtres. Vous êtes en 1900.
    *rural policeman

2   Surgissant de l'eau et de flammes gigantesques, les féroces guerriers du nord interrompent le mariage d'Aldéric et Cybèle et attaquent le paisible fort de l'An Mil. Au pied de la tour de guet*, le combat fait rage dans un déluge d'effets spéciaux.
    *watchtower

3   En 1429, vous êtes les invités à la grande fête de chevalerie du Puy du Fou. Soudain des machines de guerre géantes apparaissent et le donjon devient le théâtre d'une bataille féroce. Voltige équestre, combats à cheval et cascades sont au programme de cet incroyable spectacle.

4 Laissez-vous charmer par l'ambiance joyeuse de ce village et venez à la rencontre de nos artisans d'art: le potier, le forgeron, l'ébéniste . . . et près du lavoir, les airs entraînants des musiciens traditionnels vous emporteront dans une danse folle.

5 Sur les ruines du vieux château, les souvenirs qui hantent ce lieu mystérieux reviennent à votre mémoire. Des dizaines de rapaces* surgissent du colombier fantôme et du souterrain oublié pour un ballet céleste unique.
birds of prey

6 Franchissez le pont-levis et dans l'enceinte fortifiée découvrez toutes les richesses du Moyen-Age et le savoir-faire des artisans . . . et au pied des remparts, laissez-vous envoûter par les facéties* du Magicien-Ménestrel.
tricks

écoutez bien!

Hier soir, Jean-Pierre est resté chez lui. Qu'est-ce qu'il a fait?

The sequence of events has been jumbled up. Luckily you have the soundtrack to help you put it back in chronological order. Number each activity as you hear it. The first one has been done for you.

[1]   Jean-Pierre est monté au premier.

[_]   Il a allumé la télé.

[_]   Il s'est disputé avec la personne qui lui a téléphoné et il a raccroché, en colère.

[_]   Il a répondu.

[_]   Il s'est déshabillé et il a pris une douche.

[_]   Il s'est servi un whisky «on ze rocks».

[_]   Jean-Pierre est descendu au rez-de-chaussée.

[_]   Il s'est brossé les dents.

[_]   Il s'est assis dans un fauteuil confortable . . . et il s'est endormi.

[_]   Tout à coup, le téléphone a sonné.

[_]   Il a ouvert la porte de la salle de bains, il a allumé puis il a refermé la porte.

[_]   Il a chanté.

Huitième unité

le monde du travail

Jeanne parle de son métier de professeur avec son amie Solange.

Solange À ton avis, quelles sont les qualités nécessaires pour être professeur?

Jeanne Il faut être enthousiaste, dynamique, mais je crois qu'avant tout, il faut être patient. Et il faut aussi être en bonne santé, car c'est un métier très fatigant!

Solange Comment sont les jeunes de ton collège?

Jeanne En général, ils sont gentils, surtout les sixièmes. Mais dans certaines classes, il y a quelques éléments indésirables. Et puis, l'adolescence est un âge difficile!

Solange Il y a combien d'élèves par classe?

Jeanne Une trentaine.

Solange Les cours commencent et finissent à quelle heure?

Jeanne Ils commencent à huit heures et finissent à cinq ou six heures, sauf le mercredi et le samedi où l'on finit à l'heure du déjeuner.

Solange Et toi, tu fais combien d'heures de cours par semaine?

Jeanne Dix-huit heures, mais il y a beaucoup à faire en dehors de ça – corriger les copies, préparer les leçons, aller à des réunions, voir les parents d'élèves . . .

Solange Heureusement que les vacances sont longues!

Jeanne Ah, oui. À la fin de chaque trimestre, on en a bien besoin!

QU'EST-CE QUE ÇA VEUT DIRE?

surtout	*particularly, above all*
les sixièmes	*the year 7 pupils* (see note below)
une trentaine	*about thirty*
sauf	*except*
en dehors de ça	*besides, in addition*
corriger les copies	*to do the marking*
une réunion	*a meeting*
on en a bien besoin!	*we certainly need them!*

In France, children attend **l'école maternelle** (from age 2 or 3), then **l'école primaire** (6–11). Secondary education starts with **la sixième** which corresponds to *Year 7* (11–12 year olds), carries on with **la cinquième**, **la quatrième**, **la troisième**, **la seconde**, **la première** and finally **la terminale**, after which pupils take the **baccalauréat**, equivalent to 'A' levels.

avez-vous compris?

1 Selon Jeanne, quelle est la qualité la plus importante pour un professeur?

2 Pourquoi faut-il être en bonne santé?

3 Quels sont les élèves que Jeanne trouve les plus gentils?

4 Que dit-elle de l'adolescence?

5 Il y a beaucoup d'élèves par classe?

6 Quels sont les horaires d'une journée typique au collège?

7 En quoi consiste le métier de professeur?

8 De quoi les professeurs ont-ils besoin à la fin de chaque trimestre?

à vous!

Les phrases ci-dessous ont été divisées en deux et les moitiés se sont mélangées. Reliez-les correctement.

1 L'adolescence est . . .

2 Il y a combien d'élèves . . .

3 Dans certaines classes . . .

4 Quelles sont les qualités nécessaires pour . . .

5 À la fin de chaque trimestre . . .

6 Il faut aussi . . .

7 Tu fais combien d'heures de cours . . .

8 Il faut être en bonne santé car c'est . . .

a un métier très fatigant.

b par semaine?

c on en a bien besoin.

d être en bonne santé.

e il y a quelques éléments indésirables.

f être professeur?

g par classe?

h un âge difficile.

le monde du travail (suite)

Un journal de Bretagne a décidé de faire un reportage sur différents métiers exercés par des gens de la région. C'est la jeune journaliste Annie Le Dantec qui est chargée d'écrire cette série d'articles.

D'abord nous la retrouvons à Quimper, en train d'interviewer Yves.

Annie Vous êtes marin-pêcheur. Aimez-vous votre métier?

Yves C'est mon métier, j'y suis habitué, mais c'est loin d'être le métier idéal. Il y a des avantages et des inconvénients. Le travail est très dur.

Annie C'est dangereux?

Yves Ben, il y a des risques, surtout quand il fait mauvais temps.

Annie Partez-vous pendant de longues périodes?

Yves Certains pêcheurs, oui, mais nous, nous sortons tous les jours, sauf le samedi et le dimanche. Nous quittons le port à une heure du matin, et nous rentrons dans l'après-midi.

Annie Quand vous rentrez au port, est-ce que votre travail est terminé?

Yves Oh là là, non, il faut vendre la pêche, il faut s'occuper du bateau, réparer les filets . . .

Annie Qu'est-ce qui vous plaît dans votre métier?

Yves J'adore la mer, j'ai besoin de la mer. Et maintenant que je suis propriétaire de mon bateau, et que je travaille à mon compte, je gagne bien ma vie.

Annie Vous avez de la chance.

Yves Oui, je sais, surtout que je n'aime pas rester enfermé toute la journée. Et vous, vous aimez votre métier?

Annie Oui, c'est très intéressant, très varié. L'inconvénient, c'est que ce n'est pas très bien payé!

QU'EST-CE QUE ÇA VEUT DIRE?

en train de	*in the process of*
la pêche	*the catch*
s'occuper de	*to look after*
le filet	*the net*
je travaille à mon compte	*I am self-employed*
je gagne bien ma vie	*I earn a good living*
surtout que . . .	*particularly as . . .*

avez-vous compris?

Répondez *vrai* ou *faux*.

1 Le métier de pêcheur n'est pas un métier idéal.

2 C'est un travail facile.

3 C'est un travail qui peut être dangereux.

4 Yves part pendant de longues périodes.

5 Le retour au port n'est pas la fin de la journée de travail.

6 Yves aime son métier parce qu'il est propriétaire de son bateau.

7 Tous les pêcheurs gagnent bien leur vie.

8 L'inconvénient du travail d'Yves, c'est que son travail est varié.

à vous!

Relisez l'interview et aidez Annie à écrire l'article pour son journal.

Yves est pêcheur. C'est (**1**) _____ qui est loin d'être idéal parce que le travail est très (**2**) _____ et quelquefois dangereux, mais Yves adore (**3**) _____ . Il travaille a son (**4**) _____ . Il est propriétaire de son bateau et il gagne bien sa (**5**) _____ . Il ne travaille pas le week-end mais après la pêche, son travail n'est pas terminé; (**6**) _____ vendre la pêche et (**7**) _____ du bateau.

le monde du travail (suite)

Annie se trouve maintenant dans un petit restaurant du port. Elle interviewe une des serveuses.

Annie   Vous êtes serveuse à «La Sole Meunière», madame.
Pourquoi le restaurant porte-t-il ce nom?

Serveuse   Parce que nous ne servons que des plats à base de poissons et de fruits de mer.

Annie   Je suppose que votre journée de travail est assez longue?

Serveuse   Je ne commence pas très tôt, à dix heures du matin, mais je finis tard le soir, vers minuit ou une heure du matin, ça dépend.

Annie   Quel est le jour de fermeture de «La Sole Meunière»?

Serveuse	Nous sommes fermés le lundi. J'ai aussi un autre jour de libre, mais il varie.
Annie	Est-ce que vous aimez votre métier?
Serveuse	Oui et non. D'abord, je ne suis pas souvent libre le week-end et c'est dommage pour la vie de famille. Je travaille un samedi sur deux. Et puis, c'est assez fatigant et il y a des clients désagréables qui vous traitent comme des inférieurs. Par contre, il y en a beaucoup qui sont très sympathiques et laissent de bons pourboires. Nous avons de la chance parce que le patron est gentil. L'ambiance est très agréable ici. Et moi j'aime bien le contact avec les gens.
Annie	En quoi consiste le travail de serveuse exactement?
Serveuse	Ça dépend, mais dans un petit restaurant comme «La Sole», il faut faire pas mal de choses. Il faut servir, naturellement, mais aussi mettre le couvert, préparer les apéritifs, faire les glaçons, les cafés, préparer les additions . . .
Annie	Les premiers clients arrivent, alors je vous laisse. Bon courage!

QU'EST-CE QUE ÇA VEUT DIRE?

porter un nom	*to have a name*
un jour de libre	*a day off*
un samedi sur deux	*every other Saturday*
par contre	*on the other hand*
un pourboire	*a tip*
le patron / la patronne	*the boss, the owner*
pas mal de choses	*quite a few things / a number of things*
mettre le couvert	*to lay the table*
un glaçon	*an ice cube*

avez-vous compris?

Répondez *vrai* ou *faux*.

1 «La Sole Meunière» est un restaurant qui se spécialise dans les produits de la mer.

2 La serveuse commence son travail de bonne heure.

3 Elle finit tard le soir.

4 Elle a deux jours de libre par semaine.

5 Elle ne travaille jamais le week-end.

6 La plupart des clients sont sympathiques.

7 Elle n'aime pas son patron.

à vous!

1 Aidez Annie à finir son article.

Être serveuse de restaurant présente des avantages et des (**a**) _____ . C'est idéal pour les personnes qui aiment (**b**) _____ avec les gens. Mais le travail le soir et pendant les week-ends rend (**c**) _____ difficile. C'est un travail (**d**) _____ et de temps en temps, il y a des clients désagréables.

2 Travaillez avec un / une partenaire. Imaginez que vous êtes, à tour de rôle, Jeanne, Yves, ou la serveuse, et répondez aux questions suivantes.

a Quel est votre métier?

b À quelle heure commencez-vous votre travail?

c À quelle heure finissez-vous?

d En quoi consiste votre travail exactement?

e Quand êtes-vous libre?

f Quels sont les inconvénients de votre métier?

g Qu'est-ce qui vous plaît?

le monde du travail (suite)

Le journal a aussi publié l'interview de monsieur Tamalou qui a des chambres d'hôtes dans la région.

Annie: Depuis quand avez-vous des chambres d'hôtes?
Monsieur T: Depuis 2001. Nous avons reçu nos premiers visiteurs un an après notre arrivée ici.
A: Qu'est-ce qui vous a donné l'idée de commencer cette activité?
MT: Quand nous avons pris notre retraite et vendu notre hôtel dans la région parisienne, nous avons décidé de venir en Bretagne qui est une région que nous adorons. Nous avons trouvé cette grande maison avec des dépendances et nous avons pensé qu'il serait bon de garder une activité.
A: Avez-vous dû faire beaucoup de travaux de rénovation?
MT: Oui mais c'est moi qui ai tout refait – j'adore bricoler: la maçonnerie, la plomberie, l'électricité, les peintures, enfin tout sauf la piscine!
A: Qui sont vos clients?
MT: Des Français, bien sûr, mais aussi beaucoup d'étrangers, en particulier des Allemands, des Belges, des Hollandais et des Anglais.
A: Comment trouvez-vous vos clients ou comment les clients vous trouvent-ils?
MT: Surtout via le site internet mais aussi avec l'organisation d'une permanence entre propriétaires de la région. Et beaucoup viennent grâce au bouche à oreille.
A: Qu'est-ce qui vous plaît particulièrement dans cette activité ?
MT: Ma femme et moi avons toujours aimé le contact avec les gens et depuis que je suis veuf, c'est encore plus important pour moi. J'adore accueillir les visiteurs, leur donner des renseignements sur la région et j'ai beaucoup de plaisir à discuter avec eux. Et puis, maintenant que je suis seul, ça m'occupe.
A: Faites-vous des repas?
MT: Oui assez souvent. J'ai toujours aimé cuisiner et ça me permet de passer des soirées en famille en quelque sorte. C'est mieux que de regarder la télé tous les soirs!

QU'EST-CE QUE ÇA VEUT DIRE?

une chambre d'hôtes	*Bed and Breakfast*
un hôte	*a host, a guest*
des dépendances (f.)	*outbuildings*
les travaux (m.)	*works*
la maçonnerie	*building work*
la plomberie	*plumbing*
les peintures (f.)	*painting and decorating*
sauf	*except*
une permanence entre propriétaires	*service of a group of B&B owners making sure one is always available*
le bouche à oreille	*word of mouth*
veuf / veuve	*widower / widow*
mieux (← bien)	*better*

avez-vous compris?

Reliez les deux parties des phrases.

1   Les Tamalou ont acheté ...

2   Comme il aime faire la cuisine ...

3   Quand ils ont pris leur retraite ...

4   Comme il adore bricoler ...

5   Beaucoup de visiteurs étrangers ...

6   Monsieur Tamalou trouve la plupart de ses clients ...

7   Monsieur Tamalou fait partie ...

8   Monsieur Tamalou vit seul maintenant ...

9   Monsieur Tamalou habite en Bretagne ...

10   Monsieur Tamalou est un hôte ...

A monsieur Tamalou a fait tous les travaux de rénovation.

B grâce à Internet et au bouche à oreille.

C qui appécie la compagnie.

D depuis qu'il est à la retraite.

E parce qu'il a perdu sa femme.

F les Tamalou ont vendu leur hôtel.

G une grande maison en Bretagne.

H d'une permanence régionale de propriétaires.

I il fait souvent table d'hôte.

J font des séjours chez monsieur Tamalou.

et vous?

Aimez-vous utiliser les chambres d'hôtes? Pourquoi?

jeu de rôles

Partenaire A

(Partenaire B: tournez à la page 160.)

A1 Imagine that you work in a Tourist Office. You work from 9 to 12.30 and 1 to 5.30. You also work every other Saturday. You like your job although it's not very well paid. Answer your partner's questions about it.

A2 Now, ask your partner:

- What his / her job is.
- What time he / she starts and finishes work.
- What days he / she is free.
- If it's well paid.
- What the disadvantages are.
- What he / she likes about the job.

Now try this rôle-play again, using a different job of your choice.

le monde du travail (suite)

Dans le même journal, une entreprise a mis une annonce dans les Offres d'emploi en vue de recruter un(e) secrétaire comptable bilingue.

Société en pleine expansion recherche

Secrétaire comptable

Bilingue espagnol (anglais un atout)

❖

25 à 45 ans • Connaissances TTX et tableurs • Excellente présentation exigée.

❖

Merci d'envoyer lettre manuscrite + CV et photo à:

Mme Boukoussa, Directrice des Ressources Humaines

B.P. 274–193 avenue Jean Jaurès. 44220 NANTES Cedex.

QU'EST-CE QUE ÇA VEUT DIRE?

un atout	*an advantage* (lit. *a trump*)
les connaissances (f.)	*knowledge*
TTX (le traitement de texte)	*word-processing*
un tableur	*a spreadsheet*
BP (Boîte Postale) (f.)	*PO Box*
Cedex (Courier d'Entreprise à distribution exceptionelle)	*acronym added to postal code (an accelerated postal service for bulk users)*

avez-vous compris?

Un ami / Une amie anglais(e) vous demande de décrire le / la candidat(e) idéal(e) pour le poste.

à vous!

Préparez une annonce d'offre d'emploi pour votre société.

Your company is looking for an English-French bilingual secretary (German an advantage), with knowledge of word-processing and spreadsheets. Mention other requirements such as age, particular qualities, etc. Alternatively, you might like to devise your own ad describing a particular job.

le monde du travail (suite)

Une candidate a postulé au poste de secrétaire comptable.

Dijon, le 30 novembre

Madame,

Suite à votre annonce du 24 novembre, j'ai l'honneur de poser ma candidature au poste de secrétaire comptable bilingue.

Je m'appelle Anne-Laure Brunet, je suis âgée de 28 ans et je suis célibataire. J'ai suivi les cours de l'École de Commerce de Dijon. J'ai travaillé pendant sept ans comme secrétaire comptable pour Eurocar, une société multinationale, période durant laquelle j'ai eu l'occasion de faire un stage de six mois à Madrid. Je maîtrise bien l'espagnol et j'ai des notions d'anglais.

Je cherche maintenant du travail dans la région nantaise. J'aimerais un emploi avec plus de responsabilités et mieux rémunéré. J'aimerais aussi utiliser mon espagnol.

Veuillez trouver ci-joint les copies de mes diplômes et mon CV.

Dans l'espoir de votre réponse, et sollicitant un entretien, je vous prie d'agréer, Madame, l'expression de mes sentiments respectueux.

A. L. Brunet

P.J.

QU'EST-CE QUE ÇA VEUT DIRE?

postuler (à / pour)	*to apply (for)*
poser sa candidature	*to apply*
maîtriser	*to master*
un diplôme	*a qualification*
un entretien	*an interview*
Je vous prie d'agréer l'expression de mes sentiments respectueux	*Yours faithfully*

There are many formal endings in French expressing various degrees of respect and politeness. Choose **sentiments respectueux** when writing to a woman or a superior. Otherwise, use **sentiments distingués.**

avez-vous compris?

Complétez le CV d'Anne-Laure Brunet. Ajoutez tous les détails possibles.

Nom	_____
Prénom	_____
Date de naissance	10 juillet _____
Situation de famille	_____
Adresse	35 rue de Mulhouse Dijon
Diplômes	Bac* + 3 BTS* Commerce
Langues étrangères	_____ _____
Expérience professionnelle	_____ Stage à Madrid, Espagne, pendant six mois

*Bac = Baccalauréat (French equivalent of 'A' levels)

*BTS = Brevet de Technicien Supérieur

à vous!

Travaillez à tour de rôle avec un / une partenaire.

Imaginez que vous êtes à un entretien avec le chef du personnel d'une société pour laquelle vous voulez travailler. Répondez à ses questions.

- Bonjour, M . . .
- Quel âge avez-vous?
- Quelle est votre situation de famille?
- Vous parlez combien de langues étrangères?
- Que faites-vous en ce moment?
- Depuis combien de temps?
- Pourquoi voulez-vous travailler pour nous?
- Êtes-vous prêt(e) à voyager à l'étranger?

le monde du travail (suite et fin)

Dans le journal, on trouve aussi un article sur un étudiant étranger venu faire un stage dans un restaurant.

Un étudiant anglais découvre la cuisine bretonne

Au restaurant La Boule d'Or, Lucas et Gwenaëlle Le Guennec ont récemment accueilli pour une durée de trois semaines un jeune étudiant anglais Steven Brook. Steven a 22 ans et poursuit des études universitaires en Angleterre. Dans le cadre de la convention européenne Leonardo, il a pu découvrir tous les aspects du métier de restaurateur. Pendant les trois semaines qu'il a passées en Bretagne, de fin mai à début juin, il a radi-calement changé de vie pour partager le quotidien d'un petit restaurant de campagne. Il a découvert les produits qui font la spécificité de la cuisine française et plus particulièrement de la cuisine bretonne. Il a mis la main à la pâte pour apprendre à confectionner des spécialités telles que les galettes et le far breton. Il a complété sa formation en travaillant deux jours dans une ferme du village où il a découvert les secrets de la fabrication du cidre. Steven s'est montré très satisfait de son séjour. Il dit qu'il a appris des tas de choses et qu'il a fait beaucoup de progrès en français, surtout pour parler. Il a participé à une fête bretonne, ce qui lui a permis de s'initier au biniou avec le bagad local. Il trouve que c'est aussi difficile que la cornemuse! Il aimerait bien revenir dans la région parce qu'il n'a pas eu le temps de faire de tourisme.

QU'EST-CE QUE ÇA VEUT DIRE?

accueillir	*to welcome*
poursuivre / faire des études	*to study*
dans le cadre	*within the framework*
le quotidien	*everyday life*
mettre la main à la pâte	*to lend a hand, muck in*
une galette	*savoury pancake*
le far breton	*custard flan with prunes*
la formation	*training*
des tas de choses	*a lot of things*
une fête	*a festival* (here)
s'initier (à)	*to learn the basic elements*
le biniou	*Breton bagpipes*
un bagad	*Breton music group*
la cornemuse	*bagpipes*

avez-vous compris?

Relisez le texte et trouvez les équivalents des expressions suivantes.

1 Il a aidé.

2 Son français oral s'est amélioré.

3 est étudiant

4 Il a été trop occupé pour visiter la région.

5 qui sont typiquement français

6 apprendre les rudiments

7 Il a appris à faire.

8 ont reçu il n'y a pas longtemps

9 Il a fait de nombreuses découvertes.

10 tout sur la profession

à vous!

Steve a participé à un forum de discussions. Aidez-le à écrire son rapport de stage en utilisant les conseils donnés par Gaby.

---

rapport de stage De: <u>Steve</u> posté le 5 juin à 10:23:06

Je viens de faire un stage dans un restaurant en Bretagne. Je dois faire un rapport en français et le rendre rapidement. Quelqu'un serait-il assez gentil pour m'aider (me donner un plan etc.) Merci d'avance.

RE : rapport de stage De: <u>Gaby</u> posté le 5 juin à 18:09:48

Salut Steve

Le plus simple pour un rapport de stage, c'est de faire un plan en 3 parties.

1 Présentation de la société (type d'entreprise, nombre d'employés, organisation, activités etc.).

2 Présentation de ta mission (décris ce que tu as fait, comment, avec qui etc.).

3 Dans cette partie, explique ce que le stage t'a apporté (tout ce que tu as appris de nouveau: travail en équipe, techniques particulières, organisation d'un restaurant etc.) et dis si l'expérience a été bénéfique.

Voilà, j'espère que mes conseils vont t'aider.

---

et vous?

Travaillez-vous? Si oui, regardez **Si vous travaillez . . .** Si non, regardez soit **Si vous faites des études . . .** soit **Si vous êtes mère au foyer, au chômage ou à la retraite . . .**

Si vous travaillez . . .

Où et depuis quand? Aimez-vous votre travail? Y a-t-il des choses qui ne vous plaisent pas?

Vous entendez-vous bien avec votre patron(ne), vos collègues, etc?

Travaillez-vous loin de chez vous?

Comment allez-vous travailler? Combien de temps vous faut-il?

Vous commencez à quelle heure? Vous finissez à quelle heure?

Qu'est-ce que vous faites à l'heure du déjeuner?

Quels sont les avantages et les inconvénients de votre métier?

Si vous êtes mère au foyer, au chômage ou à la retraite . . .

Depuis combien de temps?

Décrivez une journée typique.

Avez-vous beaucoup de passe-temps? Étudiez-vous autre chose que le français?

Si vous faites des études . . .

Allez-vous au collège ou à la fac? Qu'est-ce que vous étudiez? Quelles matières préférez-vous? Y a-t-il des matières que vous détestez?

Aimez-vous vos professeurs? Les trouvez-vous sympathiques, trop sévères, etc?

Combien de cours avez-vous en moyenne par jour?

À quelle heure rentrez-vous chez vous?

Quand faites-vous vos devoirs? Préparez-vous des examens?

jeu de rôles

Partenaire B

(**Partenaire A: tournez à la page 153**.)

B1 First, ask your partner:

   ▨ Where he / she works.

   ▨ At what time he / she starts work.

   ▨ At what time he / she finishes.

   ▨ How long he / she has for lunch.

   ▨ If he / she works at weekends.

   ▨ If he / she earns a good living.

   ▨ What the job consists of exactly.

   ▨ If he / she likes the job and why.

B2 Now imagine that you are a waiter / waitress in a café. You work from 10 am till 3 pm and start again at 8 pm and finish at midnight. You don't work Sundays or Mondays. The work is tiring but you earn a good living with the tips. Answer your partner's questions.

Now try this rôle-play again, this time using a different job of your choice.

EXERCICES

A   Choisissez le bon adjectif.

bien payé   intéressant   ennuyeux   épuisant

mal payé   varié   dangereux

1 Je travaille dans une usine. Je fais la même chose toute la journée.
   C'est _____ .

2 Mon travail est très varié et j'ai la chance de rencontrer toutes sortes de gens.
C'est _____ .

3 Je travaille de huit heures du matin à six heures du soir et je suis toujours debout.
C'est _____ .

4 Moi, je travaille dans un cirque avec des lions et des tigres. J'adore mon métier et j'adore
les animaux, mais c'est _____ .

5 Je travaille comme représentant. Je voyage beaucoup et je ne suis pas toujours à la
maison pour le week-end, mais je gagne bien ma vie. Pour moi, le principal avantage c'est
que c'est _____ .

6 Je fais toutes sortes de choses. Au bureau, je réponds au téléphone. Il y a aussi le travail
sur le terrain. Ça me plaît parce que c'est très _____ .

7 J'aime bien mon travail parce que j'ai beaucoup de liberté et que je suis en contact avec
la nature. Heureusement que je suis célibataire parce que je ne gagne pas beaucoup
d'argent. C'est un travail qui est _____ .

B La candidature de Mademoiselle Brunet a été retenue. Complétez la lettre qui l'invite à un
entretien, avec le vocabulaire suivant.

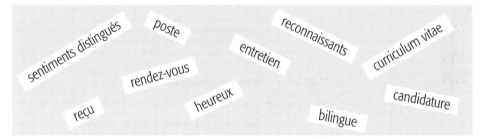

sentiments distingués · poste · reconnaissants · curriculum vitae · entretien · rendez-vous · heureux · reçu · bilingue · candidature

Mademoiselle,

Nous avons bien (**1**) _____ votre lettre de (**2**) _____ pour le (**3**) _____ de
secrétaire comptable (**4**) _____ (espagnol). Nous sommes (**5**) _____ de vous
annoncer que votre (**6**) _____ a retenu notre attention et que nous aimerions avoir
un (**7**) _____ avec vous, si possible avant le 24 décembre.

Nous vous serions donc (**8**) _____ de bien vouloir nous contacter dans les plus
brefs délais afin de convenir d'un (**9**) _____ .

Dans l'attente du plaisir de vous recevoir, veuillez agréer, Mademoiselle, l'expression de
nos (**10**) _____ .

Mme Boukoussa
Directrice des Ressources Humaines

C   Lisez les annonces ci-dessous.

A

Sociéte *CITRONET*, *experte dans distribution de fruits et légumes*
recherche dans le cadre de son expansion

VENDEUR (EUSE)

basé à Cavaillon

Vous devrez suivre la clientèle existante et prospecter.

Votre connaissance des supermarchés et libres service vous aidera dans votre tâche.

Vous maîtrisez bien la relation de vente au téléphone et vous connaissez déjà les produits frais ou les fruits et légumes.

Nous vous offrons un salaire de base + commission + frais + véhicule.

Si cette proposition vous intéresse, veuillez transmettre, pour un premier contact, lettre manuscrite, C.V. et photo, sous réf. 8520 à:

Pubemploi   55 rue de la Liberté   13006 Marseille

B

Société en expansion en Amérique recherche

SECRETAIRE

– personne dynamique et enthousiaste –
– excellente sténodactylographe –
– parlant et écrivant parfaitement l'anglais –
– connaissances informatique indispensables –
– libre de suite –

Poste stable et d'avenir

Écrire avec C.V. et photo sous réf. 4729 à

Jobagence, B.P. 125
75040 Paris, qui transmettra.

C

Importante société

FOMATO

recrute

REPRESENTANT(E)S

dynamiques et ambitieux: débutants acceptés: libres immédiatement
Parfaite présentation, voiture souhaitée, pour vente articles de grande consommation

– Commissions très importantes –
– Promotion CADRE possible rapidement –
– Formation indispensable et continue par nos soins –

Nombreux postes à pourvoir.

Ne pas écrire, ne pas téléphoner, SE PRESENTER
le lundi 10 et mardi 11 février
de 9 h à 12 h et de 14 h à 18 h
GRAND HOTEL St Laurent du Var   Demander Société FOMATO

Expliquez à un(e) ami(e) anglais(e):

1 De quel travail il s'agit.

2 Les diplômes et / ou l'expérience requis.

3 L'âge idéal et / ou la personnalité des candidats.

4 Ce que l'entreprise offre en terme de salaires, perspectives d'avenir etc.

5 Comment les candidats doivent postuler.

D Charlotte Martin cherche du travail en France. Aidez-la à préparer son curriculum vitae.

Born 16 September 1980.

Single.

Ten years ago, went to France on holiday but stayed there two years. Worked in a hotel.

Came back to England seven years ago and worked in a factory.

Six years ago, worked as a cashier in a supermarket.

Five years ago, found a job in an office.

Three years ago, did a training course in Germany for a year.

Has been working in a clothes shop in London since her return from Germany.

Speaks French and German.

Likes contact with people.

E Complétez l'interview et devinez le métier dont on parle.

Interviewer Aimez-vous votre métier?

Vous (**1** *Say yes, but there are advantages and disadvantages.*)

Interviewer Quels sont les avantages?

Vous (**2** *Say it's varied and interesting and you like contact with people.*)

Interviewer Et quels sont les inconvénients?

Vous (**3** *Say it is tiring because the day's work is long.*)

Interviewer Vous commencez et vous finissez à quelle heure?

Vous (**4** *Say it depends and you are not always free at the weekend.*)

Interviewer Vous gagnez bien votre vie?

Vous (**5** *Say it's not very well paid.*)

Interviewer	Comment sont vos malades?
Vous	(**6** *Say that they are generally friendly, but there are some unpleasant ones from time to time.*)
Interviewer	Quels sont ceux que vous préférez?
Vous	(**7** *Say you particularly like the children.*)

F Écrivez un petit texte à propos d'un métier que vous connaissez bien.

écoutez bien

Listen to some young people saying what they like and don't like and suggest the most appropriate job(s) for each one from the list below.

agriculteur(-trice)	hôtesse de l'air, steward	médecin
architecte	infirmier(-ière)	plombier
bibliothécaire	ingénieur	représentant(e)
chauffeur de taxi	jardinier(-ière) paysagiste	vétérinaire
garagiste	mécanicien(ne)	

lecture

Read the article below on the CESU payment system and answer the questions.

Avez-vous pensé au CESU (Chèque Emploi Service Universel)?

Qu'il s'agisse de ménage, de repassage, de gardes d'enfants, de soutien scolaire, de jardinage, de bricolage ou d'assistance informatique, le marché des services à la personne est en pleine expansion.

Grâce au CESU, les particuliers qui ont besoin d'aide à domicile trouvent facilement leur bonheur, surtout que le système leur offre des avantages fiscaux, le coût étant déductible des impôts, et qu'il existe maintenant des sociétés spécialisées pour les aider.

Jusqu'à présent il était difficile de trouver un personnel compétent et fiable, mais les sociétés multi-services veulent fidéliser leurs clients et pour cela, font tout pour les satisfaire. La plupart demandent que le personnel qu'elles emploient ait une expérience vérifiable d'au moins deux ans. Elles font aussi passer des tests 'qualitétemps' comme par exemple le repassage impeccable d'une chemise en moins de 5 minutes, ce qui garantit le repassage de 5 à 10 chemises de l'heure. Dans certains domaines, il faut aussi avoir une formation spéciale et pouvoir présenter des diplômes.

Très souvent les besoins des clients sont multiples et les sociétés aiment employer du personnel multi-compétent. Elles peuvent même mettre sur pied une équipe complète pour s'occuper de la maison ou de l'appartement de A à Z. Les CESU font maintenant partie des avantages accordés au personnel d'un nombre croissant d'entreprises, au même titre que les chèques-vacances ou les chèques-déjeuner. Tout le monde y trouve son compte puisque les parents n'ont plus à recourir au système D* pour faire garder leurs gamins* et que, parallèlement, l'on constate une baisse notable de l'absentéisme au travail.

Pour les personnes qui font tous ces travaux, les avantages financiers ne sont pas évidents car elles doivent payer toutes les charges normales des salariés (sécurité sociale, impôts etc.). En revanche, elles bénéficient de l'assurance maladie, sont couvertes en cas d'accidents et leur travail compte pour la retraite.

* recourir au système D *to rely on one's own resources*; les gamins (m.) *kids*

1 Name at least three areas in which people often require assistance in finding a suitable person for jobs in their home.

2 What has happened as a result of setting up the CESU payment system?

3 Give two more examples of similar benefits often given to their staff by large companies.

4 How do the specialised employment agencies check the reliability and competence of the staff they employ?

5 What service can these agencies offer to those wanting a variety of tasks completed?

6 Why are parents of young children satisfied?

7 What has happened to the rate of absenteeism at work?

8 Are the benefits to those employed by the agencies apparent?

9 What advantages do they actually have if they work for these specialised employment agencies?

Neuvième unité

projets de vacances

Chantal demande des conseils à son amie Michelle.

Objet :	Au secours!

Chère Michelle

. . . Bonne nouvelle! Laurent et moi avons décidé d'aller en vacances ensemble. Mauvaise nouvelle! On n'arrive pas à se mettre d'accord sur la destination! On ne veut pas aller à l'étranger (on a déjà prévu un long week-end à Londres pour le pont du 15 août*) et on déteste les voyages organisés. On adore le bord de la mer tous les deux, mais moi je trouve qu'il y a trop de monde l'été. Comme tu travailles dans une agence de voyages, peux-tu nous aider? . . .

* The 15th August is a bank holiday. In France, unlike England, bank holidays occur on the day on which they fall.

Objet :	Au secours!

Chère Chantal

. . . A mon avis, si vous voulez vous dépayser, il vaut mieux choisir une région complètement différente de la Normandie. Vous pouvez aller en Auvergne ou en Alsace, par exemple. Pour plus de détails, va voir sur l'internet . . .

Objet :	Au secours!

Chère Michelle

. . . Merci pour tes conseils. Laurent veut aller en Alsace (En Auvergne, il y a des stations thermales et en Alsace il y a de la bière et du bon vin . . . y a pas photo!). . .

Objet :	Au secours!

Chère Chantal

. . . Excellent choix. Je suis sûre que vous passerez de bonnes vacances et que vous n'aurez pas de regrets. J'espère que vous m'enverrez une carte postale . . .

QU'EST-CE QUE ÇA VEUT DIRE?

on n'arrive pas à se mettre d'accord	we can't manage to agree
prévu (prévoir)	planned
le pont	extra days off around a public holiday to make a long week-end (here)
un voyage organisé	a package holiday
se dépayser	to look for a change of scenery
un conseil	a piece of advice
une station thermale	a spa
y a pas photo! (fam.)	there's no competition!
vous passerez (passer)	you will spend
vous aurez (avoir)	you will have
vous enverrez (envoyer)	you will send

avez-vous compris?

Répondez *vrai* ou *faux*.

1 Quand Chantal envoie son premier mél à Michelle, elle ne sait pas encore avec qui elle va aller en vacances.

2 Chantal veut rester en France pour les vacances.

3 Laurent et Chantal vont aller à Londres en voyage organisé.

4 Ils n'aiment pas aller au bord de la mer.

5 Chantal demande conseil à Michelle parce que c'est une bonne amie.

6 Michelle lui suggère des régions qui ne se trouvent pas au bord de la mer.

7 Elle lui conseille aussi de chercher des renseignements sur le Net.

8 Chantal préfère l'Auvergne parce qu'il y a des stations thermales.

9 Laurent préfère l'Alsace, région connue pour ses vins et sa bière.

10 Michelle aimerait recevoir une carte postale.

à vous!

Travaillez avec un/une partenaire. Imaginez que vous discutez de vos projets de vacances avec un(e) ami(e) français(e). Utilisez 'on' et 'vous'.

ami(e)   Bonjour. Alors, c'est bientôt les vacances!

Vous   (**1** *Say yes, you and Pat have decided to go on holiday together.*)

ami(e)	Ah, c'est une bonne nouvelle! Où ça?
Vous	(**2** *Say that unfortunately you can't manage to agree.*)
ami(e)	Vous pouvez aller en France, c'est parfait pour les vacances.
Vous	(**3** *Say you don't want to go abroad.*)
ami(e)	Mais c'est une bonne idée quand on apprend le français!
Vous	(**4** *Say you've already planned a long weekend in Paris.*)
ami(e)	Quand ça?
Vous	(**5** *Say at the end of August.*)
ami(e)	Vous voulez aller au bord de la mer?
Vous	(**6** *Say you think it is too crowded in the summer.*)
ami(e)	Pour vous dépayser, allez dans le Yorkshire ou dans la région des lacs.
Vous	(**7** *Say yes, it's better to choose a completely different region.*)
ami(e)	Pour plus de détails, allez voir sur le Net.
Vous	(**8** *Thank him / her for his / her advice.*)
	Maintenant, écrivez une autre conversation en changeant quelques éléments du dialogue.

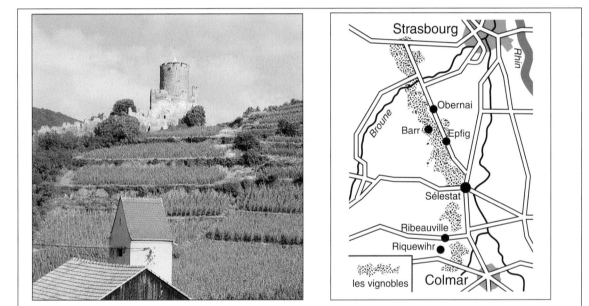

VENEZ EN ALSACE!

❖

C'est le paradis des amateurs d'art et des passionnés de folklore.

C'est le paradis des gourmets, grâce à ses vins renommés et à ses spécialités gastronomiques.

C'est le paradis des sportifs et des amoureux de la nature, grâce à la beauté de son paysage.

projets de vacances (suite)

Laurent et Chantal font des projets en regardant un site Web sur l'Alsace.

Laurent Il vaudra mieux voyager en train. Qu'en penses-tu?

Chantal Oui, c'est loin et tu sais bien que je n'aime pas les longs voyages en voiture.

Laurent Nous irons d'abord à Strasbourg.

Chantal Oh regarde, il y a toutes sortes de choses à voir. La cathédrale gothique et son horloge astronomique . . .

Laurent J'espère que nous pourrons visiter une brasserie!

Chantal Nous verrons de vieilles maisons, le palais Rohan . . .

Laurent Et de là, nous louerons une voiture et nous pourrons suivre la route des vins en descendant jusqu'à Colmar.

Chantal Excellente idée. Il y a beaucoup de maisons médiévales et de vieilles églises à Colmar. C'est vraiment typique.

Laurent Oui, et n'oublie pas que c'est la capitale du vignoble alsacien. Si nous y allons au mois d'août, nous assisterons à la foire régionale des vins d'Alsace.

Chantal Tu ne penses qu'au vin!

Laurent Non, nous boirons aussi de la bière et nous mangerons de la choucroute, bien sûr.

Chantal Si nous passons notre temps à manger et à boire nous devrons prendre un peu d'exercice, sinon quand nous reviendrons nous ne serons pas du tout en forme!

Laurent Ne t'inquiète pas. Nous ferons des promenades en montagne et en forêt. Nous pourrons même faire des randonnées en VTT. Là, tu es contente?

Chantal	Oh oui! Et le paysage semble magnifique. Je prendrai beaucoup de photos.
Laurent	Oui, pendant que je pêcherai la truite dans les rivières et les étangs.
Chantal	Comme nous avons des goûts différents, je crois que l'Alsace sera l'endroit idéal pour nos vacances.

avez-vous compris?

Relisez le texte, et choisissez les bons mots pour compléter le mél de Chantal.

Chère Michelle,

C'est décidé! Cet été Laurent et moi nous passerons nos vacances ensemble en
(**1**) _____ . Nous prendrons le (**2**) _____ , car je n'aime pas les longs
voyages en voiture. Nous irons d'abord à (**3**) _____ , où nous verrons la
cathédrale gothique et son horloge astronomique. De là, nous louerons une (**4**)
_____ , et nous pourrons suivre la route des vins, en descendant jusqu'à (**5**)
_____ . Si nous y allons au mois d'août, nous assisterons à la (**6**) _____
régionale des vins d'Alsace. Nous boirons aussi de la (**7**) _____ et nous
mangerons de la (**8**) _____ bien sûr! Si nous passons notre temps à boire et à
manger, nous devrons prendre un peu d' (**9**) _____ évidemment. Nous ferons
des promenades en montagne et en forêt, et nous pourrons même faire des
randonnées en (**10**) _____ . Encore merci pour tes bons conseils.

Grosses bises,

Chantal

QU'EST-CE QUE ÇA VEUT DIRE?

en regardant	*while looking at*
il vaudra mieux (valoir ⚠)	*it will be better (to be worth)*
nous prendrons (prendre ⚠)	*we shall take*
nous irons (aller ⚠)	*we shall go*
nous pourrons (pouvoir ⚠)	*we shall be able*
une brasserie	*a brewery (here)*
nous verrons (voir ⚠)	*we shall see*
nous louerons (louer)	*we shall hire*
en descendant	*while going down*
assister à	*to attend / to be at*
nous boirons (boire ⚠)	*we shall drink*
nous devrons (devoir ⚠)	*we shall have to*
nous reviendrons (revenir ⚠)	*we shall return*
nous ferons (faire ⚠)	*we shall make / do*
un VTT (vélo tout terrain)	*a mountain bike*
un étang	*a small lake*
il sera (être ⚠)	*it will be*

à vous!

Imaginez que vous êtes Laurent ou Chantal, et répondez aux questions de vos amis.

Comment irez-vous en Alsace?
1 Nous . . .

Où irez-vous d'abord?
2 Nous . . .

Qu'est-ce que vous verrez à Strasbourg?
3 Nous . . .

Qu'est-ce que vous visiterez d'autre?
4 Nous . . .

Comment voyagerez-vous de Strasbourg à Colmar?
5 Nous . . .

Que boirez-vous?
6 Nous . . .

Que mangerez-vous?
7 Nous . . .

Que ferez-vous en montagne et en forêt?
8 Nous . . .

Que feras-tu d'autre, Laurent / Chantal?
9 Je . . .

jeu de rôles

Partenaire A

(Partenaire B: tournez à la page 175.)

A1 Vous êtes à l'Office du Tourisme de Limoges, dans le Limousin. Demandez des renseignements sur la ville et ses environs: châteaux / musées / autres visites / situation / heures d'ouverture, etc.

A2 Vous travaillez à l'Office du Tourisme de Saumur, dans le Val de Loire. Répondez aux questions du touriste / de la touriste, en utilisant les renseignements suivants.

Château-musée: musée d'Arts décoratifs, musée du cheval (Centre-ville)

Du 1er octobre au 31 mars: 10h – 12h; 14h – 17h. Tous les jours sauf le mardi, le 25 décembre et le 1er janvier.

Du 1er avril au 14 juin et du 16 au 30 septembre: 9 h – 12h; 14h – 18h. Tous les jours.

Du 15 juin au 15 septembre: 9 h – 19h. Tous les jours.

Le musée du champignon: habitation troglodyte et culture en cave

Visite tous les jours 15 février au 15 novembre: 10h – 19h.

(Rive gauche de la Loire – À 3 km de Saumur.)

L'École Nationale d'Équitation

Du 1er avril au 30 septembre.

Ouverture du 1er avril au 31 mai et du 1er au 30 septembre: du lundi après-midi au samedi matin inclus, du 1er juin au 31 août: du lundi après-midi au samedi après-midi inclus. Fermé dimanches et jours fériés.

Visites guidées des installations.

Horaire: Départs des visites entre 9h30 et 10h30, et entre 14h30 et 16h00.

(Rue de Marson, St-Hilaire / St-Florent à l'ouest du centre-ville.)

Caves à vin: Visites guidées des caves et dégustation gratuite.

De mars à octobre: ouvert tous les jours y compris jours fériés 9h – 11h30, 14h – 17h30.

De novembre à février: 10h – 11h45, 15h – 17h15.

(Route de Chinon à la sortie de Saumur.)

Abbaye Royale de Fontevraud: L'une des plus vastes cités monastiques d'occident, Nécropole des Plantagenêts, Henri deux, Richard Cœur de Lion, Aliénor d'Aquitaine.

Ouvert toute l'année (sauf 1er janvier, 1er et 11 novembre, 25 décembre) 1er juin – 3e dimanche de septembre: 9h – 19h. Le reste de l'année 9h30 – 12h30, 14h – 18h.

(À 15 km au sud-est de Saumur.)

projets de vacances (suite et fin)

M. Déveine et M. Lachance, deux amis, parlent de leurs prochaines vacances.

Déveine   Alors Lachance, où irez-vous cette fois, aux Antilles, au Maroc, à Madagascar?

Lachance   Moi, j'aimerais aller à la Martinique, mais ma femme supporte mal la chaleur, surtout au mois d'août. Non, cet été nous passerons nos vacances en Alsace. Vous connaissez, bien sûr!

Déveine   Un peu.

Lachance   Nous irons d'abord à Sélestat, où nous assisterons au corso fleuri. Figurez-vous qu'on décore les chars et les rues avec un demi-million de dahlias multicolores . . .

Déveine   Oui, je sais.

Lachance   Puis la prochaine étape sera Colmar, avec ses maisons médiévales en grès rose . . .

Déveine   Mais vous connaissez déjà bien l'Alsace!

Lachance   J'ai de la famille là-bas. J'adore cette région. Je crois qu'elle est encore plus belle que la nôtre!

Déveine   Plus belle que la Bourgogne! Impossible! Aussi belle que la Bourgogne, peut-être!

Lachance   Ensuite, nous irons à Mulhouse.

Déveine   C'est une ville manufacturière, n'est-ce pas?

Lachance   Oui. Il y a pas mal de choses à visiter, je crois. S'il pleut, nous visiterons le musée du chemin de fer, ou le Musée National de l'Automobile . . . Excusez-moi, Déveine, je parle, je parle. Mais vous, vous partirez en vacances cette année?

Déveine   Je ne sais pas encore. Nous irons peut-être dans le Val de Loire.

Lachance   C'est une belle région, certainement. Mais moi, personnellement, je trouve que le paysage est moins varié que le nôtre.

Déveine   Par contre, leurs châteaux sont plus beaux!

Lachance   Mais leur vin est moins bon!

Déveine   Cela va sans dire! Le nôtre est meilleur.

Lachance   Vous descendrez à l'hôtel?

Déveine   Ah non, ça coûte beaucoup trop cher! Nous emprunterons la caravane de ma belle-mère . . .

Lachance   Elle ira avec vous?

Déveine   J'espère bien que non!

QU'EST-CE QUE ÇA VEUT DIRE?

prochain(e)	*next*
j'aimerais	*I would like*
elle supporte mal la chaleur	*the heat disagrees with her*
figurez-vous	*can you imagine? / would you believe it?*
le corso fleuri	*floral procession of floats*
un char	*a cart / float*
une étape	*a stop / stage*
le grès	*sandstone*
le chemin de fer	*the railway*
plus / moins . . . que	*more / less . . . than*
aussi . . . que	*as . . . as*
le / la nôtre	*ours*
les nôtres	*ours* (pl.)
Cela va sans dire	*needless to say*
meilleur	*better*

avez-vous compris?

Mme Lachance parle à une amie. Corrigez les erreurs.

"Non, nous n'irons pas à l'étranger . . . Mon mari supporte mal la chaleur . . . Oui, nous irons d'abord à Strasbourg . . . Nous verrons des maisons modernes en grès rose à Colmar . . . Oui, mon mari pense que l'Alsace est moins belle que la Bourgogne . . . S'il fait beau, nous visiterons le musée du cheval, ou le musée de l'avion à Mulhouse . . . Mon mari trouve que le paysage du Val de Loire est plus varié que celui de la Bourgogne. Et il dit que leur vin est meilleur que le nôtre!"

à vous!

Qu'en pensez-vous?
Cochez les réponses selon vos opinions et vos goûts!

La France est plus grande que l'Angleterre. Le climat est plus / moins / aussi agréable en France qu'en Angleterre. La France a un paysage plus / moins / aussi varié. Ses plages sont plus / moins / aussi belles. Ses châteaux sont plus / moins / aussi anciens. Les monuments historiques sont ennuyeux / intéressants à visiter. L'histoire de la France est moins / plus /

aussi compliquée que celle de la Grande Bretagne. Les bons hôtels sont plus / moins / aussi nombreux en France. Le camping coûte plus / moins / aussi cher que l'hôtel. Les repas au restaurant coûtent moins / plus / aussi cher en France qu'en Angleterre. Le vin de Bourgogne est plus / moins / aussi prestigieux que le vin d'Alsace. Les hypermarchés en Angleterre sont meilleurs / moins bons / aussi bons qu'en France. La nourriture est plus / moins / aussi importante en France qu'en Angleterre. Les Français sont plus / moins / aussi accueillants que les Anglais avec les visiteurs étrangers. Les touristes anglais sont plus / moins / aussi polis que les touristes français. Les vacances passées en France sont moins bonnes / aussi bonnes / meilleures que celles passées en Angleterre!

jeu de rôles

Partenaire B

(Partenaire A: tournez à la page 172.)

B1 Vous travaillez à l'Office du Tourisme de Limoges, dans le Limousin. Répondez aux questions du touriste / de la touriste, en utilisant les renseignements suivants.

La Cité: (cœur historique de notre ville)

Place Haute-Cité: immeubles à arcades gothiques et colombages.

Cathédrale Saint-Étienne: Gothique 13e – 16e siècles.

Ancien palais épiscopal: 18e siècle, musée municipal.

Jardins de l'Évêché: étagés sur les bords de la Vienne.

Le pavillon de la porcelaine, musée Havilland: (ancienne Route de Toulouse, Face au golf – Sortie Limoges Sud)

Exposition-démonstration vidéo projection. Entrée libre. Vente directe d'usines, ouvert tous les jours.

Lac de Vassivière: (à l'est de Limoges)

Paradis du pêcheur et de l'amateur de tous les plaisirs offerts par l'eau. Villages de vacances et bases nautiques. Sur l'île: Centre d'Art contemporain, parc aux sculptures. Autour du lac: 300 km de sentiers – randonnées à pied, à moto verte, à cheval, en VTT.

Rochechouart: (à l'ouest de Limoges)

Château des 13e et 15e siècles. Cour intérieure Renaissance. Salle des travaux d'Hercule (fresques murales). Musée départemental d'art contemporain. Juillet et août, de 10h à 12h, et de 14h à 18h. Hors saison de 14h à 18h. Fermé le lundi et le mardi.

B2 Vous êtes à l'Office du Tourisme de Saumur, dans le Val de Loire. Demandez des renseignements sur la ville et ses environs: châteaux / musées / autres activités / situation / heures d'ouverture, etc.

UN PEU DE GRAMMAIRE

Le futur	**The future tense**

Regular verbs Add endings: **-ai**, **-as**, **-a**, **-ons**, **-ez**, **-ont** to the infinitive. For **re** verbs, drop the final **e** first.

je visiterai	*I shall / will visit. I'll visit*
tu visiteras	*you will visit, you'll visit*
il / elle / on visitera	*he / she / one will visit, he'll /she'll visit*
vous visiterez	*you will visit, you'll visit*
ils / elles visiteront	*they will visit, they'll visit*
je vendrai . . . (etc.)	*I shall / will sell, I'll sell . . .*
je finirai . . . (etc.)	*I shall / will finish, I'll finish . . .*

The future tense of some irregular verbs The stem changes; the endings remain the same as for regular verbs.

j'aurai	*I shall / will have, I'll have*
j'enverrai	*I shall / will send, I'll send*
j'irai	*I shall / will go, I'll go*
je pourrai	*I shall / will be able to, I'll be able to*
je verrai	*I shall / will see, I'll see*
je boirai	*I shall / will drink, I'll drink*
je devrai	*I shall / will have to, I'll have to*
je reviendrai	*I shall / will return, I'll return*
je serai	*I shall / will be, I'll be*
je ferai	*I shall / will make /do, I'll make / do*

For other irregular verbs, please see the verb tables at the back of the book.

Les comparaisons	*Making simple comparisons*
plus . . . que	*more . . . than*
moins . . . que	*less . . . than*
aussi . . . que	*as . . . as*
Le château de Chinon est plus vieux que le château de Chenonceau.	*The château of Chinon is older than the château of Chenonceau.*
La Tour Eiffel est moins vieille que la Tour de Londres.	*The Eiffel Tower isn't as old as the Tower of London. (lit. is less old than)*
La Martinique est aussi belle que la Guadeloupe.	*Martinique is as beautiful as Guadeloupe.*

▶ **Grammaire** 12, 17(a)(b)

EXERCICES

A   Vous êtes dans une agence de voyages. Complétez le dialogue ci-dessous.

Employé(e)   Bonjour, M. . . . Vous désirez?

Vous   (**1** *Greet him / her, and say you don't know where to go on holiday at Easter.*)

Employé(e)   Préférez-vous rester en France ou aller à l'étranger?

Vous   (**2** *You want to stay in France.*)

Employé(e)   Vous voulez aller aux sports d'hiver?

Vous   (**3** *Say you aren't very sporty, and you hate the cold.*)

Employé(e)   Pour avoir chaud, il faut aller dans le Midi.

Vous   (**4** *Say it's too crowded.*)

Employé(e)   Pas à Pâques. Et il y a des choses intéressantes à visiter.

Vous   (**5** *Ask if he / she can give you some leaflets.*)

Employé(e)   Mais bien sûr. Voilà!

B   Interviewez Chantal et Laurent à propos de leurs prochaines vacances.

Vous   Où (**1** aller)-vous cet été?

Laurent   Nous (**2** aller) en Alsace.

Vous   Pourquoi L'Alsace?

Laurent   Je (**3** pouvoir) boire beaucoup de vin et je (**4** visiter) une brasserie.

Chantal   Je (**5** voir) beaucoup d'endroits historiques.

Vous   (**6** Faire)-vous du camping?

Chantal   Non, nous (**7** descendre) à l'hôtel.

Vous   Comment (**8** voyager)-vous?

Laurent   Nous (**9** prendre) le train jusqu'à Strasbourg, puis nous (**10** louer) une voiture.

Vous   Que (**11** voir)-vous en Alsace?

Laurent   Nous (**12** voir) des vignobles.

Chantal   Nous (**13** voir) aussi des maisons médiévales, de vieilles églises, des fêtes folkloriques . . .

Vous   Que (**14** faire)-vous?

Laurent   Je (**15** boire) du vin et de la bière, je (**16** manger) de la choucroute et j'(**17** aller) aussi à la pêche à la truite.

Chantal   Et moi, je (**18** faire) de longues promenades et je (**19** prendre) beaucoup de photos.

Vous   Eh bien merci, et bonnes vacances!

C   Un / une ami(e) français(e) vous demande ce que vous ferez en vacances. Utilisez **on**.

Ami(e)   Partirez-vous en vacances cet été?

Vous   (**1** *Say yes; you and your friend Paul are going to stay in England.*)

Ami(e)   Vous n'irez pas donc à l'étranger?

Vous   (**2** *Say no; you want to visit the towns of Salisbury and Winchester.*)

Ami(e)   Que verrez-vous dans ces deux villes?

Vous   (**3** *Say you will see the beautiful cathedrals and some old houses, and go for long walks.*)

Ami(e)   Vous descendrez à l'hôtel?

Vous (**4** *Say no; hotels cost too much, you will borrow a friend's caravan.*)

Ami(e) Et vous ferez autre chose?

Vous (**5** *Say yes; afterwards you'll go to the seaside.*)

Ami(e) Et que ferez-vous là bas?

Vous (**6** *Say if the weather's fine you'll swim and rest on the beach.*)

 D Vous partez en vacances. Votre mère s'inquiète. Rassurez-la!

Exemple: Je vérifierai . . .

1 vérifier le passeport

2 acheter des chèques de voyage

3 réserver une place dans le train

4 faire la valise

5 emporter un imperméable

6 descendre dans un bon hôtel

7 réserver une chambre

8 louer une voiture

9 visiter les endroits historiques

10 ne pas perdre de temps sur la plage

11 ne pas aller au casino

12 téléphoner ou écrire une carte postale

E Vous venez d'arriver à votre destination de vacances. Écrivez une carte postale à un(e) ami(e) pour lui raconter ce que vous ferez.

écoutez bien!

Listen to Françoise Dupré talking about her son and daughter-in-law's holiday plans and fill in the gaps.

Claude et Liliane iront en (**1**) _____ cet été. Ils ne loueront pas de (**2**) _____ parce qu'ils ne veulent pas rester au même (**3**) _____. Ils iront à la (**4**) _____, ils se baigneront, ils prendront des bains de (**5**) _____. Les enfants joueront aux (**6**) _____ et au (**7**) _____ sur la plage. Bien sûr ils feront du (**8**) _____! Les garçons feront de la (**9**) _____. Colette jouera au tennis et elle essaiera de faire du (**10**) _____. Claude ira à la (**11**) _____. Ils iront au (**12**) _____ où ils mangeront beaucoup de (**13**) _____ et de crustacés. Ils iront aussi dans les crêperies, naturellement, les enfants adorent les (**14**) _____. Claude goûtera au (**15**) _____ breton. Ils verront probablement des calvaires*, des dolmens et des menhirs. Colette espère bien voir une fête folklorique, surtout pour les (**16**) _____ et les coiffes* de dentelle. Malheureusement, Liliane a horreur du biniou!

*un calvaire *a roadside cross* (here); une coiffe *a headdress*

lecture

A La bicyclette gourmande

You want to go to France for a short break with some friends. You have found this advertisement about a special break in Alsace. Explain to your friends what it is all about.

ALSACE
GOURMETS EN SELLE

La Bicyclette Gourmande

Le nom est alléchant; l'idée, originale. La Bicyclette gourmande est une balade. Pas n'importe laquelle. Une balade qui flirte avec l'air du bon vieux temps pour partir à la découverte du vignoble alsacien et de sa gastronomie. Vous trouverez le réconfort auprès d'un dîner gastronomique et d'une dégustation de vin, avant de rejoindre le confort douillet d'un hôtel ***. On s'occupe des bagages! Formule à la carte incluant également la location des bicyclettes et l'accompagnement d'un guide. À partir de 580 € par personne pour deux jours et demi sur la base de quatre personnes.

Renseignements : 53, rue de Pfaffenhein, 68420 Gueberschwihr. Tél.: 03 89 49 28 67.

B L'Hôtel l'Anse Colas

You have decided to go on a relaxing holiday to the island of Martinique. Tell a friend why you think this hotel is ideal.

☎0596.61.28.18   HOTEL   Fax: 0596.61.04.78

L'ANSE COLAS

L'Hôtel-Restaurant "L'Anse Colas" est situé à 5 minutes du centre de Fort-de-France. Une équipe accueillante et dynamique vous fera passer un séjour agréable dans un lieu paradisiaque. Une grande piscine au centre d'un jardin tropical aménagé favorisera la détente, tout comme les 43 chambres climatisées dotées du téléphone, de la télévision et d'une grande terrasse, avec une vue imprenable sur la mer et la piscine. L'ambiance du bar fera aussi la joie des visiteurs. Les fines bouches pourront apprécier la cuisine créole et française du chef, avec notamment les cailles farcies de langouste, le boudin brioché et l'andouillette de daurade à la moutarde et au bois d'inde.*   L'Anse Colas dispose d'un bateau de 18 mètres pour les croisières d'une journée.

OUVERT TOUS LES JOURS
SERVICE RESTAURANT

12h30 à 14h00 et de 19h30 à 22h00

Route du Petit Tamarin – 97233 Schœlcher

* bois d'inde ou piment de la Jamaïque = *pepper of Jamaica* (highly-flavoured spice)

1 Somebody is describing their daily routine. Help them say what happened yesterday.

'D'habitude, je me réveille à sept heures et je me lève cinq minutes plus tard. Je prends mon petit déjeuner, puis je me lave et je m'habille. Je vais au travail en bus. Le midi, je mange un sandwich au café du coin avec des collègues. Je quitte le bureau à six heures, mais je ne rentre pas directement à la maison. Je vais au supermarché et j'achète à manger pour le dîner. Le soir, je ne sors pas, je reste à la maison. Après avoir fait la vaisselle, je lis le journal et je regarde la télévision. Je me couche vers onze heures. Je prends un bain avant de me coucher.'

Exemple: Hier, je me suis réveillé(e) à sept heures . . .

2 Put the verbs in brackets in the correct tense.

Dimanche dernier, Paul et Paulette (**aller**) au bord de la mer. Ils (**se réveiller**) de bonne heure et (**se lever**) tout de suite. Ils (**monter**) dans le train à 8 heures. Pendant le voyage, Paulette (**lire**) un magazine et Paul (**s'endormir**). Il (**se réveiller**) cinq minutes avant d'arriver. Ils (**descendre**) du train et (**aller**) prendre un café au buffet de la gare. Tout à coup, il (**se mettre**) à pleuvoir. Finalement, ils (**reprendre**) le train et (**rentrer**) à la maison.

3 Read the following classified ads (Situations Wanted and Vacant) and give details of each job.

❋ PETITES ANNONCES ❋

Demandes d'emploi

a
Jardinier sérieux, cherche emploi (entretien jardins, taille arbres, création, remise en état, etc). Grasse ou environs. Tél. 04.93.55.81.28 Grasse après 19h.

c
Jeune serveur, Anglais (19 ans, parlant français), cherche emploi dans un pub, bar, café, discothèque à Cannes ou environs, de mai à août.

J. Smith, 52 rue de Rennes, Paris.

b
Équipe de maçons libres cherchent emploi construction villa, piscine, clôture, carrelage, agrandissement, rénovation, peinture, papiers peints, etc.
Tél. 04.93.61.20.32, Nice.

d
Dame 60 ans, motorisée, demande emploi compagnie personne âgée, ménage, repassage, cuisine, etc. Tél. 02.37.32.51.46.

e Cherche cuisinier, bon saucier, connaissant pâtisserie, référence, sérieux, bon salaire.

Écrire Pubemploi Nice 66205.

4   Fifteen factual errors have cropped up in the narration of this picture story. Find them and correct them.

Par un beau matin ensoleillé, Paul et Angélique ont décidé d'aller faire un petit tour en voiture. Ils sont arrivés vers neuf heures du matin. Une heure plus tôt, la moto est tombée en panne. Paul a essayé de la casser. Tout à coup, il a commencé à neiger. Angélique était contente et ils se sont embrassés. Paul n'a pas voulu réparer la moto et finalement, ils ont refusé d'aller chercher de l'aide. Ils ont dansé longtemps à travers champs. Ils ont même pris une petite rivière. Enfin, ils sont arrivés dans une grande ville industrielle. Ils se sont tout de suite réveillés au garage où ils ont perdu un mécanicien très sympa. Ensuite, ils ont volé un croque-monsieur et ils ont vu une bière au café du village.

5   Conjuguez les verbes au futur pour compléter la conversation.

–   Où vos enfants (**1** aller)-ils en vacances l'été prochain?

–   Toute la famille (**2** passer) les vacances en Bretagne.

–   Ils (**3** descendre) à l'hôtel?

–   Non c'est trop cher, ils (**4** faire) du camping.

–   Votre petite Mireille, qu'est-ce qu'elle (**5** faire)?

–   Elle (**6** se baigner), elle (**7** jouer) au tennis et elle (**8** essayer) de faire du cheval.

–   Et les garçons?

–   Ils (**9** jouer) au ballon et ils (**10** faire) de la voile.

–   Et Jules et Solange?

–   Solange (**11** prendre) des bains de soleil et Jules (**12** aller) à la pêche. Ils (**13** se reposer)!

–   Qu'est-ce qu'ils (**14** voir) de typique en Bretagne?

–   Des mégalithes et des calvaires, et Mireille (**15** admirer) sans doute les coiffes et les costumes régionaux.

–   Ils (**16** goûter) aux spécialités gastronomiques de la région, je suppose.

–   Bien sûr! Et ils (**17** boire) du cidre Breton.

–   Vous pensez que les enfants vous (**18** manquer)?

–   Beaucoup, mais j'espère bien qu'ils (**19** avoir) le temps d'écrire et qu'ils nous (**20** envoyer) des cartes postales.

6   Lucien Cousin's daughter, Annette, is being asked about her future. Her answers have been mixed up. Link them correctly to the questions.

a   Qu'est-ce que tu veux faire plus tard?

b   Est-ce que tu reviendras à la Martinique après tes études?

c   As-tu l'intention de te marier?

d   Tu veux avoir des enfants?

e   Où est-ce que tu passeras tes vacances?

(i)   Je ne sais pas encore, mais si j'en ai, je m'arrêterai de travailler.

(ii)   Oui, il fait trop froid pour moi en France. J'habiterai à Fort-de-France.

(iii)   Je veux voir le monde, alors tous les ans, j'irai dans un pays différent.

(iv)   Quand je serai grande, j'irai à Paris pour étudier la médecine, comme mon père.

(v)   Ou je me marierai avec un homme riche, ou je resterai célibataire.

7   Re-using exercise 1, help the person to say what he / she will do tomorrow.

Exemple: Demain je me réveillerai à sept heures . . .

Dixième unité

la météo

Voici les prévisions météorologiques pour la journée du 18 avril.

Aujourd'hui en France

L'ensemble du pays restera sous l'influence d'un temps instable et frais, avec de nombreux passages nuageux accompagnés d'averses, surtout dans la matinée.

Les températures seront encore très basses au lever du jour dans les régions montagneuses. Gelée blanche et risques de verglas en altitude.

Les brouillards matinaux dans le nord du pays se dissiperont mais le temps restera gris et froid pour la saison toute la journée.

Le temps sera variable et très nuageux sur la Bretagne et la Normandie avec de fortes rafales de vents et de la pluie.

Sur les autres régions le temps restera capricieux, les éclaircies devenant belles l'après-midi sur la côte Atlantique, des Pays de la Loire au Pays Basque, mais le ciel restera couvert dans le centre et dans l'est, avec quelques passages pluvieux.

Les régions des Pyrénées aux Alpes jouiront d'un beau temps ensoleillé.

Alerte orange en Corse où de violents orages et des pluies abondantes pourront provoquer des inondations.

Il fera plutôt frais et les températures resteront inférieures aux moyennes saisonnières, sauf dans le Midi où les conditions deviendront estivales l'après-midi.

QU'EST-CE QUE ÇA VEUT DIRE?

nuageux	*cloudy*	jouir (de)	*to enjoy*
une averse	*a shower*	pluvieux	*rainy, wet*
la gelée (blanche)	*(hoar)frost*	ensoleillé	*sunny*
		alerte orange	*severe weather warning*
le verglas	*black ice*		
se dissiper	*to clear*	une inondation	*a flood*
une rafale de vent	*a gust of wind*	estival	*summery*
		un orage	*a storm*
une éclaircie	*a clear period*	la moyenne saisonnière	*the seasonal average*
couvert	*overcast*		

avez-vous compris?

Répondez en français.

1 Les prévisions sont-elles bonnes pour la majorité des régions françaises?

2 Pourquoi les routes seront-elles dangereuses en montagne tôt le matin?

3 Qu'est-ce qui rendra les routes dangereuses dans le Nord du pays?

4 Y aura-t-il beaucoup de nuages sur la côte atlantique l'après-midi?

5 Le vent sera-t-il violent dans le Nord-Ouest?

6 Quel temps fera-t-il dans le Midi?

7 Fera-t-il beau en Corse?

8 Les températures seront-elles normales pour la saison?

à vous!

1   Divisez le vocabulaire ci-dessous en deux catégories.

éclaircie	gris	soleil	pluvieux	orage	vent
beau	brouillard	froid	ensoleillé	verglas	
éclair	brise	nuageux	neige	rafale	clair
se dissiper	tempête	estival	gelée	variable	
doux	couvert	bleu	averse	alerte orange	

Beau temps	Mauvais temps

2   Complétez l'article sur la météo de demain en France en utilisant les cartes ci-dessous.

Les dernières (**1**) _____ nous quitteront par l'Alsace, mais le temps restera variable et (**2**) _____ sur le quart nord-est jusqu'à la Normandie où les (**3**) _____ persisteront, surtout en début de (**4**) _____. Le (**5**) _____ se couvrira sur les Pyrénées et les Alpes et les premières (**6**) _____ à caractère orageux éclateront. Le vent soufflera en fortes (**7**) _____ sur la côte méditerranéenne où les nuages risquent d'être assez nombreux. Partout ailleurs, après dissipation des (**8**) _____ matinaux, le (**9**) _____ brillera.

L'après-midi, les (**10**) _____ tourneront à l'ouest sur la côte atlantique et les températures seront en baisse par rapport aux (**11**) _____ saisonnières. Des (**12**) _____ violents accompagnés de fortes pluies persisteront sur les massifs montagneux avec des risques d'(**13**) _____. Les nuages se dissiperont dans le Midi faisant place à un temps plus sec et (**14**) _____ tandis que le nord du pays bénéficiera de belles (**15**) _____.

Chantal va refaire les peintures

Anne et Michelle sont en train de parler de leur amie Chantal.

Anne Dis-donc, tu as des nouvelles de Chantal, toi? Moi, ça fait bien longtemps que je ne l'ai pas vue.

Michelle Je l'ai rencontrée mardi dernier. Mais tu sais, elle a décidé de refaire les peintures.

Anne Ah oui, c'est vrai. Elle a déménagé il y a deux ou trois mois, n'est-ce pas? Tu as vu le nouvel appartement?

Michelle Non, pas encore. J'irai quand il sera refait.

Anne Laurent va l'aider, j'espère!

Michelle Bien sûr! Elle compte sur lui! Il lui a déjà prêté son escabeau, et samedi il achètera tout ce qu'il faut – des pinceaux, un rouleau, de la colle . . .

Anne De la peinture aussi?

Michelle Chantal a déjà choisi la peinture et le papier peint. Du papier à rayures pour la salle de séjour, et du papier à fleurs pour sa chambre. Elle m'a montré des échantillons.

Anne Et quand commenceront-ils?

Michelle Samedi après-midi. Tu sais bien que c'est le week-end de la Pentecôte.

Anne C'est vrai, c'est un long week-end. Ils auront plus de temps.

Michelle D'abord, ils mettront des journaux par terre, pour protéger la moquette et ils laveront le plafond et les murs. Naturellement, ils peindront le plafond avant de coller le papier.

Anne Je suppose qu'elle devra changer de rideaux aussi?

Michelle Ah oui. Elle achètera du tissu pour faire des rideaux et des coussins assortis aux papiers peints.

Anne Espérons que Chantal n'aura plus envie de déménager!

Michelle Oh, si Chantal et Laurent décident de se marier, ils iront probablement dans une autre maison, où il faudra tout refaire, une fois de plus! C'est la vie!

QU'EST-CE QUE ÇA VEUT DIRE?

refaire les peintures	*to (re)decorate*	par terre	*on the ground / floor*
un escabeau	*a step-ladder*	la moquette	*the fitted carpet*
un pinceau	*a paintbrush*	le plafond	*the ceiling*
un rouleau	*a roller*	le mur	*the wall*
la colle	*glue, paste*	peindre	*to paint*
la peinture	*paint*	le rideau	*curtain*
le papier peint	*wallpaper*	assorti(e) à	*matching, going well with*
un échantillon	*a sample*	un coussin	*a cushion*
la Pentecôte	*Pentecost, Whitsun*		

avez-vous compris?

Répondez en français.

1 Qu'a fait Chantal il y a quelques mois?

2 Va-t-elle refaire les peintures toute seule?

3 Qu'est-ce que Laurent achètera?

4 Quelle sorte de papier peint a-t-elle choisie pour le séjour / sa chambre?

5 Quand Laurent et Chantal commenceront-ils?

6 Que feront-ils d'abord?

7 Est-ce qu'ils peindront le plafond après avoir collé le papier peint?

8 Qu'est-ce que Chantal devra changer?

9 Que feront probablement Laurent et Chantal, s'ils décident de se marier?

à vous!

Qu'est-ce que c'est? Écrivez à quoi correspondent les numéros.

1 _____	3 _____	5 _____	7 _____	9 _____
2 _____	4 _____	6 _____	8 _____	10 _____

vive le bricolage!

Chantal a besoin d'une étagère dans sa cuisine pour y mettre ses livres de recettes. Espérant faire des économies, elle décide de la fabriquer elle-même. Elle trouve un site de bricolage sur le Net.

| Accueil | Nos produits | Conseils | Communiquer | Magasins |

Recherche
Votre produit   **OK**

Mon e-mail

••••••••

► S'inscrire
► Mot de passe

Voir votre panier

Bienvenue sur notre site

Votre cadeau
Le lot de 3 truelles ou 1 clé mixte
à partir de 110 € d'achat

En promo ce mois-ci

Tondeuse électrique   ~~502,30€~~ 425, 50 €

Brouette de jardin 80 litres ~~32,50~~ € 29,80 €

Râteau ~~17,50~~ € 15,20 €

Échelle double en aluminium ~~190,90~~ € 150,75 €

Tous nos produits

1 Chauffage

2 Créativité

3 Décoration

4 Électricité

5 Jardin

6 Electronique et antennes

7 Luminaire

8 Maçonnerie

9 Menuiserie

10 Plomberie

11 Quincaillerie

12 Atelier Auto

avez-vous compris?

Reliez les liens français de la page 'Accueil' avec les équivalents anglais ci-dessous.

A Plumbing, **B** Garden, **C** Masonry, **D** Ironmongers / Hardware, **E** Carpentry, **F** Art and Crafts, **G** Heating, **H** Lighting, **I** Electrical, **J** Decorating, **K** Car workshop, **L** Electronics and aerials.

à vous!

Sur quels liens doit-on cliquer pour sélectionner les choses suivantes?

1 Créer sa pelouse.

2 Avoir des légumes tout l'hiver.

3 Installer une machine à laver.

4 Peindre murs et plafonds.

5 Poser une douche.

6 Bien éclairer sa maison.

7 Motoriser une porte de garage.

8 Créer une boîte cœur pour les jours de fête.

9 Poser du parquet.

10 Bien vous chauffer sans vous embêter.

11 Faire du scrapbooking ou la mise en scène de vos photos.

12 Poser du papier peint.

13 Poser du carrelage.

14 Renforcer la sécurité d'une porte.

15 Installer un coffre de sécurité.

16 Choisir une piscine.

17 Poser une fenêtre.

18 Rénover les lavabos et les baignoires.

vive le bricolage! (suite et fin)

Chantal a cliqué sur le lien 'Menuiserie pour débutants – Comment faire une étagère'.

En lisant la page web, Chantal se rend compte qu'elle aura besoin de quelques outils supplémentaires. 'Un manteau, une perceuse électrique, un tourne-vis, des chevilles, j'en ai' se dit-elle, 'mais je n'ai pas de scie, je n'ai pas de mètre, ni de rabot pour aplanir le bois. Sachant que son père, qui est bricoleur, a beaucoup d'outils dans son garage, elle lui téléphone. Pas de réponse. Elle retourne à son ordinateur. Voyant que les explications de fabrication deviennent de plus en plus compliquées, elle se décourage. Que faire? Tout à coup, elle a une idée. Retournant à la page d'accueil, elle clique sur le lien 'Meubles en kit à monter en 5 minutes' et y trouve une jolie petite étagère en bois de hêtre à un prix très raisonnable. N'ayant pas sa carte de crédit à portée de la main, elle va vite chercher son portefeuille, puis elle passe sa commande en ligne sans plus attendre.

QU'EST-CE QUE ÇA VEUT DIRE?

en lisant	*while reading*	un mètre	*(metal) ruler*
se rendre compte	*to realise*	un rabot	*plane*
un marteau	*hammer*	aplanir, raboter	*to plane*
un outil	*tool*	sachant (← savoir)	*knowing*
une perceuse	*drill*	voyant (← voir)	*seeing*
un tourne-vis	*screwdriver*	retournant (← retourner)	*returning*
une vis	*screw*	le hêtre	*beech*
des chevilles (f)	*rawl plugs*	n'ayant pas (← avoir)	*not having*
une scie	*saw*	à portée de la main	*within reach, on hand*

avez-vous compris?

1 Qu'est-ce que Chantal veut mettre dans sa cuisine?

2 Qu'est-ce qu'elle rangera dessus?

3 Pourquoi veut-elle la faire elle-même?

4 A votre avis, de quoi Chantal aura-t-elle besoin pour la fabriquer?

5 Qui possède les outils qui lui manquent?

6 Quels sont ces outils?

7 Qu'est-ce que Chantal décide de faire au lieu de faire le meuble elle-même?

8 Donnez deux raisons pour lesquelles Chantal est satisfaite de sa décision.

à vous!

Complétez l'histoire d'un cambriolage en utilisant le participe présent.
(Refer to 'un peu de grammaire' before you start.)

(**1**) _____(porter) un bas sur la tête, le cambrioleur est entré dans la maison. (**2**) _____(entendre) un bruit anormal, Madame Laval a réveillé son mari. (**3**) _____(tenir) chacun une brosse à cheveux à la main, le couple est descendu au rez-de-chaussée en (**4**) _____(trembler).

(**5**) _____(sortir) un revolver de sa poche, le cambrioleur leur a dit de lever les bras. (**6**) _____(savoir) qu'ils n'avaient pas le choix, les Laval ont obéi.

(**7**) _____ (avoir) pris tous les bijoux de Madame Laval ainsi que l'ordinateur portable, le cambrioleur est parti en (**8**) _____ (courir).

jeu de rôles

Travaillez avec un / une partenaire. D'abord remplissez votre agenda pour la semaine prochaine.

Puis demandez à votre partenaire ce qu'il / qu'elle fera pendant la semaine.

Exemple: Qu'est-ce que vous ferez après-demain? Sortirez-vous mardi soir?

Finalement, répondez aux questions de votre partenaire, et vice versa.

UN PEU DE GRAMMAIRE

Si et quand	**If and *when***
Compare:	
S'il fait beau demain, je sortirai.	*If it is fine tomorrow, I'll go out*
Quand il fera beau, j'irai au bord de la mer.	*When it is fine, (lit. when it will be fine), I'll go to the seaside.*

In a future context, the future tense must be used after **quand, dès que, aussitôt que** (*as soon as*) etc.

Le participe présent	**The present participle**

The present participle ends in **-ant** in French, and is often used when two actions are happening simultaneously.

ayant / étant / voyant	*having / being / seeing*
en regardant la télévision . . .	*while watching the television . . .*

▶ **Grammaire** 12(c), 14

EXERCICES

A   Utilisez les verbes ci-dessous pour compléter la lettre de Monique.

préféreront   joueront   auront   louerons   partirons

fera   amuserons   descendrons   irons   passerons

verrons   arriverons   prendrons   achèteront

Poitiers, le 4 mai

Chère Marie-Claire,
Enfin, c'est décidé, et j'en suis bien contente! Nous [1] _____ au Maroc cette année! Nous ne [2] _____ pas l'avion cette fois, car Jean-Luc a peur, et en plus il a le mal de l'air. Les enfants [3] _____ aussi prendre le bateau.
Après avoir passé trois jours à bord du ferry, nous [4] _____ à Casablanca. Ensuite, nous [5] _____ une voiture, et nous [6] _____ pour Agadir. Nous [7] _____ à l'hôtel, et nous y [8] _____ une semaine pour nous détendre un peu. Jean-Luc [9] _____ de la voile, et les enfants [10] _____ au ballon et aux boules sur la plage. Naturellement nous nous [11] _____ bien! Pendant nos vacances nous [12] _____ plusieurs monuments historiques, surtout à Fès et à Marrakech. Je suis sûre que les filles [13] _____ envie d'aller dans les célèbres marchés, où elles [14] _____ sans doute toutes sortes de bracelets et de boucles d'oreilles en argent!
En espérant te lire prochainement.

Ton amie,

Monique

B   Complétez la conversation entre deux voisins.

Georges   Dites-donc, Brice, vous partez en week-end?

Brice   (**1** *Say no, you'll be staying at home and redecorating.*)

Georges   Vous n'avez pas de chance! Selon la météo il fera beau samedi! Vous avez besoin de quelque chose?

Brice   (**2** *Say no, your wife will buy paint brushes, paste and a roller.*)

Georges   Et la peinture? J'en ai dans le garage.

Brice   (**3** *Thank him and say she has already chosen the paint and the wallpaper.*)

Georges   Alors, c'est sérieux! Les enfants vous aideront peut-être?

Brice	(**4** *Say no, unfortunately, Jacques and Patricia will be sailing, and Sylviane will be going out with her boyfriend.*)
Georges	Mais votre femme sera là. Vous pourrez compter sur elle!
Brices	(**5** *Say of course, she will wash the walls and the ceiling.*)
Georges	Vous avez de la chance! Et vous?
Brice	(**6** *Say you'll paint the ceiling and put up the wallpaper.*)
Georges	Et vous aurez fini à la fin du week-end?
Brice	(**7** *Say you hope so!*)

C

Trouvez les activités idéales pour les personnes ci-dessous. Ajoutez vos propres idées.

Exemple: Marc fera de la voile, il fera aussi du jogging et il jouera au badminton.

Arlette: grand-mère, veuve, bavarde, 74 ans, souffre d'arthrite.
Marc: sportif, célibataire, 25 ans.
Jeanne: musicienne, mariée, élégante, 33 ans.
Julien: 10 ans, timide, souffre de crises d'asthme.
Jean-Paul: 51 ans, au régime, a besoin d'exercice.

- jouer au squash / au badminton / au basket / au golf / au tennis / aux boules / aux cartes / aux échecs / d'un instrument de musique (du violon, du piano, de la clarinette, de la guitare, etc.)
- faire du yoga / du karaté / du jogging / de l'aérobic / de la natation / de la musculation / de l'équitation / de la voile / une promenade
- aller au concert / au théâtre / au stade / au cinéma / au restaurant
- faire les courses / le ménage / du jardinage / du bricolage
- lire / écouter de la musique / regarder la télévision / téléphoner à un(e) ami(e) / tricoter / faire de la couture / inviter des amis / sortir avec des copains et des copines

D

Reliez les phrases. A votre avis, quelle situation est la pire?

1 Ne voyant pas bien clair ce matin . . .

2 C'est en tapant sur la mauvaise touche de l'ordinateur . . .

3 Ayant oublié son code confidentiel . . .

4 En se retournant . . .

5 N'ayant pas mis assez d'eau dans la casserole . . .

6 En posant le papier peint . . .

7 En montant sur l'escabeau . . .

8 En jouant au golf dans le salon . . .

A il a collé le journal au mur.

B elle a perdu l'équilibre et elle est tombée par terre.

C elle a cassé un vase Ming inestimable.

D il a mis une chaussette noire et une chaussette bleu marine.

E qu'il a perdu un fichier très important.

F il a renversé son verre de vin rouge sur le tapis.

G elle a brûlé les pommes de terre.

H il n'a pas pu retirer d'argent au distributeur de billets.

E Complétez les phrases.

S'il (**1** pleuvoir) demain, on (**2** prendre) chacun un parapluie.
Quand nous (**3** sortir) cet après-midi, nous (**4** mettre) un imper.
Quand il (**5** être) à l'hôtel, il (**6** dîner) tous les soirs au restaurant.
Si elle m'(**7** offrir) un cadeau d'anniversaire, je lui (**8** envoyer) une carte pour la remercier.
Je (**9** commander) l'apéritif dès que j'(**10** arriver) au restaurant.
Quand ils (**11** aller) en vacances, ils (**12** descendre) à l'hôtel.

F Écrivez à un ami / une amie en France pour lui raconter vos projets de vacances et lui demander les siens, **ou** invitez un(e) ami(e) / des amis à passer quelque temps chez vous pour la première fois. Proposez des excursions, des distractions, etc.

écoutez bien!

Première partie: la météo

1 Why are the holidaymakers unlucky?
2 Where will the heaviest showers take place?
3 Where might there be snow?
4 What will the weather be like in Normandy?
5 What direction is the wind coming from?
6 Why will holidaymakers be luckier towards the end of the week?
7 Where will the clear periods be?
8 What will the weather be like in the South of France?
9 What will the highest5 temperatures be in the northern half of the country?
10 What will they be in the southern half?

Deuxième partie: les vacances

First listen to a woman, then a young woman, and finally a man, and tick which person will be doing which activity during their holiday.

Activités	Femme	Jeune fille	Homme
1 se baignera			
2 lira le journal			
3 visitera les villes historiques			
4 fera de la voile			
5 fera de la plongée sous-marine			
6 ira au café			
7 bavardera avec des amis			
8 fera des randonnées à cheval			
9 verra les monuments et la tapisserie à Bayeux			
10 jouera aux cartes			

Now listen to the interviews again and give more details about each person's holiday.

lecture

Read the following two poems carefully. The first is by Victor Hugo (1802–1885), written four years after his daughter Léopoldine's death by drowning. It describes Hugo's visit to his daughter's grave. The second, by Charles Baudelaire (1821–1867), forms part of a group entitled *La Mort* in the collection *Les Fleurs du Mal*. It gives an imaginary idealised account of the death of two lovers, burning out their final passion until dusk.

Demain, dès l'aube

Demain, dès l'aube*, à l'heure où blanchit la campagne,
Je partirai. Vois-tu, je sais que tu m'attends.
J'irai par la forêt, j'irai par la montagne.
Je ne puis demeurer loin de toi plus longtemps.

Je marcherai les yeux fixés sur mes pensées,
Sans rien voir au dehors, sans entendre aucun bruit,
Seul, inconnu, le dos courbé, les mains croisées,
Triste, et le jour pour moi sera comme la nuit.

Je ne regarderai ni l'or du soir qui tombe,
Ni les voiles au loin descendant vers Harfleur,
Et quand j'arriverai, je mettrai sur ta tombe
Un bouquet de houx* vert et de bruyère* en fleur.

* l'aube *dawn*, le houx *holly*, la bruyère *heather*

La Mort Des Amants

Nous aurons des lits pleins d'odeurs légères,
Des divans profonds comme des tombeaux,
Et d'étranges fleurs sur des étagères,
Écloses* pour nous sous des cieux plus beaux.

Usant à l'envi* leurs chaleurs dernières,
Nos deux cœurs seront deux vastes flambeaux,*
Qui réfléchiront leurs doubles lumières
Dans nos deux esprits, ces miroirs jumeaux.

Un soir fait de rose et de bleu mystique,
Nous échangerons un éclair* unique,
Comme un long sanglot, tout chargé d'adieux;

Et plus tard un Ange, entr'ouvrant les portes,
Viendra ranimer, fidèle et joyeux,
Les miroirs ternis et les flammes mortes.

* écloses *budding, opening,* à l'envi *competing (with),* flambeaux *flaming torches,*
un éclair *a flash of light(ning),* un sanglot *a sob,* ternis *tarnished*

1 To whom is each poem addressed?

2 How do we know that Hugo's journey takes place in the space of a day?

3 In what way does Hugo deliberately cut himself off from the world?

4 What is Baudelaire probably referring to in the line beginning **un soir fait de rose** . . .?

5 Find references to heat and light in the Baudelaire poem.

6 Identify words in both poems that indicate the future.

7 Find colours mentioned in the poems.

8 Which phrases in the Hugo poem suggest that the poet believes his daughter's spirit is with him ?

9 In which part of the poem does Baudelaire suggest the lovers will have a new life?

deux hommes d'affaires se rencontrent

Monsieur Lachance, P-DG de CHECK, une société de systèmes de sécurité, rencontre son ami Monsieur Déveine.

Lachance	Alors, mon cher Déveine, ça va?
Déveine	Pas trop mal en ce moment. Vous savez que j'étais au chômage, mais je viens de retrouver du travail.
Lachance	C'est une bonne nouvelle, ça!
Déveine	Ah, oui. Ma femme est ravie et ma belle-mère me fiche la paix!
Lachance	Qu'est-ce que vous faites maintenant?
Déveine	Je suis représentant. C'est assez bien rémunéré avec les commissions.
Lachance	Vous avez une voiture de service, alors?
Déveine	Oui, mais c'est seulement une voiture d'occasion. Et j'ai cinq semaines de vacances par an.
Lachance	Moi, je n'ai pas pris de vacances cette année. Ma femme est partie seule avec les enfants. Pour quelle sorte de société travaillez-vous maintenant?
Déveine	Nous vendons des fournitures de bureau.
Lachance	Il faudra venir nous voir! Nous sommes en train de moderniser nos bureaux.
Déveine	Nous livrons rapidement et je pourrai vous faire une remise avantageuse si vous nous passez une commande importante.
Lachance	Quand pouvez-vous venir me voir? Demain?
Déveine	Je ne suis pas libre cette semaine, mais la semaine prochaine, je suis libre mardi matin.
Lachance	Parfait! En attendant, envoyez-moi un catalogue.
Déveine	Aucun problème. Et je vous apporterai des échantillons mardi.

QU'EST-CE QUE ÇA VEUT DIRE?

un P-DG (Président-Directeur Général)	*a managing director*
une société	*a company*
être au chômage	*to be unemployed*
ravi(e)	*delighted*
me fiche la paix	*leaves me in peace*
une voiture de service	*a company car*
d'occasion	*second-hand*
les fournitures (f.) de bureau	*office equipment*
il faudra	*you will have to*
être en train (de)	*to be in the process (of)*
livrer	*to deliver*
une remise	*a discount*
une commande	*an order*

avez-vous compris?

Répondez en français.

1 Pourquoi M. Déveine est-il content maintenant?

2 Quel est son métier?

3 Quels sont les avantages de ce nouvel emploi?

4 Pour quelle sorte de société travaille-t-il?

5 Est-ce que M. Lachance est parti en vacances avec sa femme cette année?

6 Pourquoi a-t-il besoin de nouvelles fournitures de bureau?

7 Quels seront les avantages pour sa société s'il passe une commande à son ami Déveine?

8 Quand les deux hommes vont-ils se revoir?

deux hommes d'affaires se rencontrent

(suite et fin)

Déveine	Alors, si je comprends bien, les affaires vont toujours aussi bien?
Lachance	De mieux en mieux. Avec l'augmentation du nombre de cambriolages, nous sommes vraiment populaires!
Déveine	Ah! Le malheur des uns fait le bonheur des autres!
Lachance	C'est vrai, mais le succès ne vient pas tout seul. Je travaille trop et ma femme n'arrête pas de me répéter que l'argent ne fait pas le bonheur.
Déveine	Vous vous absentez souvent?
Lachance	Je commence tôt le matin, je finis tard le soir et je suis souvent en déplacement.
Déveine	Ah oui, vous avez des succursales à l'étranger.
Lachance	Pour l'instant, en Grande-Bretagne et en Allemagne. Et nous avons des projets pour nous établir en Espagne.
Déveine	Vous parlez l'espagnol?
Lachance	Malheureusement, non. Je me débrouille en anglais et j'ai quelques notions d'allemand, mais je ne parle pas un mot d'espagnol. C'est d'ailleurs pourquoi nous essayons de recruter une autre secrétaire bilingue. Regardez, nous venons de passer une annonce dans le journal. Et tenez, voilà notre nouvel encart publicitaire. Qu'est-ce que vous en pensez?

QU'EST-CE QUE ÇA VEUT DIRE?

de mieux en mieux	*better and better*
un cambriolage	*a break-in*
être en déplacement	*to be away / on a business trip*
le malheur	*unhappiness, misfortune*
une succursale	*a branch*
s'établir	*to set up*
se débrouiller	*to manage*
des notions (f.)	*a smattering, some knowledge*
d'ailleurs	*in fact* (here)
tenez!	*here you are! / look!*
un encart publicitaire	*an advert in a paper or magazine*

avez-vous compris?

Qui est-ce? M. Lachance, M. Déveine ou les deux?

1 Il parle un peu l'allemand.

2 Il va souvent à l'étranger.

3 Il n'a pas une voiture neuve.

4 Il voyage beaucoup pour son travail.

5 Il cherche une autre secrétaire.

6 Ses affaires sont prospères.

7 Il a cinq semaines de vacances par an.

8 Sa société va s'établir en Espagne.

9 Sa femme n'est pas satisfaite.

10 Sa femme est très contente.

11 Il est homme d'affaires.

12 Il a rendez-vous mardi prochain.

13 Sa société livre rapidement.

14 Sa société a des succursales à l'étranger.

15 Il va envoyer un catalogue.

à vous!

Imaginez que vous travaillez dans une succursale britannique de CHECK. Vous avez reçu un dossier des employés de Boulogne-Billancourt. Expliquez qui est qui à vos collègues. Vous pouvez aussi décrire les personnes dont vous avez les photos.

1 Managing Director:

2 Personal Assistant:

3 Chief accountant:

4 Commercial Manager:

5 Advertising Manager:

6 Marketing Manager:

7 Sales Manager:

8 Purchasing Manager:

9 Human Resources:

10 Reps:

11 Secretaries:

12 Computer operator:

13 Receptionist:

14 Switchboard operator:

Mlle Abadi – Représentante
Mlle Amandin – Directrice de la Publicité
M. Balland – Directeur commercial
M. Blanchet – Chef Comptable
Mme Chevrinais – Directrice des Ressources Humaines
Mlle Flon – Standardiste
Mme Jolivel – Chef des Achats

Mme Lacroix

Mlle Nicot

M. Stavalen

M. Lachance – P-DG
Mme Lacroix – Hôtesse d'accueil
Mme Manès – Secrétaire de direction
M. Masset – Chef des Ventes

Mlle Nicot – Opératrice informatique
Mlle Paynot – Secrétaire trilingue (français,
allemand, anglais)
M. Pinot – Directeur du Marketing
Mme Rieux – Secrétaire
M. Stavalen – Représentant
Mme Viard – Secrétaire bilingue (français, anglais)

Mlle Abadi

Mme Chevrinais

au bureau

Mme Manès, la secrétaire de M. Lachance, téléphone à ELECSYS, une entreprise de systèmes électroniques.

La standardiste	Allô! ELECSYS, j'écoute.
Mme Manès	Allô! Je voudrais le poste 174, s'il vous plaît.
La standardiste	Oui, ne quittez pas, je vous prie.
Une femme	Allô!
Mme Manès	Bonjour madame, pouvez-vous me passer Monsieur Durant, s'il vous plaît?
La femme	C'est de la part de qui?

Mme Manès	Madame Manès. Je suis la secrétaire de direction de CHECK.
Femme	Ne quittez pas, je vous le passe.
M. Durant	Allô!
Mme Manès	Allô, Monsieur Durant, bonjour. C'est Madame Manès à l'appareil. Je vous téléphone de la part de Monsieur Lachance. Il voudrait prendre rendez-vous pour vous voir le plus tôt possible.
M. Durant	Au début de la semaine prochaine, ça ira?
Mme Manès	Oui, sauf mardi.
M. Durant	Moi, je suis libre mercredi.
Mme Manès	Pas de problème. À onze heures, ça vous convient?
M. Durant	Parfait. Comme ça, nous pourrons déjeuner ensemble.

QU'EST-CE QUE ÇA VEUT DIRE?

une entreprise	*a firm, business*
le poste 174	*extension 174*
Ne quittez pas!	*Hold the line!*
je vous prie	*please*
de la part (de)	*on behalf (of)*
C'est de la part de qui?	*Who is calling?*
Je vous le / la passe.	*I am putting you through (to him / her).*
C'est M . . . à l'appareil	*It's M . . . speaking*
prendre rendez-vous	*to make an appointment*
Ça ira?	*Will that be OK?*
Ça vous convient?	*Does that suit you?*

avez-vous compris?

Complétez.

Madame Manès est la (**1**) _____ de CHECK. Elle téléphone à une (**2**) _____ de systèmes électroniques qui (**3**) _____ ELECSYS. Elle demande le (**4**) _____. Elle veut parler à (**5**) _____ pour prendre (**6**) _____ pour son patron qui veut voir Monsieur Durant (**7**) _____. La (**8**) _____ prochaine, Monsieur Lachance n'est pas (**9**) _____ le mardi. Madame Manès et Monsieur Durant se mettent d'accord sur (**10**) _____ à (**11**) _____. Ça (**12**) _____ parfaitement à Monsieur Durant.

au bureau (suite)

Monsieur Déveine, le représentant, a moins de chance avec ses coups de téléphone.

La standardiste	Allô! Société Dubreuil!
M. Déveine	Allô! Pourrais-je parler à Mlle Janet, s'il vous plaît?
La standardiste	Dans quel service travaille-t-elle?
M. Déveine	Au service de la comptabilité.
La standardiste	C'est de la part de qui?
M. Déveine	Monsieur Déveine. Je suis le représentant de BUROTIK 21.
La standardiste	Ne quittez pas . . . Allô, je suis désolée, monsieur, la ligne est occupée. Voulez-vous attendre?
M. Déveine	Non, Je rappellerai un peu plus tard ou je lui enverrai un e-mail. Pourriez-vous me donner son numéro?
La standardiste	Bien sûr. C'est janet, arobase, dubreuil, point, F, R.

au bureau (suite)

M. Déveine essaie de rappeler Mlle Janet.

La standardiste	Allô! Société Dubreuil!
M. Déveine	Allô! Pourrais-je parler à mademoiselle Janet, s'il vous plaît?
La standardiste	C'est de la part de qui?
M. Déveine	Monsieur Déveine, le représentant de BUROTIK 21.
La standardiste	Ne quittez pas, je vous prie.
Un homme	Allô, Monsieur Leroy à l'appareil!
M. Déveine	Je voudrais parler à mademoiselle Janet.
M. Leroy	Je regrette, mais elle est en réunion. Est-ce que je peux vous aider?
M. Déveine	Non. Je dois lui parler en personne. Mais c'est très urgent. Pouvez-vous lui demander de me rappeler le plus tôt possible?
M. Leroy	Bien sûr! Pouvez-vous me donner vos coordonnées, monsieur?
M. Déveine	Oui. Je suis Monsieur Déveine.
M. Leroy	Ça s'écrit comment?
M. Déveine	D-E accent aigu -V-E-I-N-E.
M. Leroy	N-E. Pouvez-vous me donner votre numéro de téléphone?
M. Déveine	C'est le 03.80.39.72.14.

M. Leroy	Oui. Et quel est le nom de votre entreprise?
M. Déveine	BUROTIK 21.
M. Leroy	Pouvez-vous épeler, s'il vous plaît?
M. Déveine	B-U-R-O-T-I-K, 21, comme notre siècle!
M. Leroy	Très bien. Je lui ferai la commission.
M. Déveine	Merci beaucoup. Au revoir, monsieur.
M. Leroy	Je vous en prie. Au revoir.

QU'EST-CE QUE ÇA VEUT DIRE?

le service (de la comptabilité)	*the (accounts) department*
la ligne est occupée	*the line is engaged*
je rappellerai	*I'll call back*
une réunion	*a meeting*
les coordonnées (f.)	*details (i.e. name, address and phone number)*
le siècle	*the century*
Je lui ferai la commission	*I'll give him / her the message*

avez-vous compris?

Répondez *vrai* ou *faux*.

1 L'entreprise de M. Déveine s'appelle BUROTIK 21.

2 Mlle Janet travaille à la Société Dubreuil.

3 Elle travaille au service de la publicité.

4 La première fois que M. Déveine téléphone à Mlle Janet, la ligne n'est pas libre.

5 M. Déveine dit qu'il va la rappeller.

6 La deuxième fois que M. Déveine appelle, la ligne est occupée.

7 M. Leroy n'est pas en réunion avec Mlle Janet.

8 M. Déveine dit qu'il est désolé.

9 M. Déveine veut parler d'urgence à Mlle Janet.

10 M. Déveine laisse un message pour Mlle Janet.

11 La standardiste va faire la commission à Mlle Janet.

12 M. Leroy demande à M. Déveine de lui donner ses coordonnées.

à vous!

Mlle White téléphone à la Maison Lacouture. Mettez la conversation dans le bon ordre.

1 Bien sûr. Pouvez-vous me donner votre nom?

2 Oui. Et votre numéro de téléphone?

3 Je vous remercie. Au revoir.

4 Je suis désolé. M. Tisserand est en réunion.

5 C'est le 207.919.52.08. J'appelle de Londres en Angleterre.

6 Allô! Maison Lacouture, j'écoute.

7 Très bien. Je lui ferai la commission.

8 Pouvez-vous lui demander de me rappeler le plus tôt possible? C'est urgent.

9 Mlle White, de BRITRAGS.

10 Pourrais-je parler à M. Tisserand, s'il vous plaît?

 au bureau (suite)

Voici l'encart publicitaire dont M. Lachance a parlé à M. Déveine.

VOUS POUVEZ FAIRE CONFIANCE A *CHECK*

Pour plus de sécurité, avant de sortir, vous vérifiez les robinets, le gaz, vous éteignez les cigarettes, vous fermez la porte à clef.

Mais pour une sécurité totale, pour sortir l'esprit vraiment tranquille, placez votre appartement ou votre maison sous le SYSTEME DE SECURITE CHECK. Une tentative de cambriolage, une fuite de gaz, un début d'incendie, une inondation etc. sont immédiatement détectés par votre système d'alarme électronique.

24 heures sur 24, 7 jours sur 7, notre opérateur de garde décode et déclenche l'alerte, et nous intervenons dans les délais les plus brefs.

M. _____
Adresse _____
_____
_____
tél. _____

Pour recevoir une documentation, sans engagement de votre part, envoyez à: CHECK, 250 rue Corbon, 21000 Dijon; ou téléphonez au 08 92 91 55 10 (numéro de télécopie: 08 92 82 46 23) ou consultez notre site internet: www.check.com

QU'EST-CE QUE ÇA VEUT DIRE?

faire confiance	*to trust*	une fuite	*a leak*
un robinet	*a tap*	un incendie	*a fire*
fermer à clef	*to lock*	une inondation	*a flood*
l'esprit tranquille	*with your mind at peace, with peace of mind*	déclencher l'alerte	*to set off the alarm*
une tentative de cambriolage	*an attempted burglary*	la télécopie / le fax	*fax*

avez-vous compris?

Répondez en français.

1 Que fait-on en général avant de sortir?

2 Que peut détecter le système d'alarme CHECK?

3 À votre avis, le service offert par CHECK est-il un service de qualité? Pourquoi?

à vous!

Reliez les titres ci-dessous avec les extraits des différents articles du journal.

> *Météo – Des Inondations en Normandie*

> **Sans-abri après le terrible incendie**

> # FUITE DE GAZ FATALE

> ## VOISIN COURAGEUX ÉVITE CAMBRIOLAGE

1 . . . est à l'origine de la terrible explosion qui a complètement détruit un immeuble de douze étages dans la banlieue de la ville. La plupart des locataires étaient heureusement au travail ou à l'école . . .

2 . . . Quand il a entendu du bruit, Monsieur Haret, qui savait que toute la famille était en vacances, a pris son portable et le rouleau à pâtisserie de sa femme . . .

3 . . . Il pleut sans arrêt depuis une semaine dans la région de Planville. Les équipes de secours se déplacent en bateau. Les habitants se sont réfugiés au premier étage . . .

4 . . . Les pompiers ont réussi à sauver tous les membres de la famille, mais les parents souffrent de brûlures assez graves. La maison a été totalement détruite . . .

interview d'un chef d'entreprise

Cette semaine le magazine *HebdoTravail* a publié l'interview de Gilbert Rive, chef d'entreprise à Boulogne-sur-Mer.

HebdoTravail: Depuis quand êtes-vous chef d'entreprise?

Gilbert Rive: Je me suis associé avec un ancien collègue pour créer cette PME en 2002.

HT: Que faites-vous exactement?

GR: Nous achetons du poisson que nous revendons frais, en portions découpées à un poids fixe et sans arêtes, et emballé avec une date limite de consommation.

HT: Combien de poisson conditionnez-vous par an?

GR: 7000 tonnes de saumon et 4000 tonnes de poisson blanc ainsi que des noix de coquillage, selon les saisons.

HT: Qui sont vos clients?

GR: La grande distribution (hypermarchés, supermarchés …) et les collectivités (restauration scolaire, maisons de retraite …).

HT: Quelle formation avez-vous?

GR: En fait je suis ingénieur mais j'ai suivi une formation commerciale et j'ai travaillé comme acheteur de poisson pour une grande surface.

HT: Vous employez combien de personnes?

GR: Nous avons cent collaborateurs, quatre-vingt en production, dix sont en charge des achats et des ventes et les dix dernières personnes s'occupent de l'administration. En forte saison nous employons aussi une quinzaine de CDD et de temps en temps nous avons des jeunes qui viennent faire un stage.

HT: Voyagez-vous souvent pour votre travail?

GR: Oui, je fais de courts déplacements pour aller voir des clients en régions parisienne ou en province. Par contre, nous ne rencontrons que très rarement nos fournisseurs qui sont en Ecosse, en Norvège et au Danemark.

HT: Utilisez-vous le téléphone dans votre voiture?

GR: Oui, en mains libres, cela fait gagner beaucoup de temps. C'est indispensable de nos jours.

HT: Et l'ordinateur?

GR: C'est la même chose. Les commandes et les achats sont effectués par ordinateur et tout le personnel communique par informatique, dans les ateliers comme dans les bureaux.

HT: Quelles sont les difficultés auxquelles doit faire face un chef de PME de nos jours?

GR: D'abord il y a la pression permanente et quotidienne qui ne permet pas de s'éloigner longtemps de l'entreprise. Depuis les 35 heures, la RTT est difficile à gérer. Et puis il faut composer avec la versatilité des clients, les fournisseurs qui ne sont pas toujours très honnêtes et l'administration qui est très pointilleuse et contrôle tous nos faits et gestes.

QU'EST-CE QUE ÇA VEUT DIRE?

une PME (Petite et Moyenne Entreprise)	*a small or medium sized business*
le poids	*weight*
une arête	*a fishbone*
conditionner	*to package*
une noix de coquillage	*a shellfish without its shell*
la grande distribution	*mass marketing*
une collectivité	*a community*
la formation	*training*
un CDD (Contrat à Durée Déterminée)	*(worker on) a short-term contract*
la RTT (réduction du temps de travail)	*equivalent to time off in lieu*
gérer	*to handle* (here), *to manage, to run*
un fournisseur	*a supplier*
une commande	*an order*
l'informatique (f.)	*IT*
un atelier	*a workshop*
dans les ateliers	*on the shop floor*
quotidien	*daily*
composer avec	*to come to terms with*
la versatilité	*changeability, fickleness*
pointilleux	*fussy, pernickety*

avez-vous compris?

Répondez *vrai* ou *faux*.

1 Gilbert est seul à la tête de son entreprise.

2 Ses employés pêchent 11000 tonnes de poissons par an.

3 Gilbert vend son poisson à des magasins et à des cantines.

4 La société de Gilbert est une entreprise de taille moyenne.

5 Gilbert emploie toujours le même nombre d'employés.

6 Gilbert voyage souvent à l'étranger.

7 Seul le personnel des bureaux utilise des ordinateurs.

8 Gilbert a toujours besoin de son téléphone.

9 Il n'a pas beaucoup de temps libre.

10 Les clients de Gilbert sont faciles à satisfaire.

11 Gilbert peut toujours faire confiance à ses fournisseurs.

12 Toutes les entreprises françaises ont des problèmes avec l'administration.

à vous!

Complétez le texte ci-dessous avec les termes dans l'encadré.

arêtes	clients	inconvénient	entreprise
collègue	visite	acheter	créée
frais	ordinateur	administration	poids
date limite de consommation			vacances
cent	vendre	téléphoner	pays

Gilbert possède sa propre (**1**)_____ . Il l'a (**2**) _____ en 1996 en association avec un (**3**) _____ . Il y a (**4**) _____ employés en CDI. L'activité de l'entreprise consiste à (**5**) _____ et à (**6**) _____ du poisson (**7**) _____ . Les portions ont toutes le (**8**) _____ et n'ont pas d' (**9**) _____ . Une (**10**) _____ est indiquée sur les étiquettes. Gilbert achète son poisson dans des (**11**) _____ d'Europe du Nord. Les (**12**) _____ de Gilbert sont français et il leur rend (**13**) _____ de temps en temps. Il apprécie de pouvoir (**14**) _____ dans sa voiture. Tous les employés utilisent un (**15**) ____ pour leur travail. Sur le plan personnel, l' (**16**) _____ d'être chef d'entreprise est que l'on ne peut pas prendre de longues (**17**) ____ . Les rapports avec l' (**18**) _____ sont un autre problème majeur de ce genre d'activité.

EXERCICES

A Complétez.

M. Duhamel était au (**1**) _____ depuis trois mois, mais il vient de (**2**) _____ du travail. Il est représentant et le travail est bien (**3**) _____ . Il a une voiture de (**4**) _____ mais malheureusement, c'est une voiture (**5**) _____ . Il a cinq (**6**) _____ de vacances par (**7**) _____ .

Il vend des fournitures de (**8**) _____. Les livraisons sont rapides et M. Duhamel peut faire une (**9**) _____ avantageuse si les clients lui passent une (**10**) _____ importante. La (**11**) _____ a des (**12**) _____ à l'étranger et M. Duhamel est souvent en (**13**) _____. La firme va bientôt s'installer au Portugal et comme elle a besoin de (**14**) _____ du personnel, le directeur des ressources humaines vient de passer des (**15**) _____ sur l'internet.

B Écrivez une lettre à un ami / une amie pour lui dire que vous venez de changer de travail.

Include the following points:

- Say how long you have been working there, whether you are happy and why (type of firm, salary, car, etc).
- Explain what the work involves.
- Explain where you work, how you get there and how long it takes.
- Compare your place of work with the previous one and talk about your colleagues.
- Say what your boss is like.

C Complétez la conversation téléphonique.

Standardiste Entreprise Bertrand, j'écoute!

Vous (**1** *Say you'd like extension 218.*)

Standardiste Ne quittez pas.

Homme Allô, service des ventes.

Vous (**2** *Say you'd like to talk to Mrs Monnet.*)

Homme Je suis désolé, Madame Monnet est en réunion. Est-ce que je peux vous aider?

Vous (**3** *Say you have not received their catalogue and samples.*)

Homme Pas de problème, je vais vous en envoyer d'autres. Donnez-moi vos coordonnées.

Vous (**4** *Give your name.*)

Homme Et votre adresse?

Vous (**5** *Do as requested.*)

Homme Je vous envoie ça tout de suite.

Vous (**6** *Ask if they do discounts on big orders.*)

Homme Nous offrons des conditions avantageuses à nos bons clients.

Vous (**7** *Ask if they deliver quickly.*)

Homme Nos délais de livraisons sont en moyenne d'une semaine.

Vous (**8** *Thank him and say goodbye.*)

D Améliorez l'article de journal en incorporant les mots et expressions suivants.

immédiatement	sans perdre de temps	en arrivant
sans attendre	ce matin-là	sans délai
peu de temps après	totalement	environ deux heures plus tard
en fait	sur-le-champ	à sa grande surprise
tout de suite	de bonne heure	grièvement

GIGANTESQUE EXPLOSION ÉVITÉE DE JUSTESSE GRÂCE À UN CHEF DES VENTES ATTENTIF

Paul Mercier, chef des ventes d'une petite entreprise de banlieue, est arrivé au bureau pour finir un rapport urgent pour un client important. Il a retiré sa veste et il s'est mis au travail.

Il a senti une drôle d'odeur. Il a levé la tête et a regardé par la fenêtre. Il a vu de la fumée noire sortir de l'usine de produits chimiques, en face de son bureau.

Il a téléphoné aux sapeurs-pompiers. Il a expliqué que l'incendie était particulièrement dangereux, à cause du risque d'explosion.

Les pompiers ont quitté la caserne. Il y avait beaucoup de circulation et leur voiture a avancé assez lentement malgré la sirène.

Les pompiers ont évacué les locataires de l'immeuble voisin. Quand les gens ont vu qu'un homme était coincé au deuxième étage du bâtiment, l'un des pompiers est monté à l'échelle.

Il a calmé l'homme qui paniquait et il l'a aidé à descendre.

Les pompiers ont réussi à éteindre l'incendie. Il n'y a pas eu d'explosion et personne n'a été blessé ni brûlé.

L'homme, qui était le directeur de l'usine, a serré la main à Paul pour le remercier et lui exprimer sa reconnaissance. Il lui a dit: «Non seulement vous m'avez sauvé la vie et la vie de mes employés, mais grâce à vous, l'usine n'est pas détruite et les ouvriers ne seront pas au chômage.»

écoutez bien!

Listen to the four messages recorded on the answerphone in your absence. Take notes in English (who has rung, why, etc). Indicate also the time of each call.

Douzième unité

la fête de la musique

Ce texte relate les activités d'une fin d'après-midi de juin au bord de la mer.

Le 21 juin dernier, premier jour de l'été et jour de la fête de la musique, je me trouvais sur le joli petit port d'une station balnéaire de la côte vendéenne. Il faisait un temps splendide. Malgré l'heure tardive, il faisait chaud, le ciel était bleu et le soleil brillait encore. Il y avait beaucoup de monde. Les gens marchaient sans se presser, certains promenaient leur chien, d'autres bavardaient avec des amis. Des enfants mangeaient des glaces. Quelques seniors étaient assis sur les bancs de la promenade, les yeux fermés et le visage tourné vers le soleil. Des estivants admiraient le décor et prenaient des photos du moulin à vent récemment rénové ou des bateaux multicolores qui se balançaient au gré d'une petite brise rafraîchissante. Toutes les tables des terrasse des cafés étaient occupées et les serveurs étaient débordés. Il y avait des allées et venues incessantes de voitures, de cyclistes et de piétons. Les badauds s'attroupaient autour du podium où le groupe 'MiDoRé' se préparait à donner un concert en plein air, comme il y en avait partout en France ce jour-là.

QU'EST-CE QUE ÇA VEUT DIRE?

une station balnéaire	*a seaside resort*
les seniors	*the over-fifties*
être assis	*to be sitting*
un banc	*a bench*
le visage	*face*
un estivant	*a holiday-maker*
un moulin à vent	*a windmill*
se balancer	*to swing*
au gré d'une brise rafraîchissante	*carried along by a refreshing breeze*
débordé	*snowed under, unable to cope*
un piéton	*a pedestrian*
un badaud	*an onlooker, a passer-by*
s'attrouper	*to form a crowd*
partout	*everywhere*

avez-vous compris?

Des gens qui étaient à la fête de la musique expliquent ce qu'ils faisaient juste avant le début du concert. Qui parle?

1 Nous mangions des crêpes et nous buvions un verre de cidre.

2 Nous attendions devant le podium.

3 Je faisais une petite promenade avec mon maître.

4 Nous étions sur le point de commencer à jouer.

5 Je photographiais ma femme devant le moulin.

6 Nous, on mangeait des glaces.

7 J'avais beaucoup de travail.

8 Nous nous reposions au soleil.

9 On parlait avec nos copains Thierry et Zinédine.

10 Je mettais un antivol à mon vélo.

à vous!

Mettez la description suivante au passé.

Dans la rue

Il fait beau. Tous les gens portent des vêtements d'été. Il y a beaucoup de circulation car il est déjà six heures. Quelques piétons marchent d'un pas pressé pour rentrer chez eux mais les badauds regardent les vitrines des magasins. Une dame promène son chien. Trois personnes attendent l'autobus. Il y a du monde aux terrasses des cafés où les clients prennent des boissons rafraîchissantes ou mangent des glaces. Un monsieur sort de la boulangerie, une baguette à la main. Des jeunes font la queue devant le cinéma pour voir le dernier Tarantino. Et moi, je t'attends depuis une heure!

souvenirs de jeunesse

Liliane Dupré, qui est originaire de la région de Grenoble, parle de son enfance avec son amie Marielle qui a toujours vécu en Normandie.

Marielle   Alors, toi aussi tu habitais dans un petit village quand tu étais petite!

Liliane   Oui, mais c'était un village de montagne et c'était très isolé l'hiver.

Marielle   Mais tu pouvais faire du ski et de la luge. C'est rare d'avoir de la neige en Normandie et les sports d'hiver ne sont pas à la portée de toutes les bourses.

Liliane   C'est vrai, ça me manque maintenent. Je faisais aussi du patin à glace. Il y a une belle patinoire à Grenoble. C'était formidable pour les jeunes. En fait, j'ai eu une jeunesse très agréable.

Marielle   Tu as fait des études?

Liliane   J'ai passé mon bac, c'est tout. Je voulais travailler tout de suite, pour gagner ma vie.

Marielle   Moi aussi. Gagner de l'argent était synonyme de liberté!

Liliane   Quand j'étais célibataire, je travaillais dans un bureau. Je m'achetais plein de vêtements, des disques, des livres. J'avais les moyens d'aller en vacances à l'étranger. Et je partageais un petit appartement à Grenoble avec des copines.

Marielle   Tu t'entendais bien avec elles?

Liliane   Oui, on s'amusait bien. C'était la belle vie. On sortait presque tous les soirs, on rentrait tard. Le dimanche, je restais au lit jusqu'à midi pour récupérer.

Marielle   C'est mieux que de passer son temps devant la télé!

Liliane   On ne regardait pas la télé. On n'avait même pas de téléviseur. Remarque que maintenant, je ne la regarde pas non plus. Je suis tellement épuisée, le soir, que je m'endors devant!

QU'EST-CE QUE ÇA VEUT DIRE?

vécu (vivre)	*lived (to live)*	j'avais les moyens	*I could afford*
faire de la luge	*to sledge*	partager	*to share*
à la portée de toutes les bourses	*affordable for everyone*	s'entendre bien (avec)	*to get on well (with)*
faire du patin à glace	*to ice-skate*	récupérer	*to recover*
une patinoire	*an ice-rink*	un téléviseur	*a TV set*
passer un examen	*to take an exam*	épuisé(e)	*exhausted*

avez-vous compris?

Répondez en français.

1 Où habitait Liliane quand elle était petite?

2 Qu'est-ce qui est rare en Normandie et qui manque à Liliane?

3 Est-ce que Liliane a de bons souvenirs de sa jeunesse?

4 Est-ce qu'elle a fait des études supérieures?

5 Pourquoi voulait-elle travailler le plus tôt possible?

6 Quand elle travaillait à Grenoble, habitait-elle chez ses parents?

7 Comment dépensait-elle son argent?

8 Que faisaient-elle avec ses amies?

9 Est-ce qu'elle aimait regarder la télévision?

10 Et aujourd'hui, regarde-t-elle souvent la télévision? Pourquoi?

à vous!

Reliez. Choisissez la phrase qui, à votre avis, convient le mieux à chaque situation.

1 Quand j'étais petit(e) . . .

2 Quand j'étais étudiant(e) . . .

3 Quand j'habitais à la montagne . . .

4 Quand j'étais célibataire . . .

5 Quand je sortais le samedi soir . . .

6 Quand je travaillais . . .

7 Quand je gagnais bien ma vie . . .

8 Quand j'étais riche . . .

a je mangeais souvent du caviar et je buvais du champagne tous les jours.

b je faisais du ski, de la luge et du patin à glace.

c je n'avais pas beaucoup de temps pour les loisirs.

d j'allais en vacances au bord de la mer.

e j'achetais des vêtements élégants et des bijoux.

f je ne me levais jamais avant midi le dimanche.

g j'avais beaucoup d'amis.

h je voyageais beaucoup et je sortais souvent.

souvenirs de jeunesse (suite et fin)

Liliane et Marielle continuent à évoquer leurs souvenirs de jeunesse.

Liliane Quand mon frère était jeune, il se rasait tout le temps pour que sa barbe pousse plus vite. Maintenant, il déteste se raser tous les jours!

Marielle Et toi, tu étais pressée de vieillir?

Liliane Non, pas particulièrement, mais j'aimais bien suivre la mode. Je me souviens quand je portais des mini-jupes. Mes parents n'étaient pas très contents!

Marielle Moi, je préférais les jupes longues, pour cacher mes jambes.

Liliane J'aimais aussi porter des jeans.

Marielle Moi, je ne mettais jamais de pantalon. Je portais toujours des robes ou des jupes.

Liliane Et j'adorais les gros bijoux fantaisie, en particulier les boucles d'oreille. J'en avais une paire, en forme de cœur, qui étaient énormes.

Marielle Je ne mettais ni bijoux ni maquillage, mes parents me l'interdisaient.

Liliane Moi je me maquillais en cachette. Je fumais aussi.

Marielle Et si tes enfants faisaient la même chose?

Liliane Ce qui m'inquiète vraiment, de nos jours, c'est la drogue et le Sida.

Marielle Moi aussi. Tu as raison, un peu de rouge à lèvres et de mascara n'a jamais fait de mal à personne. Par contre, les cigarettes . . .

Liliane Tu sais, ça fait des années que j'ai arrêté de fumer!

QU'EST-CE QUE ÇA VEUT DIRE?

se raser	*to shave*
pousser	*to grow* (here)
suivre	*to follow*
la mode	*fashion*
des bijoux (m.) fantaisie	*costume jewellery*
ni . . . ni . . .	*neither . . . nor . . .*
interdire	*to forbid*
le maquillage	*make-up*
en cachette	*secretly, behind someone's back*
de nos jours	*nowadays*
le Sida	*Aids*
tu as raison	*you are right*
par contre	*on the other hand*
arrêter de fumer	*to give up smoking*

avez-vous compris?

Qui est-ce? Liliane, Marielle ou les deux?

1   Elle s'habillait à la mode.

2   Elle aimait porter des jeans et des mini-jupes.

3   Ses parents ne savaient pas qu'elle se maquillait.

4   Elle ne portait jamais de pantalon.

5   Elle voulait cacher ses jambes.

6   Ses parents lui interdisaient de se maquiller.

7   Elle portait de grosses boucles d'oreille en forme de cœur.

8   Elle ne portait jamais de bijoux.

9   Elle fumait.

10   Elle pense que, de nos jours, les jeunes sont menacés par la drogue et le Sida.

11   Elle est contre le tabac.

12   Elle ne fume plus.

à vous!

Travaillez avec un / une partenaire. Répondez à tour de rôle aux questions de la police qui enquête sur un cambriolage.

- Où étiez-vous hier soir entre huit heures et minuit?
- Avec qui étiez-vous?
- Que faisiez-vous?
- Comment étiez-vous habillé(e)?
- Est-ce que vous portiez des bijoux?

et vous?

Évoquez quelques souvenirs de votre enfance / jeunesse.

Commencez: **Quand j'étais petit(e) / jeune . . .**

la meilleure façon de voyager

Liliane est une internaute expérimentée et elle adore surfer sur le web. Elle participe quelquefois à des forums. Aujourd'hui elle lit quelques commentaires sur les moyens de transports.

Tous les forums
Accueil Espaces de Discussion
Voici les différents thèmes de discussions qui vous sont proposés:
Voyager
Participer>>
Que choisir: voiture, train ou avion?
Participer>>

RE: Que choisir: voiture, train ou avion? De <u>Lulu</u> posté à 15:25:48
Il faut savoir qu'en France la plupart des Français prennent leur voiture pour aller en vacances – 75% contre 12% pour le train et 6% pour l'avion. Y a pas photo!!!
RE: Que choisir: voiture, train ou avion? De <u>Jojo</u> posté à 15:52:37
Tu as raison Lulu vu que ça coûte moins cher. La voiture est plus économique et plus pratique surtout si on a des enfants – on a moins de problèmes de bagages et on a plus de liberté pour se déplacer sur place.

RE: Que choisir: voiture, train ou avion? De <u>Yvon</u> posté à 18:12:26

Je ne suis pas d'accord avec toi, Jojo. Quand on voyage en voiture il ne faut pas oublier que le carburant n'est pas la seule dépense. Il faut ajouter le péage sur les autoroutes, l'assurance, l'usure des pneus etc. Et attention aux radars!

RE: Que choisir: voiture, train ou avion? De <u>Noémie</u> posté à 19:34:52

Quand on va loin l'avion fait gagner beaucoup de temps mais il coûte très cher sur les petites distances même sur les vols à prix réduits. Le train est bien meilleur marché et il faut savoir que la SNCF propose de nombreuses réductions, en particulier pour les familles nombreuses.

RE: Que choisir: voiture, train ou avion? De <u>Aviofobik</u> posté à 20:02:43

Moi, je souffre d'aviophobie!! Par contre je suis un inconditionnel de l'auto/train. C'est tout bénéfice: gain de temps, arrivée reposé et détendu – pas de bouchons, pas de panne de voiture, pas d'accident de la route. On peut dormir et se dégourdir les jambes pendant le voyage.

RE: Que choisir: voiture, train ou avion? De <u>Farida</u> posté à 20:45:33

Moi aussi je préfère l'auto/train. C'est formidable surtout si on a de jeunes enfants. On peut lire, on peut jouer – il y a même des espaces jeux, on peut dormir et on peut aller aux toilettes dès qu'on en a besoin, ce qui est très important!!! Et il ne faut pas oublier qu'il y a des réductions non seulement pour les enfants mais aussi pour les adultes qui les accompagnent. : -)

RE: Que choisir: voiture, train ou avion? De <u>Linda</u> posté à 21:16:41

Le train en France c'est formidable à condition de ne pas oublier pas de composter son billet. Attention aux amendes! Moi, je ne savais pas et ça m'a coûté très cher!

RE: Que choisir: voiture, train ou avion? De <u>Jules</u> posté à 21:30:59

Les seniors que nous sommes disent 'vive l'auto/train!'. Depuis que nous avons pris notre retraite, nous voyageons beaucoup. L'année dernière nous sommes partis plusieurs fois. La 5ième fois nous n'avons rien payé pour la voiture. Nous avons aussi profité du petit déjeuner et d'un bon de lavage offerts. Au revoir le stress et au revoir le mal de dos!

RE: Que choisir: voiture, train ou avion? De <u>Tamalou2</u> posté à 21:40:15

Moi aussi je suis à la retraite et depuis, je voyage aux 4 coins de la France avec mon mari. Notre moyen de transport idéal pour partir, c'est le camping-car. C'est cher mais vite amorti. Y a rien de mieux!!!

> **RE: Que choisir: voiture, train ou avion?** De <u>Erwan</u> posté à 22:14:03
>
> Les handicapés physiques disent 'vive le train!'. Il y a maintenant des aménagements dans les gares et dans les TGV – élévateurs et rampes pour faciliter l'accès au train, emplacements réservés, fauteuils roulants spéciaux pour se déplacer à bord et service porteur gratuit. Enfin on pense à nous!!!

QU'EST-CE QUE ÇA VEUT DIRE?

un(e) internaute	*Internet surfer*
expérimenté	*experienced*
un espace	*area, space, room*
un espace de discussion(s)	*a chat room*
le péage	*toll*
l'usure (f.)	*wear and tear*
une famille nombreuse	*a family with 3 or more children*
souffrir d'aviophobie (f.)	*to be afraid of flying*
un(e) inconditionnel(le)	*an enthusiast, a fan*
le gain	*a saving*
un bouchon	*a traffic jam* (here)
se dégourdir les jambes	*to stretch one's legs*
un bon	*a coupon, voucher, token*
offert	*free* (lit. given as a present)
amortir	*to recoup the cost (of)*
les aménagements (m.)	*facilities*
composter	*to stamp*
une amende	*a fine*

avez-vous compris?

Qui parle?

1 Voyager en voiture peut coûter très cher si on fait de l'excès de vitesse.

2 La voiture est bien meilleur marché que les autres moyens de transport.

3 Les voyages en train sont bon marché quand on a des enfants.

4 L'auto/train est un moyen de transport très pratique pour les gens comme moi.

5 Depuis que je ne travaille plus je pars souvent en voyage.

6 Pour les voyages courts l'avion n'est pas économique.

7 Le moyen de transport le plus populaire est la voiture.

8 On prend des risques quand on voyage en voiture.

9 C'est rare que l'on prenne nos difficultés en considération.

10 La voiture présente de nombreux avantages sur les autres moyens de transport.

11 Pas question pour moi de prendre l'avion.

12 Le train est le moyen de transport qui offre le plus de confort.

13 Je suis d'accord avec Lulu.

14 On va un peu partout en France, mais on n'utilise ni le train ni l'avion.

15 L'auto/train est une formule à la fois pratique et économique pour les moins jeunes.

16 J'avais mon billet de train mais je n'étais pas en règle.

et vous?

a Prenez part à la discussion sur le forum et donnez votre avis.

b Souffrez-vous d'une phobie? Qu'est-ce qui vous fait peur?

qu'est-ce qu'ils ont dit?

Liliane raconte ce qu'elle a lu dans les espaces de discussion.

Lulu a dit que la majorité des Français prenaient leur voiture pour aller en vacances.

Jojo a dit qu'avec des enfants la voiture était plus pratique et coûtait moins cher.

Yvon a dit que voyager en voiture coûtait plus cher qu'on ne pensait.

Noémie a dit que les familles nombreuses bénéficiaient de réductions sur les billets d'avion.

Aviofobik a dit qu'il avait peur de prendre l'avion et qu'il trouvait la formule auto/train excellente à tous points de vue.

Farida a dit qu'elle préférait voyager en auto/train avec ses enfants.

Linda a dit qu'elle avait payé une amende parce qu'elle n'avait pas de billet.

Jules a dit que depuis que lui et sa femme étaient en retraite, ils voyageaient beaucoup.

Tamalou2 a dit qu'elle visitait différentes régions de France en camping-car avec son mari.

Erwan a dit qu'il y avait beaucoup d'avantages à voyager en TGV pour les handicapés.

avez-vous compris?

Liliane a fait deux erreurs. Relisez les commentaires originaux, trouvez-les et corrigez-les.

à vous!

En surfant sur le Net, vous avez lu les commentaires suivants à propos du vélo. Dites à un(e) ami(e) ce que vous avez lu:

Ecologix a dit qu'en regardant autour de lui / d'elle, il / elle constatait que . . .'

Vélo et écologie De: Ecologix Posté à 13:31:49
En regardant autour de moi je constate que l'énorme majorité des cyclistes, ceux qui roulent pour le plaisir, n'utilisent jamais le vélo comme moyen de transport (pour aller bosser*, déplacements utiles quotidiens etc . . .) . Je pose donc la question: 'Faites-vous des kms utiles à vélo?'
RE: Vélo et écologie De: Maillojaun Posté à 13:52:08
Tu sais Ecologix, il n'y a pas beaucoup de cyclistes sur ce forum, il y a surtout des gens qui regardent les vélos à la télé. Pour ma part je ne roule pas le dimanche en club mais je vais travailler tous les jours à vélo (20 km aller-retour). Ça m'a fait faire des économies incroyables (essence, assurance voiture, entretien etc . . .): je n'ai plus de 2ème voiture.
RE: Vélo et écologie De: SystemD Posté à 14:38:05
Je fais environ 100km A/R par jour au printemps et en été pour me rendre à l'école . . . économie partout sauf de fatigue . . . ça me permet d'avoir un bon entraînement . . . mais pour le plaisir je joue au tennis et je fais du taekwondo, ça change!!!
RE: Vélo et écologie De: Super Nana Posté à 18:37:11
Pour répondre à Maillojaun, si, sur ce forum il y a des gens qui font du vélo !!!! je sors en club tous les dimanches, et je regarde aussi le cyclisme à la tv, j'utilise plutôt le vélo que la voiture pour aller chercher mon pain à 500m . . . :-) de toutes façons, vu le prix de l'essence !!!! il faut économiser.

*bosser (fam.) *travailler*

UN PEU DE GRAMMAIRE

L'imparfait	*The imperfect tense*

The imperfect tense is a past tense which is used:

■ for descriptions:

Il **faisait** beau.	*The weather was fine.*

■ to express an action in progress:

Ils **prenaient** des photos.	*They were taking photos.*

■ to translate the idea of *'used to'*:

J'**habitais** dans un petit village.	*I used to live in a small village.*

■ to express repetition / regularity:

Je **sortais** tous les soirs.	*I went out every evening.*

■ in reported speech:

Elle a dit: 'Le train est meilleur marché'.	*She said, 'The train is cheaper.'*
Elle a dit que le train était meilleur marché.	*She said the train was cheaper.*

How to form the imperfect tense

Stem: Use the **nous** form of the present tense and drop the **-ons:**
e.g. **lire** (*to read*) → **nous lisons** (*we read*) → **lis**

Endings:

Je lis**ais**	nous lis**ions**
tu lis**ais**	vous lis**iez**
il / elle / on lis**ait**	ils / elles lis**aient**

▶ **Grammaire** 15

EXERCICES

A Lisez l'article de journal ci-dessous et répondez aux questions en anglais.

20 Mars

Paris-Matin

Neuf mois plus tard . . . . . les résultats!

Après une panne d'électricité à Paris qui a eu lieu le 12 juin dernier, et qui a duré 4 heures, de 20h à 24h, les maternités viennent d'annoncer une augmentation de 15% du taux de natalité. Un porte-parole du ministère de la Santé a dit que ce soir-là, naturellement, les télés ne marchaient pas. Il semble évident d'après les statistiques que les téléspectateurs n'ont pas perdu leur temps!

1 When did the power cut take place?

2 How long did it last?

3 What happened to the birth rate nine months later?

4 To what did a spokesman from the Ministry of Health attribute this?

Nos amis touristes étaient en vacances à Paris pendant la panne d'électricité. Que faisaient-ils à ce moment-là?

1 Guillaume

2 Sylvie

3 Jeanne

4 Claire

5 Henri

6 Antoine et Dominique

7 Lucien et Josée

8 Yves et Annick

9 François   **10** Marie

B   Une secrétaire comptable parle de son stage à Madrid. Aidez-la.

Quand j' (**1**) _____ en stage à Madrid, je (**2**) _____ pour une société dont les bureaux se (**3**) _____ en plein centre des affaires. Le travail (**4**) _____ intéressant et j' (**5**) _____ des collègues très sympathiques, mais je (**6**) _____ espagnol toute la journée et c' (**7**) _____ épuisant.

J' (**8**) _____ dans un petit studio situé dans un vieil immeuble pittoresque. Le soir, quelquefois, je (**9**) _____ à la maison, mais en général, je (**10**) _____ avec des amis. Nous (**11**) _____ dans des bars de tapas et quelquefois nous (**12**) _____ au restaurant.

Pendant les week-ends, je (**13**) _____ des musées – j'adore le Prado, des galeries de peinture ou d'autres monuments historiques célèbres. Je (**14**) _____ aussi un peu de shopping. Malheureusement, je ne (**15**) _____ pas acheter grand-chose parce que je n' (**16**) _____ pas beaucoup d'argent.

C' (**17**) _____ une vie très agréable mais très différente de ma vie en France. Et puis, ma famille me (**18**) _____!

C Imaginez que vous étiez en vacances ou en stage dans une ville ou une région de France. Racontez ce que vous faisiez dans la journée et le soir.

D Lisez ce que Sylvie a dit à Dominique.

'Je ne suis pas née à Grasse mais j'y habite depuis quinze ans maintenant. J'aime beaucoup cette région. Je travaille dans une usine de parfum. Je commence à huit heures du matin. Le midi, les employés ont deux heures pour déjeuner et quand il fait beau, je vais à la piscine ou à la plage avec des collègues. Nous nous baignons et mangeons des sandwichs.

Le soir, je finis à six heures et demie. L'hiver, je rentre directement chez moi et je regarde la télévision, mais l'été je sors presque tous les soirs.'

Maintenant, aidez Dominique à répéter à son frère Antoine ce que Sylvie lui a dit.

Sylvie a dit qu'elle n'était pas née à Grasse mais qu'elle . . .

écoutez bien!

à la plage

Study the beach scene carefully. When you are ready, listen to a description of the picture and say whether each statement is true or false.

1 _____   4 _____   7 _____   10 _____

2 _____   5 _____   8 _____   11 _____

3 _____   6 _____   9 _____   12 _____

lecture

à la Martinique

Read the text below carefully, then answer the questions following it in English.

' Je suis allé à la Martinique pour mes vacances. Je suis descendu dans un hôtel très confortable à Sainte Anne, c'est-à-dire sur la Riviera martiniquaise, qui se trouve au sud de l'île. Tous les matins, je me levais de bonne heure et j'allais me baigner avant de prendre mon petit déjeuner. La plage était déserte et j'appréciais ma solitude. Tout était calme et j'aimais écouter le bruit de la mer. La plage était magnifique, de sable blanc, bordée de cocotiers dont les larges feuilles se balançaient doucement au moindre souffle de vent. Après avoir pris mon petit déjeuner, je retournais à la plage et je passais la matinée à me baigner et à me faire bronzer. Le ciel était d'un bleu indescriptible et il n'y avait presque jamais de nuages. Je rentrais déjeuner à l'hôtel et je choisissais presque toujours un plat de poissons ou de fruits de mer, qui sont les spécialités gastronomiques de l'île. Comme dessert, je prenais en général des fruits, le plus souvent de l'ananas que j'adore, et qui est une des principales richesses de la Martinique avec la canne à sucre, ou bien des bananes qui sont là-bas fondantes comme du miel.

L'après-midi, je visitais toujours une partie différente de l'île, en particulier celles qui offrent un panorama exceptionnel comme la vue sur l'île de la Dominique, du haut des falaises entre Macouba et Grand-Rivière sur la côte atlantique, ou comme la Montagne Pelée, volcan dont l'éruption en 1902 a détruit la ville de Saint Pierre et les localités voisines.

Ou bien j'allais visiter une des curiosités de l'île, comme par exemple le musée de la Pagerie, dédié à Joséphine, née aux Trois Îlets en 1763 et qui allait devenir impératrice des Français; ou encore la distillerie de rhum de Gros Morne; ou la capitale, Fort-de-France, et ses bâtiments historiques. D'autres fois, je passais l'après-midi dans un village de pêcheurs, avec mon chevalet et mes tubes de peinture et j'essayais de reproduire sur la toile son animation et ses couleurs vives.

Je crois que j'ai assez bien réussi, car j'ai vendu plusieurs tableaux qui ont remboursé ces vacances de rêve.**'**

1 Where in Martinique did the narrator spend his holiday?

2 What did he do every morning?

3 Why did he enjoy it so much?

4 Describe the beach.

5 What did he do after breakfast?

6 What was the sky like?

7 Where did he eat at lunchtime?

8 What sort of food did he choose?

9 What fruit did he eat, and why?

10 Did he go back to the beach in the afternoon?

11 What can be seen from the top of the cliffs between Macouba and Grand-Rivière?

12 What happened in Martinique in 1902?

13 Name three places of interest on the island.

14 How did the narrator spend his afternoons in some fishing villages?

15 Was he satisfied with the results?

Faites le point! unités 10–12

1 Look at the map of France and alter tomorrow's weather forecast where necessary. There are ten mistakes. Do not change the names of towns or regions.

Temps très variable avec vent de secteur nord-ouest modéré sur le nord du pays. Très nuageux avec brouillard en Bretagne. Il y aura des orages en Bourgogne, aux environs de Dijon.

Sur les autres régions, le temps restera instable, les éclaircies devenant belles l'après-midi sur la côte pacifique, mais le ciel restera clair dans l'Est. Des Pyrénées aux Alpes, mauvais temps ensoleillé, avec quelques chutes de neige en Corse.

Les températures minimales seront comprises entre 8 et 13 degrés sur la moitié sud du pays. Les maximums atteindront 14 à 17 degrés sur la moitié nord.

2   M. and Mme Chevalier decided to redecorate their lounge. Put the sentences in the correct order to complete the story.

a   Sa femme lui a dit: 'Tu poseras le papier peint et Patricia et moi, nous repeindrons la porte et les fenêtres.'

b   Après le déjeuner, leur fils Jean les a aidés à sortir les meubles.

c   Vers huit heures du soir, il a commencé à le coller.

d   Samedi matin de bonne heure, les Chevalier sont allés en ville pour faire les achats nécessaires.

e   Puis leur fille Patricia a mis des journaux par terre pour protéger la moquette.

f   Voyant qu'il était tard, Madame Chevalier a proposé de terminer le lendemain.

g   Madame Chevalier a lavé les murs avant de commencer à peindre le plafond.

h   Ils ont acheté des pots de peinture, du papier peint, un rouleau, des pinceaux et de la colle.

i   Pendant qu'elle peignait le plafond, Monsieur Chevalier mesurait et coupait le papier peint.

3   You call a French company. Complete the dialogue with the cues below.

Standardiste	Allô, Delarue et Fils, j'écoute!
Vous	(**a** *Say you'd like to talk to Mr Delarue.*)
Standardiste	Je regrette, Monsieur Delarue est en réunion. Est-ce que je peux vous aider?
Vous	(**b** *Say you'd like to make an appointment with him.*)
Standardiste	Cette semaine?
Vous	(**c** *You are not free this week.*)
Standardiste	La semaine prochaine, alors?
Vous	(**d** *Say yes, except Wednesday.*)
Standardiste	Mardi, ça va?
Vous	(**e** *Check that it is the 15th.*)
Standardiste	Oui, c'est ça.
Vous	(**f** *Say Tuesday morning is OK.*)
Standardiste	Dix heures, ça vous convient?
Vous	(**g** *Say it's fine.*)

Standardiste	Quel est votre nom, s'il vous plaît.
Vous	(**h** *Answer accordingly.*)

4   This time, you are the switchboard operator of Dupont Frères.

Vous	(**a** *Answer the telephone.*)
Madame Manès	Je voudrais parler à Monsieur Dupont, s'il vous plaît.
Vous	(**b** *Say you are sorry, the line is engaged. Ask if she wants to wait.*)
Madame Manès	Non, mais c'est urgent. Pouvez-vous lui demander de me rappeler le plus tôt possible?
Vous	(**c** *Of course you can. Ask for her details.*)
Madame Manès	Je suis Madame Manès, la secrétaire de direction de la société CHECK.
Vous	(**d** *Ask her to spell it.*)
Madame Manès	C-H-E-C-K.
Vous	(**e** *Thank her and ask for her telephone number.*)
Madame Manès	C'est le 01.48.91.35.10.
Vous	(**f** *Say that you'll give him the message.*)
Madame Manès	Je peux le contacter par e-mail?
Vous	(**g** *Say yes and give it to her: robert.dupont@ola.com*)

5   Complete the story by filling in the missing verbs. You will need the following (some more than once):

aimer   habiter   jouer   passer   aller   être   avoir   s'appeler   faire

Quand j'(**a**) _____ jeune, je (**b**) _____ toujours en vacances en Vendée, sur la côte atlantique, avec mes cousins dont les parents (**c**) _____ une grande villa à La Tranche-sur-Mer. Nous (**d**) _____ pratiquement toute la journée sur la plage qui (**e**) _____ à deux pas de la maison. Il y (**f**) _____ des tas de choses à faire: nous nous baignions bien sûr, nous (**g**) _____ de la voile, nous (**h**) _____ au ballon et quelquefois nous (**i**) _____ des châteaux de sable pour amuser les plus petits. Mes cousins (**j**) _____ un chien très affectueux, qui (**k**) _____ Rollo, et qui (**l**) _____ notre compagnie. Il nous suivait partout.

Treizième unité

à la radio

Comme chaque semaine, Henri Boivin écoute son jeu radiophonique favori.

Présentateur Mesdames, mesdemoiselles, messieurs, bonsoir! Je vous parle, comme chaque semaine, du studio 20 pour notre jeu radiophonique «Qui veut gagner des euros?». Aujourd'hui, questions de géographie, et pour essayer d'y répondre, notre candidate, Mademoiselle Persiaux . . . Que faites-vous dans la vie, mademoiselle?

Candidate Je suis bibliothécaire.

Présentateur Et d'où êtes-vous?

Candidate De Reims.

Présentateur Êtes-vous prête à défendre l'honneur rémois?

Candidate Je suis prête.

Présentateur Alors, top chronomètre! L'Afrique est-elle plus ou moins grande que l'Amérique?

Candidate Au hasard, plus grande.

Présentateur Bravo! . . . Quelle est la plus haute montagne du monde?

Candidate Je crois que c'est l'Everest.

Présentateur	C'est exact, avec 8 882 mètres d'altitude . . . Où se trouve la plus haute montagne française?
Candidate	Dans les Alpes, c'est le Mont Blanc.
Présentateur	Bien sûr . . . Et quel est l'océan le plus profond du monde?
Candidate	L'océan Atlantique.
Présentateur	Ah non, mademoiselle, c'est le Pacifique, avec une profondeur moyenne de 4 282 mètres! . . . La mer Méditerranée est-elle plus ou moins profonde que la mer du Nord?
Candidate	Elle est plus profonde.
Présentateur	Oui . . . Les chutes du Niagara sont-elles plus hautes que les chutes Victoria?
Candidate	Je ne pense pas, non.
Présentateur	Bien, les chutes américaines et canadiennes mesurent respectivement 57 et 59 mètres. Mais quelle est la hauteur des chutes Victoria?
Candidate	200 mètres peut-être?
Présentateur	Non, mademoiselle, 115 mètres . . . Mais retournons à la montagne. Le plus haut col des Alpes se trouve-t-il en Italie, en Suisse ou en France?
Candidate	Je dirais en Suisse.
Présentateur	Bravo . . . Le désert de Gobi est-il aussi grand que le désert du Sahara?
Candidate	Non.
Présentateur	Exact. Le désert du Sahara est le plus grand du monde. Et, d'après vous, où fait-il le plus chaud au mois d'août, à Paris ou à Londres?
Candidate	À Paris, bien sûr!
Présentateur	Eh bien non, il fait aussi chaud à Londres qu'à Paris, avec une température moyenne de 18 degrés . . . Vous avez répondu à sept questions sur dix. Bravo, mademoiselle. Vous avez bien défendu l'honneur de votre ville! Et maintenant un spot de publicité.

QU'EST-CE QUE ÇA VEUT DIRE?

rémois(e)	*from Rheims*
un(e) bibliothécaire	*a librarian*
un chronomètre	*a stop-watch*
au hasard	*at a guess, at random*
le monde	*the world*
profond(e)	*deep*
un col	*a mountain pass* (here)

avez-vous compris?

Répondez en français.

1   Quel est le nom de la candidate?

2   D'où est-elle?

3   Quel est son métier?

4   Quelle est la plus haute montagne du monde?

5   Où se trouve la plus haute montagne française?

6   Quel est l'océan le plus profond du monde?

7   Quelle est la différence de hauteur entre les chutes du Niagara canadiennes et les chutes Victoria?

8   Où se trouve le plus haut col des Alpes?

9   Quel est le plus grand désert du monde?

10   Quelle est la température moyenne à Londres en août?

à vous!

Complétez.

1   L'Afrique est _____ grande que l'Amérique.

2   La mer Méditerranée est _____ profonde que la mer du Nord.

3   L'océan Atlantique est _____ profond que l'océan Pacifique.

4   Les chutes du Niagara sont _____ hautes que les chutes Victoria.

5   Le désert de Gobi est _____ grand que le désert du Sahara.

6   Au mois d'août, il fait _____ chaud à Londres qu'à Paris.

à la radio (suite et fin)

Après la publicité, le jeu continue.

Présentateur   Eh bien, mademoiselle, retournons en Europe pour l'instant.

Quel est le fleuve le plus long d'Europe?

Candidate   C'est le Danube?

Présentateur	Mais oui, mademoiselle, avec 2 839 kilomètres de long . . .
	La Seine est-elle aussi longue que la Loire?
Candidate	Non.
Présentateur	Vous avez raison, la Loire est le fleuve le plus long de France . . . Mais quelle est la plus grande île française?
Candidate	Probablement la Corse.
Présentateur	Mais oui, mademoiselle! Restons dans les îles. Quelle est la ville la plus éloignée de Paris, Papeete à Tahiti, ou Nouméa en Nouvelle-Calédonie?
Candidate	À mon avis, c'est Nouméa.
Présentateur	Nouméa est à 18 713 kilomètres de Paris, mais Papeete, en Polynésie, est à 23 654 kilomètres . . . Et où se trouve le plus grand lac du monde?
Candidate	Mmm . . . Je ne sais pas!
Présentateur	C'est le lac Supérieur qui se trouve entre le Canada et les États-Unis . . . Mais quel est le pays le plus peuplé du monde?
Candidate	L'Inde.
Présentateur	Seulement après la Chine qui a plus d'un milliard d'habitants . . . Le Royaume-Uni est-il plus peuplé que la France?
Candidate	Je pense que oui.
Présentateur	Mais oui, la France est plus grande mais moins peuplée . . . Et voici votre dernière question: quelle est la langue parlée par le plus grand nombre de personnes?
Candidate	Je suppose que c'est l'anglais.
Présentateur	Non, mademoiselle, c'était une question piège! C'est le mandarin . . . Eh bien, Mademoiselle Persiaux, vous avez fort brillamment répondu à onze questions. Voici donc les 440 euros que vous avez gagnés. Tous nos amis du studio 20 vous applaudissent bien fort . . .

QU'EST-CE QUE ÇA VEUT DIRE?

un fleuve	*a large river*
Vous avez raison	*You are right*
peuplé(e)	*populated*
un milliard	*1,000 million*
un(e) habitant(e)	*an inhabitant*
une question piège	*a trick question*
un piège	*a trap, a snare*
gagner	*to win*

avez-vous compris?

Répondez *vrai* ou *faux*.

1 Le Danube est le fleuve le plus long d'Europe.

2 La Corse est la plus grande île française.

3 Nouméa est plus loin de Paris que Papeete.

4 La Seine est aussi longue que la Loire.

5 Le lac Supérieur est situé entre les États-Unis et le Canada.

6 C'est le plus grand lac du monde.

7 L'Inde est le pays le plus peuplé du monde.

8 La France est plus peuplée que le Royaume-Uni.

9 Le mandarin est parlé par plus de gens que l'anglais.

10 Chaque bonne réponse rapporte 40 euros aux candidats.

à vous!

Comparez la taille et la population de plusieurs pays francophones.

Exemples: La Belgique est plus petite que la Suisse, mais elle a plus d'habitants.
La Suisse n'est pas aussi peuplée que la Belgique.

Utilisez les chiffres suivants.

	Superficie	**Population totale**
La France	54 690 km^2	61 millions d'habitants
La Belgique	30 500 km^2	10,4 millions d'habitants
La Suisse	41 272 km^2	7,2 millions d'habitants
Le Luxembourg	2 584 km^2	465 000 habitants
La Côte d'Ivoire	322 463 km^2	18 millions d'habitants
Le Québec	1 540 681 km^2	7,2 millions d'habitants

à la Martinique

Josée Cousin compare la vie en France et à la Martinique avec son amie Édith.

Josée Ce qui m'a frappée, Édith, en arrivant à l'aéroport de Roissy, c'est que tout était sombre, gris, morne, que l'ensemble manquait de couleurs . . .

Édith Tu veux dire que les couleurs là-bas étaient moins vives que les nôtres.

Josée Beaucoup moins. Et cela se réflète même dans les toiles que nous avons vues au musée d'Orsay, par exemple.

Édith Alors, tu préfères notre art et nos artistes. C'est bien!

Josée Non, mais c'est très différent! En revanche, quand nous sommes allés faire un petit tour dans le Midi, tout était plus intense, il y avait plus de lumière, les gens me semblaient plus ouverts, plus bruyants, plus animés . . .

Édith Comme chez nous, quoi! Mais votre séjour en France vous a plu quand même?

Josée Ah oui, énormément, surtout nos visites aux monuments historiques, qui sont plus impressionnants et plus anciens que les nôtres. Et il y en a tellement!

Édith Et quel est le bâtiment que tu as trouvé le plus intéressant?

Josée Le château de Versailles est magnifique, la basilique du Sacré-Cœur est imposante, et j'adore les vitraux de la cathédrale de Chartres. Mais ce que j'ai aimé le plus, c'était le château de Fontainebleau. À mon avis, c'est le plus beau.

Édith Et à part les monuments, qu'est-ce que tu as trouvé de mieux en France? La cuisine est-elle vraiment la meilleure du monde?

Josée Elle est excellente et très variée. Il y en a pour tous les goûts. Et le paysage est aussi plus varié que le nôtre. Tout est sur une plus grande échelle.

Édith Tu espères retourner en France un jour?

Josée Oui, j'aimerais bien y retourner, mais tu sais que j'ai horreur de voyager en avion. En attendant, les Muller vont venir nous rendre visite. Ils sont contents parce que notre climat est beaucoup plus agréable que le leur.

QU'EST-CE QUE ÇA VEUT DIRE?

frapper	*to strike*	tellement	*so (much / many)*
morne	*dull*	les vitraux (un vitrail)	*stained-glass windows*
une toile	*a canvas, a painting*	mieux (bien)	*better* (well)
le Midi	*the South of France*	meilleur (bon)	*better* (good)
plu (plaire 🛈)	*liked* (lit. *pleased me*)	le meilleur / la meilleure	*the best*
en revanche	*on the other hand*	sur une plus grande échelle	*on a larger scale*
la lumière	*the light*	le leur / la leur / les leurs	*theirs*

avez-vous compris?

Quels sont les adjectifs et expressions utilisés par Josée pour décrire:

1 son impression générale en arrivant à Paris?

2 la peinture française?

3 les gens du Midi?

4 les monuments historiques en France?

5 la cuisine française?

6 le paysage?

à vous!

Travaillez avec un / une partenaire. À tour de rôle, comparez les choses suivantes.

Exemple: un serpent est moins gros qu'un éléphant

1 un serpent, un éléphant, un crocodile

2 une pomme, un bonbon, un ananas

3 une glace, une carotte, un yaourt

4 une rivière, un fleuve, un canal

5 une voiture, un avion, un vélo

6 un téléphone, un téléviseur, un ordinateur

à la Martinique (suite)

Maintenant les deux amies parlent de musique.

Édith   Dis-moi, Josée, qu'est-ce que tu penses de la musique d'aujourd'hui?

Josée   Il y a des chansons qui me plaisent, mais moi, je préfère de beaucoup la chanson traditionnelle, les chansons de Barbara ou de Charles Aznavour, ou bien d'Édith Piaf et de Georges Brassens.

Édith   Oh Josée, tu ne vis pas avec ton temps! À mon avis, c'était un vieux qui chantait faux!

Josée   Au contraire, je trouve qu'il chantait bien. C'était un poète qui avait beaucoup d'humour. Et j'aime bien son côté iconoclaste; il donne à réfléchir.

Édith Mais de toute façon, la politique c'est la politique, la poésie c'est la poésie, et la chanson c'est la chanson!

Josée D'abord il est bon de pouvoir exprimer ses idées, et pourquoi pas en chanson? Et d'autre part, beaucoup de poèmes ont été mis en musique et sont devenus de grands succès.

Édith Oui, c'est vrai, je suppose. *Le Déserteur* de Boris Vian, *Les Feuilles mortes* de Prévert . . .

Josée Et les poèmes d'Aragon chantés par Léo Ferré. Ça démocratise la poésie, ça la met à la portée de tous et je pense que c'est une bonne chose.

Édith Je dois avouer que moi, je ne suis pas fanatique de la chanson. J'ai horreur du rock et je ne peux pas supporter le heavy metal, tout ce que les jeunes écoutent à longueur de journée. Ils nous cassent les oreilles!

Josée Je suis entièrement d'accord. Par contre, je déteste encore plus quand les enfants écoutent leur baladeur. Malheureusement, il paraît que c'est très dangereux.

Édith Il n'y a plus beaucoup de jeunes qui s'intéressent à la musique classique.

Josée Je dois dire que je n'aime pas ça non plus. Je trouve ça plutôt ennuyeux. Par contre, j'ai un faible pour le jazz. Et j'adore la musique de la Compagnie Créole!

Édith Moi aussi, je suis accro. Quel rythme, quel rayon de soleil!

QU'EST-CE QUE ÇA VEUT DIRE?

donner à réfléchir	*to make you think*
démocratiser	*to make easily accessible to the ordinary person*
mettre à la portée de tous	*to bring within everyone's reach*
casser les oreilles (*fam.*)	*to deafen*
par contre	*but, on the other hand*
un baladeur	*a personal stereo*
avoir un faible pour	*to have a soft spot for / to be partial to*
je ne peux pas supporter	*I can't stand*
je suis accro	*I am a fan (lit. I am hooked)*

avez-vous compris?

Qui parle? Josée ou Édith?

1 J'ai un faible pour le jazz.

2 Il est bon de pouvoir exprimer ses idées.

3 C'était un poète qui avait beaucoup d'humour.

4 J'ai horreur du rock.

5 Je déteste quand les enfants écoutent leur baladeur.

6 Je préfère de beaucoup la chanson traditionnelle.

7 Il n'y a plus beaucoup de jeunes qui s'intéressent à la musique classique.

8 La politique c'est la politique, la poésie c'est la poésie, et la chanson c'est la chanson!

9 C'était un vieux qui chantait faux!

10 Ils nous cassent les oreilles!

11 Ça démocratise la poésie, et je pense que c'est une bonne chose.

12 Je ne suis pas fanatique de la chanson.

à vous!

1 Exprimez vos goûts à propos de la musique. Utilisez quelques-unes des expressions ci-dessous.

j'aime bien . . .	je préfère . . .	j'adore . . .
j'ai horreur de . . .	je suis fanatique de . . .	je déteste . . .
j'ai un faible pour . . .	. . . me plaît / me plaisent	je n'aime pas du tout . . .
je ne peux pas supporter . . .	je suis accro (de) . . .	. . . ne me plaît / plaisent pas

je trouve que . . .	je pense que . . .	il est bon de . . .	je dois avouer que . . .
je dois dire que . . .	de toute façon . . .	à mon avis . . .	au contraire . . .
(mal)heureusement	je crois que . . .	par contre . . .	je (ne) suis (pas) d'accord . . .

2 Maintenant donnez votre avis en ce qui concerne les choses suivantes.

la Loterie Nationale / le Loto	les zoos
les animaux familiers	les baladeurs / les iPods
l'Union Européenne	les téléphones portables
l'euro	la cuisine chinoise
les fastfoods	les émissions de sport /
les jeux télévisés / la télé-réalité	de télé-achat
les cartes de crédit	l'internet
les DVD / les CD	les alcopops
la poésie / le rap	

à la Martinique (suite)

Josée retrouve son sujet de conversation favori, ses enfants.

Édith   Et les enfants, ça marche à l'école?

Josée   Oh, comme ci comme ça, tu sais. Annette travaille mieux que son frère, elle est plus studieuse, alors elle a de meilleurs résultats.

Édith   Ah bon, Simon travaille moins bien que sa sœur?

Josée   Il ne travaille pas autant que sa sœur. Il sort plus souvent maintenant qu'il est au collège, et surtout il fait beaucoup de sport.

Édith   Il se prépare aux jeux olympiques?

Josée   Pas encore, mais il est très bon en athlétisme. Au collège, c'est lui qui court le plus vite et qui saute le plus haut. Il est très rapide maintenant, mais il faut dire qu'il s'entraîne régulièrement.

Édith   Annette n'est pas très sportive, elle.

Josée   Si, mais elle n'aime pas la compétition. Elle préfère la danse et la gymnastique.

Édith   Et toi?

Josée   Moi, je compose mes menus pendant les cours de yoga. Je n'aime pas du tout les séances de méditation. C'est le pire pour moi, car on ne peut pas parler!

QU'EST-CE QUE ÇA VEUT DIRE?

autant	*as much*
sauter	*to jump*
(s')entraîner	*to train*
une séance	*a session* (here)
pire	*worse*
le / la pire	*the worst*

avez-vous compris?

Répondez en français.

1 Qui travaille le mieux à l'école, Annette ou Simon?

2 Pourquoi?

3 Pourquoi Simon travaille-t-il moins que sa sœur?

4 Qu'est-ce qui prouve qu'il est bon en athlétisme?

5 Comment obtient-il ces résultats?

6 Que préfère Annette?

7 Pourquoi?

8 Josée est-elle très sportive?

9 Pourquoi Josée n'aime-t-elle pas méditer?

10 Que fait-elle pour passer le temps?

Maintenant répondez simplement par *oui*, *non* ou *si*.

11 Annette n'est pas plus studieuse que Simon.

12 Simon sort plus souvent maintenant.

13 Il ne fait pas beaucoup de sport.

14 Il ne s'entraîne pas régulièrement.

15 Annette aime la compétition.

16 Elle préfère la danse et la gymnastique.

17 Josée ne fait pas d'exercice.

18 Elle n'aime pas la méditation.

à vous!

Pour chaque catégorie ci-dessous, faites deux ou trois phrases en utilisant un superlatif.

Exemples: Les pommes de terrre coûtent le moins cher.
                Le poisson est le plus riche en protéines.
                Les oranges ont le plus de vitamine C.

le caviar	la crème fraîche	le soja
les pommes de terre	les oranges	le lait
le poisson	les carottes	le thé
le pain	l'alcool	

un pompier	un médecin	un professeur
un infirmier	un ouvrier	un acteur
un mécanicien	un cascadeur	un chirurgien

regarder la télévision	manger	jouer à quelque chose
dormir	faire du sport	jouer d'un instrument de
travailler	lire	musique
rire	écouter	bavarder

les araignées	les serpents	les tigres
les éléphants	les baleines	les dauphins
les chiens	les requins	les tortues
les renards	les chevaux	les rats

la voiture	le bus	le bateau
le train	le métro	le téléphérique
l'avion	le tramway	le cheval
le vélo	le taxi	la jeep
les skis		

à la Martinique (suite et fin)

Pendant que sa mère bavarde avec Édith, Annette bavarde avec son amie Emma.

Annette	Emma, regarde mon dessin! Il est joli, n'est-ce pas?
Emma	Oui, mais le mien est plus coloré. Le tien est un peu triste.
Annette	Qu'est-ce que c'est?
Emma	Je ne sais pas encore.
Annette	Ça ne fait rien, ce n'est pas mal. Tu n'as pas vu les dessins de Simon? Les siens sont vraiment horribles!
Emma	Tu es méchante avec ton frère!

Annette	Il n'est pas plus gentil avec moi! Dis-moi, tu aimes ma nouvelle robe?
Emma	Oui, mais je préfère celle de Michelle, la sienne a de la dentelle.
Annette	De la dentelle! Je n'aime pas ça. C'est démodé.
Emma	Moi, je préfère être en jean ou en short, c'est plus confortable.
Annette	Oui, mais toi, tu es un vrai garçon manqué!

QU'EST-CE QUE ÇA VEUT DIRE?

un dessin	*a drawing*	méchant(e)	*nasty, wicked*
le mien / la mienne	*mine*	la dentelle	*lace*
le tien / la tienne	*yours*	démodé	*old-fashioned*
les siens	*his / hers* (masc. pl.)	un garçon manqué	*a tomboy*

avez-vous compris?

Répondez *vrai* ou *faux*.

1 D'abord, Annette et Emma parlent de vêtements.

2 Le dessin d'Annette est moins coloré que celui d'Emma.

3 Emma ne sait pas ce que son dessin représente.

4 Annette n'aime pas les dessins de son frère.

5 Emma dit que Simon est méchant avec elle.

6 Annette a une nouvelle robe avec de la dentelle.

7 Emma trouve la dentelle démodée.

8 Emma préfère les vêtements confortables.

à vous!

Complétez avec les mots ci-dessous. Consultez *Un peu de grammaire* avant de commencer.

voiture   dessin   robe   sac   maison   lunettes   valise   enfants

1 – C'est votre _____ ?
– Non, la mienne est en plastique marron.

2 – Ce sont vos _____ ?
– Non, les nôtres sont restés à la maison.

3 – C'est la _____ de vos parents?
– Non, la leur n'a pas de jardin.

4 – Est-ce que ce sont vos _____?
– Non, les miennes sont sur mon nez!

5 – C'est votre _____ ?
   – Non, la nôtre est en panne.

6 – C'est votre _____ ?
   – Non, le mien est en cuir.

7 – C'est la _____ de votre fille?
   – Non, la sienne n'a pas de dentelle.

8 – C'est le _____ de votre fils?
   – Non, le sien est plus coloré.

UN PEU DE GRAMMAIRE

Les comparatifs	***Comparatives***
plus . . . que / qu'	*more . . . / . . . -er than*
La France est **plus** grande **que** l'Angleterre.	*France is **bigger than** England.*
moins . . . que / qu'	*less . . . / . . . -er than*
La Seine est **moins** longue **que** la Loire.	*The Seine is **less** long **than** the Loire.*
	*The Seine is **shorter than** the Loire.*
aussi . . . que / qu'	*as . . . as*
Il fait **aussi** chaud à la Martinique **qu'**à la Guadeloupe.	*It is **as** hot in Martinique **as** it is in Guadeloupe.*
Note the irregular comparatives:	
bon → meilleur	*good → better* (adjective)
bien → mieux	*well → better* (adverb)
beaucoup → plus / davantage	*much / a lot → more*
peu → moins	*little → less*
mauvais → plus mauvais	*bad → worse*
Les superlatifs	***Superlatives***
Le **plus** long fleuve / **le** fleuve **le plus** long	***The longest** river.*
La **plus** haute montagne / **la** montagne **la plus** haute	***The highest** mountain.*
Note that if the adjective normally comes after the noun, the second construction must be used.	
Ce sont **les** enfants **les plus** intelligents.	*They are **the most** intelligent children.*
Voilà **le** livre **le plus** intéressant.	*Here is **the most** interesting book.*

IIII➡

Les pronoms possessifs	Possessive pronouns
le mien, la mienne, les miens, les miennes	*mine*
le tien, la tienne, les tiens, les tiennes	*yours* (fam.)
le sien, la sienne, les siens, les siennes	*his / hers*
le nôtre, la nôtre, les nôtres	*ours*
le vôtre, la vôtre, les vôtres	*ours* (polite or pl.)
le leur, la leur, les leurs	*theirs*

▶ **Grammaire** 17, 18

EXERCICES

A Comparez Nadine, Catherine et Paule, leurs vêtements et leurs affaires.

Exemples: Nadine est plus jeune que Catherine.
Paule a le plus grand sac.

B   Comparez la Martinique et la Guadeloupe en utilisant les renseignements ci-dessous.

	MARTINIQUE	GUADELOUPE
Superficie	1080 km²	1702 km²
Altitude maximum	Montagne Pelée: 1397 m	La Soufrière: 1467 m
Température moyenne	26°	26°
Population totale	437 000 habitants	453 000 habitants
Population de la plus grande ville	Fort-de-France: 135 000 habitants	Pointe-à-Pitre: 29 000 habitants
Production de sucre	140 000 tonnes	170 000 tonnes
Exportation de bananes	150 000 tonnes	120 000 tonnes
Latitude	14° Nord	16° Nord

1 La Martinique est _____ grande _____ la Guadeloupe.

2 La Martinique est _____ peuplée _____ la Guadeloupe.

3 Il y a _____ d'habitants à Fort-de-France _____ à Pointe-à-Pitre.

4 La Martinique est _____ près de l'équateur _____ la Guadeloupe.

5 Il fait _____ chaud à la Guadeloupe _____ à la Martinique.

6 La Guadeloupe produit _____ de sucre _____ la Martinique.

7 La Guadeloupe exporte _____ de bananes _____ la Martinique.

8 La Montagne Pelée est _____ haute _____ la Soufrière.

C Vous êtes très fier / fière de votre fils / fille / neveu / nièce / frère / sœur, etc. Décrivez-le / la et parlez de ses exploits!

Exemple: Mon fils est le plus intelligent de sa classe. Il a les meilleurs résultats. C'est aussi le meilleur athlète de son collège . . .

D Dites ce que vous préférez et donnez vos raisons.

1 Le matin, l'après-midi ou le soir.

2 Le printemps, l'été, l'automne ou l'hiver.

3 La ville ou la campagne.

4 La mer ou la montagne.

5 Les chats ou les chiens.

6 La musique classique, le jazz, le rock ou la pop musique.

écoutez bien!

You have updated the demographic records on la Guyane Française and Madagascar, but now need some information on geographical features. Listen to the recording and fill in the details.

	LA GUYANE FRANÇAISE	**MADAGASCAR**
Superficie		
Altitude maximum	Montagne Tabulaire	Amboro
Population totale	200 000 habitants	18 millions d'habitants
Population de la plus grande ville	Cayenne: 60 000 habitants	Antananarivo: 1 million d'habitants
Latitude		
Longitude		

Quatorzième unité

sur le chemin du collège

Quand Jeanne est arrivée au collège ce matin, elle était pâle et toute tremblante. Son collègue, Georges Chevalier, lui demande ce qui lui est arrivé.

Georges   Qu'est-ce qui vous est arrivé, Mademoiselle Chouan? Vous avez eu un accident?

Jeanne   Presque. Ah, ces imbéciles au volant!

Georges   Calmez-vous, et venez vous asseoir un instant. Bon. Et maintenant, racontez-moi ce qui vous est arrivé.

Jeanne   Je venais de quitter la station-service, et je roulais sur la route des Sables en direction de Luçon . . .

Georges   Pas trop vite j'espère!

Jeanne   Je respectais la limite de vitesse, comme d'habitude.

Georges   Et alors?

Jeanne   Il y avait un type derrière moi, dans une grosse BMW. Il était très impatient. Il m'a fait des appels de phares, il a klaxonné plusieurs fois . . .

Georges   Typique!

Jeanne   Au nouveau rond-point j'ai regardé dans le rétroviseur, j'ai signalé, j'ai ralenti. Comme il me suivait de beaucoup trop près, il a dû freiner brutalement, puis il a décidé de dépasser.

Georges   Bon débarras, hein!

Jeanne   Malheureusement, un autre idiot, tout aussi impatient, dans une voiture de sport qui arrivait de la droite à toute vitesse, ne s'est pas arrêté et . . .

Georges   Et ça a fait boum!

Jeanne   Tout juste! Les deux voitures se sont heurtées, les chauffeurs sont descendus tout de suite, et ils ont commencé à se disputer.

Georges   Mais vous, vous avez continué votre chemin?

Jeanne   Oui, après tout je n'étais pas responsable de l'accrochage.

QU'EST-CE QUE ÇA VEUT DIRE?

rouler	*to drive, to go* (in a car)
les Sables (-d'Olonne)	(seaside resort in Vendée)
un type	*a guy*
faire des appels de phares	*to flash one's headlights*
un rond-point	*a roundabout*
le rétroviseur	*the rear mirror*
ralentir	*to slow down*
freiner	*to brake*
dépasser	*to overtake*
Bon débarras!	*Good riddance!*
se heurter	*to crash into each other, to collide*
j'ai cru (croire)	*I thought (to believe)*
un accrochage	*a crash, a collision*

avez-vous compris?

Aidez Georges à raconter ce qui est arrivé à Jeanne ce matin, en corrigeant ses erreurs.

Pauvre Jeanne! Elle est arrivée pâle et tremblante au bureau ce matin. Je lui ai suggéré de se lever avant de me raconter ce qui lui était arrivé. Il paraît qu'elle venait de quitter l'autoroute, et qu'elle roulait trop vite. Derrière elle, il y avait une bonne femme dans une grosse Citroën, qui la suivait de trop près. Au croisement Jeanne a signalé et elle a accéléré. La femme, qui était très patiente, a finalement décidé de la dépasser. Malheureusement, une autre voiture, qui arrivait de la gauche, ne s'est pas arrêtée. Les deux voitures se sont heurtées. Les deux femmes sont descendues et elles ont commencé à se battre.

à vous!

Les dessins ci-dessous représentent l'accrochage qui a eu lieu. Mettez-les dans le bon ordre et trouvez l'intrus.

un appel téléphonique après l'accrochage

Le propriétaire de la BMW utilise son portable pour appeler sa compagnie d'assurance, Assistance-Globale.

Femme	Assistance-Globale. Qu'y a-t-il pour votre service?
Homme	Allô! Bonjour, mademoiselle. Ma voiture est tombée en panne, enfin, c'est-à-dire que j'ai eu un petit accident . . .
Femme	Où êtes-vous exactement, monsieur?
Homme	Sur la départementale 949, à un rond-point pas loin d'une station-service, en face d'un hypermarché, à environ deux kilomètres de Luçon.
Femme	Et vous rouliez dans quel sens?
Homme	Je venais de Talmont, sur la route des Sables-d'Olonne et je me dirigeais vers le centre de Luçon.
Femme	Quel est le numéro d'adhésion?
Homme	Voyons . . . Ah, voilà . . . Alors, 462.015.331.
Femme	Et votre nom?
Homme	Lebœuf, Julien Lebœuf, des Entreprises Lebœuf et Fils.
Femme	Et le numéro d'immatriculation du véhicule, monsieur?
Homme	234 CAD 85.
Femme	Et la marque de votre voiture?
Homme	C'est une BMW.
Femme	De quelle couleur est-elle?
Homme	Elle est noire.
Femme	Très bien, monsieur. La dépanneuse sera avec vous dans environ trois quarts d'heure.
Homme	Trois quarts d'heure! Mais je suis pressé, moi, ce matin. J'ai rendez-vous avec un client très important à neuf heures et demie! Vous ne pourriez pas envoyer quelqu'un plus tôt?
Femme	Je suis désolée, monsieur, je ne peux pas le garantir. Mais je ferai de mon mieux.
Homme	Vous avez intérêt à faire de votre mieux. Si je perds cette commande, je change de compagnie d'assurance. Je suis un de vos plus gros clients. Ma société a vingt voitures de service, douze camions . . . Allô! Allô! Ah, zut, on nous a coupé!

QU'EST-CE QUE ÇA VEUT DIRE?

une compagnie d'assurance	*an insurance company*	la dépanneuse	*breakdown vehicle*
le numéro d'adhésion	*membership number*	Vous ne pourriez pas . . . ?	*Couldn't you . . . ?*
le numéro d'immatriculation	*registration number*	Zut!	*Bother!*
la marque	*the make*		

avez-vous compris?

Répondez *vrai* ou *faux*.

1 L'homme qui téléphonait avait une Citroën verte.

2 Il se servait d'un poste d'urgence pour appeler Assistance-Globale.

3 Il était dans une cabine téléphonique.

4 Il a dit qu'il roulait vers Luçon.

5 Il se trouvait en face d'une station-service.

6 La dépanneuse allait arriver un quart d'heure plus tard.

7 Il était satisfait du service d'Assistance-Globale.

8 L'homme était pressé parce qu'il avait rendez-vous avec un client important.

9 Il était représentant.

à vous!

Reliez les phrases et les panneaux.

1 N'oubliez pas la limite de vitesse.

2 Accès interdit si vous n'habitez pas là.

3 Au rond-point, cédez le passage.

4 Il faut s'arrêter pour payer.

5 Vous n'avez pas la priorité au carrefour.

6 Tout le monde doit suivre cette route.

7 Vous entrez dans un tunnel.

8 Vous avez priorité.

jeu de rôles

Partenaire A

(Partenaire B: tournez à la page 265.)

A1 Vous travaillez pour *Assurance Totale*. Vous recevez un coup de fil d'un / une client(e), qui vient de tomber en panne. Demandez-lui les renseignements nécessaires pour remplir le formulaire.

ASSURANCE TOTALE

Date: . . . . Heure de l'appel: . . . .

Nom: . . . .

Numéro d'adhésion: . . . .

Marque et couleur du véhicule: . . . .

Numéro d'immatriculation: . . . .

Situation du véhicule: . . . .

. . . .

A2 Maintenant vous êtes l'automobiliste. Votre voiture vient de tomber en panne. Vous appelez *Auto-Assistance*. Répondez aux questions de l'employé(e) qui vous répond.

panique à bord!

Pendant les grandes vacances, Jeanne est partie en croisière avec des amies. Que faisaient donc les passagers le soir de la fausse alerte?

Jeanne participait avec ses copines au karaoké qui avait lieu au grand salon; elle essayait d'imiter Madonna. Régine Mercier regardait son mari Jules qui faisait une partie de black-jack au casino. Pour une fois, il avait de la chance. Dans la salle de bains de sa cabine, madame Lajoux se mettait un masque hydratant sur le visage et sur le cou. Elle croyait que son mari faisait de la musculation dans la salle de gym. En fait, il était au bar et bavardait avec une jolie serveuse en buvant un whisky. Elle croyait aussi que son fils Marc était au cybercafé pour vérifier ses e-mails ou éditer son blog. Mais Marc était en train de se raser la tête avec le rasoir de son père pour se relooker. Au salon Mango, monsieur et madame Legris s'endormaient en écoutant une jeune pianiste qui interprétait du Chopin. Au salon de beauté, madame Cohen se faisait faire un massage et commençait enfin à se relaxer. Au cinéma, monsieur Hublot regardait la fin de 'Mort sur le Nil' au moment où Hercule Poirot allait dévoiler le coupable.

QU'EST-CE QUE ÇA VEUT DIRE?

une croisière	*a cruise*
un paquebot	*a liner*
une fausse alerte	*a false alarm*
avoir lieu	*to take place*
un masque hydratant	*a moisturising mask*
croire	*to believe, to think*
être en train (de)	*to be in the process (of)*
se relooker	*to give oneself a new look*
enfin	*at last*
dévoiler	*to reveal, to unveil*

avez-vous compris?

Répondez *vrai* ou *faux*.

1 Jeanne chantait un succès de Madonna.

2 Régine Mercier était au casino et jouait au black-jack.

3 Son mari avait de bonnes cartes.

4 Après avoir pris un bain, madame Lajoux se mettait de la crème hydratante.

5 Monsieur Lajoux n'était pas dans la salle de fitness.

6 Marc Lajoux envoyait des e-mails à ses copains.

7 Marc voulait changer de coiffure.

8 Les Legris assistaient à un récital de piano.

9 Madame Cohen ne portait pas de vêtements.

10 Monsieur Hublot regardait un film policier.

panique à bord! (suite et fin)

Tout à coup, la sirène d'alarme s'est déclenchée. Qu'est-ce que les passagers ont fait?

Jeanne a laissé tomber le micro au grand soulagement des autres passagers. Très déçus, Régine et Jules Mercier ont quitté le casino à regret. Madame Lajoux est sortie de sa cabine en oubliant le masque sur son visage. Son mari a fini son whisky et a mis une pastille de menthe dans sa bouche. Marc a vite rangé le rasoir et a mis sa casquette. La jeune pianiste s'est arrêtée net et les Legris se sont réveillés. Mme Cohen s'est levée et s'est rhabillée. Monsieur Hublot est sorti du cinéma en rouspétant. Tous les passagers se sont rendus en quelques minutes aux divers points de rassemblement. Heureusement, c'était seulement une fausse alerte!

QU'EST-CE QUE ÇA VEUT DIRE?

tout à coup	*suddenly*	en oubliant (← oublier)	*forgetting (← to forget)*
la sirène d'alarme	*the (fire) alarm*	une pastille de menthe	*a mint (sweet)*
se déclencher	*to go off*	net	*dead, instantly* (here)
la piste (de danse)	*(dance) floor*	rouspéter	*to moan, to grumble*
au grand soulagement (de)	*to the great relief (of)*	se rendre à	*to go to / to get to*
déçu (← décevoir)	*disappointed*	un point de rassemblement	*a muster station*
à regret	*reluctantly*		

avez-vous compris?

Les passagers expliquent ce qu'ils ont fait quand la sirène d'alerte s'est déclenchée. Indiquez qui parle ou dites 'personne / on ne sait pas'.

1 J'ai vidé mon verre.

2 J'ai mis le rasoir dans la trousse de toilette de mon père.

3 On a poussé un soupir de soulagement.

4 Je me suis plaint à un membre du personnel.

5 Nous avons ouvert les yeux.

6 J'ai fermé l'ordinateur.

7 J'ai cessé de jouer.

8 On a paniqué.

9 Je n'ai pas fini ma chanson.

10 J'ai mangé un bonbon.

11 J'ai posé les cartes sur la table.

12 Je suis sorti de la salle de gym.

13 J'ai remis mes vêtements.

14 Je me suis rincé le visage.

15 Nous sommes allés au point de rassemblement le plus proche.

à vous!

Les passagers disent ce qu'ils faisaient quand la sirène d'alerte s'est déclenchée et ce qu'ils ont fait quand ils ont entendu la sirène. Complétez les textes.

1 **Jeanne:** 'Je _____ au karaoké avec mes copines. Je _____ une chanson de Madonna. Quand j'ai entendu la sirène, j' _____ la piste.'

2 **Régine Mercier:** 'Mon mari_____ au black-jack. Pour une fois, il _____ de bonnes cartes. Quand on a entendu la sirène, on _____ le casino.'

3 **Madame Lajoux:** 'J' _____ dans la salle de bains; je _____un masque hydratant. Quand j'ai entendu la sirène, je _____ de ma cabine et j' _____ mon masque!'

4 Monsieur Lajoux: 'Non, je ne _____ pas de musculation. Je _____ un whisky au bar. Quand j'ai entendu la sirène, j' _____ mon verre.'

5 Marc Lajoux: 'Je n' _____ pas de méls, je _____ la tête pour changer de look. Quand j'ai entendu la sirène, j' _____ le rasoir de mon père et j' _____ ma casquette.'

6 Monsieur Legris: 'Ma femme et moi _____ au salon Mango pour écouter un récital de piano. Quand nous avons entendu la sirène, nous _____ en sursaut.'

7 Madame Cohen: 'Je _____ faire un massage au salon de beauté pour me détendre. Quand j'ai entendu la sirène, je _____ et je _____.'

8 Monsieur Hublot: 'Je _____ un thriller au cinéma. Quand j'ai entendu la sirène, j' _____ parce que j'étais en colère.'

9 La serveuse du bar: 'Moi, je _____ avec un client. Quand j'ai entendu la sirène, je _____ au point de rassemblement le plus proche.'

une journée difficile

Dans le magasin où elle travaille à Rouen, Chantal s'occupe de clients qui ont rapporté des vêtements.

Chantal	Bonjour, monsieur. Vous désirez?
Jeune homme	J'ai acheté ce pantalon hier. Mais quand je l'ai vu à la lumière du jour, j'ai décidé que je n'aimais pas la couleur.
Chantal	Ah, bon! Vous voulez le changer, ou vous préférez être remboursé?
Jeune homme	Ça dépend des couleurs que vous avez. Vous l'avez en marron?
Chantal	Voyons . . . Vous faites du 48 . . . Alors, 44, 46, 50. Non, monsieur, je regrette. Nous ne l'avons qu'en rouge.
Jeune homme	Ah non! Le rouge ne me va pas du tout!
Chantal	Alors, je peux vous proposer un autre modèle, à carreaux bruns et beiges . . .
Jeune homme	Je déteste les carreaux!
Chantal	Et les rayures?
Jeune homme	Peut-être.
Chantal	Regardez celui-ci, rayé vert et noir. Il est en laine et polyester.
Jeune homme	Impossible. La laine me donne des démangeaisons. Et puis, je n'aime pas la coupe. Non, vraiment, je préfère un pantalon uni.
Chantal	Dans ce cas, je crois qu'il serait préférable de vous rembourser, monsieur. Vous avez votre reçu, s'il vous plaît?
Jeune homme	Non, je suis désolé, je l'ai laissé à la maison!

QU'EST-CE QUE ÇA VEUT DIRE?

rapporter	*to bring back*
Vous préférez être remboursé?	*Would you prefer a refund?*
le rouge ne me va pas du tout!	*red doesn't suit me at all!*
à carreaux	*checked*
rayé(e) / à rayures	*striped*
habitué à	*used to, accustomed to*
la laine	*wool*
me donne des démangeaisons	*makes me itch*
uni(e)	*plain* (i.e. *no pattern*)
il serait préférable	*it would be better, preferable*
le reçu	*the receipt*

avez-vous compris?

Répondez en français.

1 Qu'est-ce que le jeune homme a acheté hier.

2 Pourquoi ne l'aimait-il pas?

3 Quelle couleur voulait-il?

4 Est-ce que Chantal a trouvé sa taille en marron?

5 Le jeune homme aime-t-il les pantalons à carreaux?

6 Pourquoi n'aime-t-il pas le pantalon à rayures?

7 Préfère-t-il faire un échange ou être remboursé?

8 A-t-il perdu son reçu?

une journée difficile (suite et fin)

Cette fois, c'est Madame Brède qui rapporte un pull.

Chantal	Qu'y-a-t-il pour votre service, madame?
Mme Brède	Je voudrais changer le pull que j'ai acheté dans ce magasin. Il a rétréci.
Chantal	Vous avez bien suivi les instructions de lavage?
Mme Brède	Bien sûr! Je fais toujours très attention à ce genre de choses!

Chantal	Très bien, madame. Vous avez le reçu, s'il vous plaît?
Mme Brède	Voilà, mademoiselle!
Chantal	Mais . . . Je ne comprends pas . . . C'est bien le reçu pour le pull-over, mais . . . vous avez acheté ce pull il y a presque un an, et vous avez attendu jusqu'à aujourd'hui pour le rapporter?
Mme Brède	Je ne l'ai porté qu'une seule fois, je l'ai lavé à la main, et je l'ai rangé. Hier, quand je l'ai mis, j'ai remarqué qu'il avait rétréci.

QU'EST-CE QUE ÇA VEUT DIRE?

ranger	*to tidy up, to put away*
rétrécir	*to shrink*

avez-vous compris?

Aidez Chantal à raconter sa journée difficile.

polyester   reçu   marron   an   vêtements   pull
carreaux   couleur   pantalon   régime

Je me suis occupée de deux clients qui ont rapporté des (**1**) _____ aujourd'hui. Le premier, un jeune homme, m'a dit qu'il n'aimait pas la (**2**) _____ de son (**3**) _____ et qu'il le voulait en (**4**) _____. Quand je lui ai proposé un pantalon à (**5**) _____ il m'a dit qu'il le détestait, et il a refusé également d'en acheter un en laine et (**6**) _____. La dame qui a rapporté un (**7**) _____ m'a dit qu'il avait rétréci. Mais quand elle m'a donné le (**8**) _____ j'ai été très surprise, car elle avait acheté le pull il y a presque un (**9**) _____!

à vous!

Imaginez que vous êtes un(e) client(e) qui rapporte un vêtement. Répondez aux questions du vendeur / de la vendeuse.

Vendeur / vendeuse Qu'y-a-t-il pour votre service, M . . .?

Vous (**1** *Say, you bought this jacket recently, and when you saw it in daylight, you didn't like the colour.*)

Vendeur / vendeuse Très bien. Alors, vous voulez la changer, ou vous préférez être remboursé(e)?

Vous (**2** *Say, you'd like to change it. It depends what colours they have.*)

Vendeur / vendeuse Bleu marine, violet, chocolat, citron vert. Vous préférez une veste unie?

Vous (**3** *Say yes. You hate checks and stripes.*)

Vendeur / vendeuse Vous faites quelle taille?

Vous (**4** *Say what size you take.*)

Vendeur / vendeuse Voilà, M . . . Vous avez votre reçu?

Vous (**5** *Say sorry, you forgot it!*)

jeu de rôles

Partenaire B

(Partenaire A: tournez à la page 257.)

B1 Vous venez de tomber en panne. Vous téléphonez à *Assurance Totale* et donnez à l'employé les renseignements qu'il / elle demande.

B2 Maintenant vous travaillez pour *Auto-Assistance*. Vous recevez un coup de fil d'un / une client(e), qui vient de tomber en panne. Demandez-lui les renseignements nécessaires pour remplir le formulaire.

AUTO-ASSISTANCE

Date: . . . . Heure de l'appel: . . . .

Nom: . . . .

Numéro d'adhésion: . . . .

Marque et couleur du véhicule: . . . .

Numéro d'immatriculation: . . . .

Situation du véhicule: . . . .

. . . .

UN PEU DE GRAMMAIRE

Le passé composé ou l'imparfait?

Contrasting the perfect and imperfect tenses.

The **perfect** expresses a completed action; the **imperfect**, how things were.

Quand la sirène s'est déclenchée Jeanne participait à un karaoké.	*When the alarm sounded Jeanne was taking part in karaoke.*
Il prenait un bain quand le téléphone a sonné.	*He was having a bath when the telephone rang.*

Note however:

Je venais de quitter la station-service.	*I had just left the petrol station.*

▶ **Grammaire** 16

EXERCICES

 On vous accuse! Dites le contraire!

Exemple: Vous êtes sorti(e) devant la BMW.
　　　　Ah non, je suis sorti(e) derrière la BMW.

1   Vous veniez d'arriver à la station-service.

Non, je venais de quitter . . .

2   Vous rouliez à plus de 70 kilomètres à l'heure.

Au contraire, je . . .

3   Vous avez regardé dans votre rétroviseur, après avoir signalé.

C'est faux, j'ai . . .

4   Vous avez accéléré.

Pas du tout! En fait, j'ai . . .

5   Quelqu'un vous suivait de très loin.

Non, . . .

6   Vous étiez impatient(e).

Non, . . .

7   Vous vouliez tourner à gauche.

Non, . . .

8   Vous êtes reparti(e) avant l'arrivée de la police.

Ah non, je . . .

B   **1**   Regardez bien la famille Dupré à la maison. Où étaient-ils et que faisaient-ils?

2   Qu'est-ce qu'ils ont fait, quand le téléphone a sonné?

C   Complétez l'histoire, en employant le parfait ou l'imparfait.

Quand il (**1** être) en vacances, il (**2** se lever) tard. Après le petit déjeuner, il (**3** partir) en voiture pour visiter les environs. Un jour, il (**4** perdre) les clés de la voiture et il (**5** prendre) un taxi pour rentrer à l'hôtel.

En général, le midi, il (**6** manger) dans un bon restaurant, et il (**7** choisir) les spécialités de la région. Mais un jour, il (**8** oublier) son argent, et il (**9** devoir) faire la vaisselle.

Comme il (**10** faire) toujours très beau, il (**11** sortir) en chemise, en short et en sandales. Un jour qu'il (**12** se promener) loin du village où (**13** être) son hôtel, il y (**14** avoir) un violent orage et il (**15** rentrer) trempé. Il (**16** attraper) un rhume et il (**17** passer) la fin de ses vacances au lit.

D   Reliez les phrases.

1	Le pull a rétréci,	**a**	le rouge ne me va pas.
2	Je ne porte jamais de laine,	**b**	maintenant je fais du 44.
3	J'ai les cheveux roux,	**c**	à la lumière du jour.
4	Je n'ai pas mon reçu,	**d**	vous n'avez pas suivi les instructions de lavage
5	J'achète toujours des vêtements unis,	**e**	ça me donne des démangeaisons.
6	Je n'aime pas la couleur,	**f**	je l'ai laissé à la maison.
7	Je ne suis pas satisfait,	**g**	je déteste les carreaux et les rayures.
8	J'ai grossi,	**h**	je voudrais être remboursé.

écoutez bien!

Première partie

Listen to the telephone call to *Assistance Prima* and fill in the record sheet.

ASSURANCE PRIMA

Heure de l'appel: . . . .

Nom: . . . .

Numéro d'adhésion: . . . .

Marque, modèle et couleur du véhicule: . . . .

Numéro d'immatriculation: . . . .

Situation du véhicule: . . . .

. . . .

. . . .

Notes supplémentaires: . . . .

. . . .

. . . .

Deuxième partie

Listen to the sequence of events and choose the options which best describe what took place.

1 L'homme ronflait / mangeait / rêvait quand la cloche / le réveil / le téléphone a crié / sonné / klaxonné.

2 La dame pleurait / murmurait / chantait quand quelqu'un lui a demandé de continuer / de se taire / de chanter à pleins poumons. La personne était agréable / impolie / charmante.

3 La jeune fille prenait un bain / était sous la douche / se baignait quand le bébé a crié / un petit garçon a sifflé / le téléphone a sonné.

4 Le jeune écoutait de la pop musique / les informations / de la musique classique quand sa copine / une voisine / son père a frappé à la porte.

5 La mère de famille faisait le ménage / la cuisine / le lavage quand elle a renversé du lait sur le tapis / a laissé tomber un couteau / a cassé une assiette.

6 Les enfants se disputaient / jouaient / plongeaient dans la piscine / la salle de séjour / le jardin quand un d'eux est tombé et s'est fait mal au dos / au doigt / au bras.

Troisième partie

Listen to the conversation in the shop and decide which of the following accounts is correct.

1 Un monsieur, qui avait envie d'ennuyer sa femme, est retourné au magasin où elle lui avait acheté un cadeau d'anniversaire. Il a demandé à la vendeuse de changer le pull et il en a choisi un autre en marron – une couleur que sa femme déteste.

2 Un homme voulait changer un vêtement qui était trop petit pour lui. Il est retourné au magasin où il l'avait acheté. Il a dit que le vêtement avait rétréci au lavage et il a demandé à la vendeuse de le changer. Il ne voulait pas de remboursement.

3 Le client qui voulait changer un pull qui avait rétréci au lavage a demandé à la vendeuse si elle avait grossi. Il lui a dit qu'il ne voulait pas être remboursé, mais qu'il préférait changer le pull.

lecture

Read the text and complete the following sentences:

When you travel on the motorway,
You can . . .
You must . . .
You must not . . .

Bien utiliser l'autoroute

C'est vrai, l'autoroute coûte cher, mais saviez-vous que, à kilomètrage égal, les autoroutes tuent trois fois moins que les autres routes françaises? Elles offrent en outre de nombreux services aux automobilistes.

Avant de prendre la route, vérifiez la pression de vos pneus, y compris la roue de secours. Six pour cent des morts sur les autoroutes surviennent à cause de l'éclatement d'un pneu qui est souvent causé par l'usure ou le sous-gonflage. Il est recommandé de faire ce contrôle à froid (après moins de 5 km) ou bien il faut ajouter 0,3 bar à la pression indiquée dans le manuel d'entretien de votre véhicule. Ajoutez aussi 0,3 bar pour un voyage sur autoroute.

Il faut respecter les limites de vitesse, c'est-à-dire 130 km/h dans des conditions normales et 110 km/heure par temps de pluie. Il faut aussi tenir compte des panneaux de ralentissement en cas de virages dangereux, travaux, brouillard etc.

Pendant le trajet, si vous écoutez la radio Autoroute FM sur la fréquence 107.7, vous aurez de la musique, des informations touristiques sur la région que vous traversez, des bulletins météo et vous serez tenus au courant des conditions du trafic en temps réel ce qui vous permettra d'éviter les éventuels bouchons, accidents et points noirs sur votre itinéraire.

Beaucoup de piétons se font tuer sur la bande d'arrêt d'urgence[1] des autoroutes. Il s'agit en général d'auto-stoppeurs et d'automobilistes qui changent une roue ou qui sont tombés en panne. Il est en fait interdit de réparer son véhicule ou de changer une roue sur la sur la bande d'arrêt d'urgence. Il faut faire appel à un dépanneur agréé pour qu'il vous remorque[2]. Il est préférable de ne pas utiliser votre portable mais d'utiliser les bornes d'appel[3] orange, que l'on trouve tous les deux kilomètres, car elles permettent de repérer votre position. Et n'oubliez pas de descendre de votre véhicule du côté du passager.

Un tiers des accidents sur les autoroutes sont dus à la somnolence. Il faut faire une pause toutes les deux heures et on doit impérativement s'arrêter dès qu'on se sent fatigué. On trouve de nombreuses aires de repos en bordure d'autoroute pour permettre aux automobilistes de faire halte sans gêner la circulation et où ils ont la possibilité de se dégourdir les jambes, de se reposer et se restaurer.

Le péage est le gros inconvénient des autoroutes. Pour éviter de faire la queue et d'avoir à chercher de la monnaie ou sa carte bancaire, le télépéage est pratique quand on utilise souvent l'autoroute. Il suffit de prendre les files '*t*'; grâce à une onde émise par une antenne et renvoyée par une boîte située sur votre pare-brise, le feu se met au vert et votre passage est enregistré automatiquement. On peut s'abonner[4] aux bureaux d'information des péages ou en allant sur www.sanef.fr, le site Internet des autoroutes.

---

[1] la bande d'arrêt d'urgence *the hard shoulder*
[2] remorquer *to tow*
[3] une borne d'appel *emergency telephone*
[4] s'abonner à *to subscribe to*

Quinzième unité

à l'hôtel

Monsieur Déveine est en voyage. Il vient d'arriver à l'hôtel.

Réceptionniste	Qu'y-a-t-il pour votre service, monsieur?
M. Déveine	J'ai réservé une chambre la semaine dernière.
Réceptionniste	À quel nom?
M. Déveine	Déveine, François.
Réceptionniste	Voyons . . . Debnet, Dubreuil . . . Je suis désolée, monsieur, il n'y a pas de chambre au nom de Déveine réservée pour ce soir.
M. Déveine	Vous êtes sûre? Ça alors, je n'y comprends rien!
Réceptionniste	Vous êtes venu pour le congrès?
M. Déveine	Non, je suis ici pour affaires. Je suis représentant.
Réceptionniste	Je regrette, monsieur, mais je n'ai plus qu'une seule chambre de libre.
M. Déveine	Le principal, c'est d'avoir un lit pour la nuit.
Réceptionniste	L'inconvénient, c'est qu'elle se trouve au treizième étage, j'espère que vous n'êtes pas superstitieux.
M. Déveine	Pas du tout! Et puis, il y a un ascenseur, n'est-ce pas?
Réceptionniste	Il y en a même deux! Voilà votre clef.
M. Déveine	Il y a une salle de bains?
Réceptionniste	C'est une chambre avec douche, WC, télévision et téléphone.
M. Déveine	Elle coûte combien?
Réceptionniste	Elle fait 90 euros.
M. Déveine	Le petit déjeuner est compris?
Réceptionniste	Non, il est en supplément. À la française, il fait huit euros et à l'anglaise, il fait douze euros.
M. Déveine	Mmm, j'adore les petits déjeuners à l'anglaise! À quelle heure le servez-vous?
Réceptionniste	De sept heures à neuf heures, monsieur.
M. Déveine	Pouvez-vous me réveiller à six heures et demie demain matin?
Réceptionniste	Mais naturellement, monsieur.
M. Déveine	Y a-t-il un bon restaurant dans le quartier? Je dois inviter un client important à dîner ce soir.

Réceptionniste	Dans ce cas, je vous recommande le restaurant de l'hôtel. C'est un quatre étoiles.
M. Déveine	Je dois réserver une table?
Réceptionniste	C'est plus prudent, surtout avec le congrès. Il y a beaucoup de monde en ce moment. Je peux faire la réservation pour vous, si vous voulez. Vous voulez une table pour quelle heure?
M. Déveine	Pour huit heures. Une table pour deux personnes. Autre chose. Où est-ce que je peux garer ma voiture? Vous avez un garage ou un parking?
Réceptionniste	Le garage de l'hôtel est complet, mais il y a un parking à plusieurs niveaux, place Gambetta.
M. Déveine	C'est loin d'ici?
Réceptionniste	Non, c'est à cinq minutes. En sortant de l'hôtel, vous tournez à gauche. Vous continuez tout droit jusqu'aux feux, puis vous prenez la deuxième à droite. Le parking est en face de l'église.
M. Déveine	Merci, madame.
Réceptionniste	De rien, monsieur.

QU'EST-CE QUE ÇA VEUT DIRE?

le congrès	*the conference*
une chambre de libre	*a room (available)*
le principal	*the main thing*
une étoile	*a star*
garer sa voiture / se garer	*to park*
complet	*full*
un parking à plusieurs niveaux	*a multi-storey car park*
un niveau	*a level*
en sortant de l'hôtel	*on leaving the hotel*

avez-vous compris?

Répondez en français.

1 Pourquoi M. Déveine dit-il qu'il ne comprend pas?

2 Pourquoi l'hôtel est-il presque complet?

3 Combien reste-t-il de chambres de libre?

4 Où est située la chambre que la réceptionniste propose à M. Déveine?

5 Est-ce une chambre confortable?

6 Combien est-ce que cela va lui coûter par nuit s'il prend un petit déjeuner à l'anglaise?

7 Jusqu'à quelle heure sert-on le petit déjeuner?

8 Pourquoi M. Déveine cherche-t-il un bon restaurant?

9 Quel restaurant lui recommande la réceptionniste?

10 Que pensez-vous de la réceptionniste? Donnez vos raisons.

11 Pourquoi M. Déveine doit-il aller place Gambetta?

12 Dessinez un plan pour expliquer comment aller de l'hôtel au parking.

à vous!

1 Reliez les textes et les dessins ci-dessous.

(i) Traversez la place.

(ii) En sortant du parking, tournez à droite.

(iii) Prenez la première à gauche, puis la deuxième à droite.

(iv) Continuez tout droit jusqu'aux feux.

(v) Tournez à gauche. La gare est juste en face.

2 Complétez. Aidez la réceptionniste à répondre aux questions d'un client au téléphone.

Je suis désolée, monsieur, mais l'hôtel est (**a**) _____ jusqu'à samedi . . . Je viens de louer la dernière (**b**) _____ à un représentant . . . Il y a beaucoup de (**c**) _____ en ce moment à cause du (**d**) _____, mais il n'y aura pas de problèmes la semaine prochaine . . . Toutes nos chambres sont équipées d'une salle de bains ou d'une (**e**) _____ . . . Bien sûr! C'est même un (**f**) _____ quatre étoiles. Je vous le (**g**) _____. Nous servons le (**h**) _____ de sept heures à neuf heures, tous les matins . . . Non, vous n'aurez pas de problème pour (**i**) _____ votre voiture, nous avons un (**j**) _____.

au café du coin

Peu après son retour de voyage, Monsieur Déveine retrouve son ami, Monsieur Lachance.

Lachance   Vous n'avez pas bonne mine, mon cher Déveine! Vous avez l'air bien fatigué. Vous avez besoin d'un petit remontant! . . . S'il vous plaît, mademoiselle, deux cafés et deux cognacs!

Serveuse   Tout de suite, monsieur.

M. Déveine   Premièrement, je ne sais pas pourquoi, mais ma chambre n'avait pas été réservée. Et pour comble de malchance, il y avait un congrès et l'hôtel était plein. On m'a finalement trouvé une chambre, au treizième étage.

Lachance   Il y avait un ascenseur, j'espère!

M. Déveine   Il y en avait deux, dont un était en panne. L'autre, qui était juste à côté de ma chambre, faisait beaucoup de bruit la nuit, car il était toujours plein de gens qui étaient plus ou moins ivres. Ils parlaient fort, ils riaient, ils chantaient . . .

Lachance   Résultat, vous avez mal dormi.

M. Déveine   J'ai passé une nuit blanche, car en plus, le lit était dur, et il grinçait à chaque fois que je me retournais.

Serveuse   Voilà messieurs. Deux cafés et deux cognacs.

Lachance   Ah! merci mademoiselle. Alors avec tout ce monde, le service a probablement laissé à désirer?

M. Déveine   Ah, oui. Les serviettes de toilette étaient sales et il n'y avait pas de papier hygiénique dans les WC. Et au restaurant . . .

Lachance   Mais vous avez bien mangé, quand même? C'est un quatre étoiles, n'est-ce pas?

M. Déveine   Malheureusement, j'avais invité un client le premier soir, mais j'ai été très déçu.

Lachance   Ah bon, pourquoi?

M. Déveine   Le personnel était débordé. Malgré le prix, le repas a été un vrai désastre. La viande était dure, le pain rassis, et le service très lent.

Lachance	Alors votre client est parti sans passer de commande.
M. Déveine	Pour une fois, j'ai eu de la chance. Quand nous sommes passés devant la réception, mon client a remarqué les fournitures de bureau . . .
Lachance	Qui étaient les vôtres . . .
M. Déveine	Tout juste!
Lachance	Alors, tout est bien, qui finit bien. Une bonne commande, ça s'arrose! Mademoiselle, s'il vous plaît, deux autres cognacs!

QU'EST-CE QUE ÇA VEUT DIRE?

un remontant	*a pick-me-up, a tonic*
le déplacement	*business trip*
pour comble de malchance	*to crown it all*
ivre	*drunk*
rire	*to laugh*
une nuit blanche	*a sleepless night*
dur(e)	*hard*
grincer	*to creak*
une serviette de toilette	*a towel*
rassis / rassie	*stale*
Tout juste!	*Indeed (they were)!*
Ça s'arrose!	*Let's drink to that!*

avez-vous compris?

M. Lachance parle des mésaventures de son ami, Déveine. Corrigez ses erreurs.

'Mon pauvre ami, Déveine! Il y avait un congrès à l'hôtel où il est descendu pour ses vacances. Sa chambre était au troisième, et il y avait beaucoup de bruit le matin à cause de l'ascenseur. Les gens qui participaient au congrès parlaient fort, riaient et dansaient parce qu'ils avaient trop mangé. Il a passé une nuit noire à cause de son lit qui grinçait à chaque fois qu'il se retournait. Il a invité une cliente à dîner, le deuxième soir, et le repas a été un vrai désastre. Le pain était rassis, la viande n'était pas tendre, et le service pas très rapide parce que le personnel était paresseux. Pourtant la cliente a livré des fournitures de bureau à Monsieur Déveine. Il a eu de la chance, comme d'habitude!'

à vous!

Choisissez une réponse qui, à votre avis, convient à chacune des réclamations des client(e)s.

Les réclamations:

1 Mademoiselle, mon café est froid!

2 Excusez-moi, monsieur, mais la douche ne marche pas!

3 Madame, je voudrais changer de chambre, s'il vous plaît. La mienne est sombre, et pas du tout confortable.

4 Mademoiselle, les serviettes dans ma salle de bains sont sales.

5 Pardon, madame, il n'y a plus de papier hygiénique dans les toilettes!

6 Excusez-moi, monsieur, mais il n'y a rien à lire ici, au salon.

7 Monsieur, dépêchez-vous, s'il vous plaît! Il y a une fuite d'eau dans la salle de bain!

8 Pardon, monsieur, j'ai essayé d'appeler mon collègue, mais la ligne est occupée.

9 Madame, s'il vous plaît! La viande est dure et le pain rassis.

10 Je voudrais vous informer que l'ascenseur est en panne.

Les réponses:

a Qu'est-ce que vous voulez? Je ne suis pas mécanicien, moi!

b Désolé, je vais le dire à la femme de chambre.

c Demandez à la femme de chambre de les changer!

d On va la vérifier aussitôt que possible. En attendant, prenez un bain.

e Oui, je sais. Le réparateur vient d'arriver.

f Je vais téléphoner au plombier, mais en attendant, je vais vous apporter un seau et une serpillière!

g Je suis désolée, je vais en chercher un autre paquet.

h Je vais vous le réchauffer immédiatement!

i Pas de problème! J'en ai une autre, au seizième étage, qui donne sur le jardin.

j Désolé! Je vais chercher des journaux et des magazines.

k Voulez-vous rappeler un peu plus tard?

l Désolée, je vais vous apporter un autre steak et je vais vous chercher du pain frais.

m Je vais vous apporter des serviettes propres, messieurs-dames.

n Qu'est-ce que je peux y faire? Ce n'est pas moi qui fait la cuisine ici!

jeu de rôles

Avant de commencer regardez les symboles à la page 109 (sixiéme unité).

Partenaire A

(Partenaire B, tournez à la page 283.)

A1 Vous êtes réceptionniste à l'hôtel **Aiglon**, en Corse. Le téléphone sonne. Décrochez et répondez aux questions du client / de la cliente.

Utilisez les symboles et les renseignements suivants.

Vous commencez   Allô. Hôtel Aiglon, j'écoute . . .

Chambre avec douche ou salle de bains et WC, 54 / 100 €
Petit déjeuner 16 €, servi de 6h30 à 9h.
Pension complète, 154 / 180 €
Demi-pension, 120 / 150 €

A2 Vous êtes une famille nombreuse. Téléphonez à l'hôtel **Golfe,** situé en Corse au bord de la mer. Renseignez-vous sur l'hôtel et ses environs, par exemple:
'Est-ce que l'hôtel est près de la plage?'
Puis posez quatre ou cinq questions en utilisant les symboles suivants.

Renseignez-vous sur les prix et si vous êtes satisfait(e) faites une réservation.

projets de séjour en Angleterre

Laurent et Chantal ont décidé d'aller passer quelques jours en Angleterre. Ils discutent des différentes possibilités qui s'offrent à eux pour traverser la Manche.

Laurent   J'aimerais bien prendre l'Eurotunnel. 35 minutes, tu te rends compte? C'est vraiment le moyen le plus rapide!

Chantal   Tu sais bien que je souffre de claustrophobie et que je déteste les tunnels. Et puis maintenant, la traversée Calais–Douvres en ferry ne dure que 75 minutes.

Laurent   Oui, mais pour nous, c'est moins facile d'aller à Calais que d'aller à Dieppe ou au Havre.

Chantal   Je ne suis pas d'accord. Il y a beaucoup plus de traversées et, comme c'est plus court, c'est meilleur marché.

Laurent   Et l'Eurostar?

Chantal   Je préfère y aller en voiture, ça donne plus de liberté.

Laurent   Oui, tu as raison.

Chantal   Et sur le ferry, on pourra prendre un verre, manger quelque chose, changer de l'argent, faire du shopping. On aura l'impression de faire une petite croisière!

Laurent   Et l'avion? Je crois qu'il y a un vol Le Havre–Gatwick.

Chantal   Tu plaisantes! C'est encore pire, regarde le prix! C'est le voyage le plus cher. Et en plus, c'est moins pratique, car on ne peut pas prendre la voiture.

Laurent   Et si on a le mal de mer?

Chantal   Ah, je comprends maintenant pourquoi tu ne veux pas prendre le bateau! Nous partons en été, il fera beau, la mer sera calme, ça sera une expérience merveilleuse, tu verras.

Laurent   OK. Tu gagnes, comme d'habitude!

avez-vous compris?

Pour Laurent et Chantal, quels sont les avantages et / ou les inconvénients:

1 de l'Eurotunnel?

2 du ferry?

3 de l'avion?

à vous!

Complétez.

1 Laurent dit que l'Eurotunnel est le moyen le plus _____ pour traverser la Manche.

2 Il pense qu'il est moins _____ d'aller à Calais qu'au Havre.

3 Chantal dit que la traversée Calais–Douvres est la plus _____, donc c'est _____.

4 Chantal veut aller en Angleterre en voiture pour avoir plus de _____.

5 Laurent suggère l'avion, mais d'après Chantal c'est la solution la _____.

6 Pour eux, l'avion est plus _____ et moins _____.

retour de vacances

Chantal parle de son voyage en Angleterre avec son amie Michelle.

Michelle	Alors, ce petit séjour en Angleterre, c'était comment?
Chantal	Formidable, à part la traversée de la Manche!
Michelle	La mer était mauvaise?
Chantal	Oui. Il y avait beaucoup de vent et la mer était très agitée.
Michelle	Vous avez eu le mal de mer?
Chantal	Laurent, non, mais moi, oui!
Michelle	Alors, est-ce que Londres vous a plu?
Chantal	Énormément. Laurent a particulièrement aimé le musée de Madame Tussaud.
Michelle	C'est un musée de cire, n'est-ce pas, comme le musée Grévin à Paris? C'est très connu.
Chantal	Il paraît que c'est l'endroit le plus visité de Londres. Sais-tu quand et comment il a été créé?
Michelle	Non.
Chantal	Après la Révolution de 1789, avec la collection qui a été apportée de France par Madame Tussaud.
Michelle	Quelle sorte de collection?
Chantal	Eh bien, des masques mortuaires de prisonniers guillotinés et aussi, le couperet de guillotine avec lequel Marie-Antoinette a été décapitée!
Michelle	Quelle horreur! Parlons d'autre chose! Qu'avez-vous vu d'autre?
Chantal	Moi, j'ai beaucoup aimé la tour de Londres et les joyaux de la Couronne.
Michelle	À propos de bijoux, tu portes une jolie bague aujourd'hui. Tu l'as achetée à Londres?

Chantal	Non, c'est un cadeau, un cadeau très spécial!
Michelle	C'est une bague de fiançailles, je parie!
Chantal	Oui! Laurent et moi avons décidé de nous marier l'année prochaine.
Michelle	Félicitations! J'espère bien que je suis invitée!

QU'EST-CE QUE ÇA VEUT DIRE?

une mer agitée	*a rough sea*
la cire	*wax*
a été créé	*was created*
le couperet	*the blade, the chopper*
le joyau / le bijou	*the jewel*
une bague	*a ring*

avez-vous compris?

Répondez *vrai, faux* ou *on ne sait pas*.

1   Chantal a été malade pendant la traversée de la Manche.

2   Elle ne veut pas retourner en Angleterre.

3   Le musée de cire est un endroit très populaire.

4   Le musée de cire, c'est l'endroit préféré de Chantal à Londres.

5   Michelle n'en connaît pas l'origine.

6   Il a été créé avant la Révolution de 1789.

7   La collection apportée de France par Madame Tussaud était plutôt macabre.

8   Laurent et Chantal n'ont pas visité la tour de Londres.

9   La nouvelle bague de Chantal a été achetée pendant leur séjour en Angleterre.

10   Michelle annonce à Chantal qu'elle va se marier.

à vous!

(Before you start, refer to *Un peu de grammaire*.)

Imaginez que vous êtes guide à Rouen. Vous êtes en train de faire la visite guidée avec un groupe de touristes. Utilisez vos notes, et racontez l'histoire de quelques endroits historiques.

Exemple: **Église St-Ouen**: ancienne abbatiale; 14e siècle; l'un des joyaux de l'architecture gothique française.

L'Église St-Ouen est une ancienne abbatiale qui a été construite au quatorzième siècle. C'est l'un des joyaux de l'architecture gothique française.

Cathédrale Notre-Dame: reconstruite 13e s. après le terrible incendie de 1200.

Église St-Maclou: ravissante construction de style gothique flamboyant; bâtie entre 1437 et 1517.

Place du Vieux-Marché: Jeanne d'Arc brûlée vive 1431.

Beffroi: tourelle originelle remplacée 1382.

Le Gros-Horloge: jadis dans le beffroi; placé dans l'arche qui enjambe la rue, 1527.

Palais de Justice: splendide édifice de la Renaissance; bâti pour abriter l'Échiquier de Normandie.

UN PEU DE GRAMMAIRE

Le passif   *The passive voice*

The passive voice (for example, 'Italian *is spoken / was spoken / has been spoken'*) is used less often in French than in English. It is formed with the verb **être**, *to be*, in any tense needed, followed by the past participle. This must agree with the subject.

Le château a été construit.	*The castle was built.*
La maison sera finie.	*The house will be finished.*

Note the difference between the active and passive voice:

Le président a ouvert le musée. (active)	*The president opened the museum.*
Le musée a été ouvert par le président. (passive)	*The museum was opened by the president.*

The perfect passive

This tense is used in conversation, to describe complete events in the past.

Le musée **a été créé** après la Révolution.	*The museum was created after the Revolution.*
Ils **ont été décapités**.	*They were beheaded.*
La tour **a été construite** par les Normands.	*The tower was built by the Normans.*

▶ **Grammaire** 23

jeu de rôles

Avant de commencer regardez les symboles à la page 109 (sixiéme unité).

Partenaire B

(Partenaire A, tournez à la page 278.)

B1 Vous êtes un groupe de représentant(e)s. Téléphonez à l'hôtel **Aiglon**, en montagne, en Corse.

Renseignez-vous sur l'hôtel et ses environs, par exemple:

'L' hôtel est loin de la télécabine?'

Puis posez quatre ou cinq questions en utilisant les symboles suivants.

Renseignez-vous sur les prix et si vous êtes satisfait(e) faites une réservation.

B2 Cette fois vous êtes réceptionniste à l'hôtel **Golfe**, en Corse. Le téléphone sonne.
Décrochez et répondez aux questions du client / de la cliente.
Utilisez les symboles et les renseignements suivants.

Vous commencez. Allô. Hôtel Golfe, j'écoute . . .

Chambre avec douche ou salle de bains et WC, 90 / 140 €
Petit déjeuner 17 €, servi de 7h30 à 9h30.
Pension complète, 156 / 184 €
Demi-pension, 120 / 155 €

EXERCICES

A   Complétez le dialogue au syndicat d'initiative.

Vous   (**1** *Ask how to get to the Hôtel de Normandie.*)

Réceptionniste   Alors, en sortant du syndicat d'initiative, vous tournez à gauche . . .

Vous   (**2** *Repeat what you have to do.*)

Réceptionniste   Oui, puis vous continuez tout droit jusqu'à la cathédrale et vous tournez à droite . . .

Vous   (**3** *Repeat what you have do to and ask if it is far.*)

Réceptionniste   Non, c'est à dix minutes d'ici. Vous traversez la place du Marché, puis vous prenez la première à gauche.

Vous   (**4** *Repeat what you have to do.*)

Réceptionniste   C'est ça. L'Hôtel de Bretagne est à côté du cinéma.

Vous   (**5** *Say that you are looking for the Hôtel de Normandie, not the Hôtel de Bretagne!*)

B   Complétez le dialogue à l'hôtel.

Vous   (**1** *Ask what time they serve breakfast.*)

Réceptionniste   De sept heures à neuf heures.

Vous   (**2** *Ask if they can wake you at half past six tomorrow morning.*)

Réceptionniste   Mais naturellement. Pas de problème.

Vous   (**3** *Ask if there's a good restaurant in the area. You have to invite two important clients to dinner.*)

Réceptionniste   Dans ce cas, je vous recommande le restaurant de l'hôtel.

Vous   (**4** *Ask if you have to reserve a table.*)

Réceptionniste   C'est plus prudent. Il y a beaucoup de monde en ce moment. Vous voulez une table pour quelle heure?

Vous   (**5** *Say, for half past eight, for three people. Then ask if there's a garage or a car park.*)

Réceptionniste   Le garage de l'hôtel est complet. Je suis désolé(e).

Vous   (**6** *Ask where you can park your car.*)

Réceptionniste   Il y a un parking à plusieurs niveaux, place Claudel.

Vous (**7** *Ask if it's far.*)

Réceptionniste Non, c'est à cinq minutes.

Vous (**8** *Thank the receptionist.*)

Utilisez les notes ci-dessous, pour démontrer vos connaissances de la culture française, et pour faire une bonne impression sur votre ami(e).

Exemple: **tour Eiffel**: construite 1889.
Vous savez, la tour Eiffel a été construite en 1889.

Le radium: découvert 1898 par Pierre et Marie Curie.
Le stéthoscope: inventé par Laënnec.
Le braille: un système d'écriture pour les aveugles; créé par Louis Braille.
Le tunnel sous la manche: inauguré 1989.
Le palais de Versailles: construit 17e s. pour le roi Louis XIV.
L'arc de Triomphe: inauguré 1836.
La Villette: cité des sciences et de l'industrie; créée 1979 sur le site de l'ancien marché national de la viande.
La Balançoire et ***Les Baigneuses***: tableaux peints par Renoir.
Carmen: opéra composé par Bizet 1875.
Hernani: pièce écrite par Victor Hugo; mise en scène 1830.
Les Biches: ballet composé par Francis Poulenc; mis en scène 1924.
La Gloire de mon père et ***Le Château de ma mère***: romans écrits par Marcel Pagnol; publiés 1957 et 1958.

D

Vous passez quelques jours à Rouen. Écrivez une carte postale à des amis. Parlez du temps et dites ce que vous avez fait.

écoutez bien!

Première partie

Listen to the conversation between a hotel receptionist and a prospective client. Say where the hotel is situated and what facilities it has to offer. What is not available or not allowed?

Deuxième partie

Listen to the five mini-dialogues. In each case state the problems and, if applicable, how they are to be resolved.

lecture

You are a guide working for a Paris tour operator. Try to find the most suitable hotel for the following clients.

1 A German family with a dog, travelling by car, and wanting a reasonably priced hotel.

2 A group of young fashion designers and artists, interested in the new ideas Paris has to offer.

3 Some elderly Spanish businessmen, wanting peace and quiet close to all the tourist sights.

4 A group of tourists, including several handicapped people, needing a pleasant but modest hotel.

5 A group of wealthy Japanese businessmen, accompanied by their wives.

6 Representatives of a historical society, who enjoy traditional surroundings.

7 A group of middle-aged English women of modest means, visiting the sights of Paris in February.

Hôtel de BRETAGNE****

12, rue Saint-Honoré. Situé au cœur de Paris, près de la place Vendôme. Comble l'homme d'affaires et le touriste le plus exigeant.

124 chbres grand confort (S. de B. / WC (96) ou Dche / WC (28). (Téléphone direct, Radio, TV couleur, Vidéo, Minibar.) Petit déjeuner. 5 Salons séminaires parfaitement équipés et climatisés. Patio. Bar 'La Bretagne' à l'ambiance chaleureuse. À quelques minutes seulement Madeleine, Opéra, Concorde, Musée du Louvre et Grands Magasins.

Ouvert toute l'année. Chiens admis. Cartes crédit acceptées. *English spoken. Man spricht Deutsch.*

Hôtel RABELAIS****

131, rue de Molière. Situé dans une rue calme au cœur du Paris historique, dans le quartier des affaires. À proximité de la Bourse, du Louvre et du Musée d'Orsay.

135 chambres grand confort avec S. de B. ou Dche-WC, téléphone direct. TV (Câble et chaînes satellites), Vidéo, Minibar, Coffre-fort, Petit déjeuner.

Ouvert toute l'année. Cartes crédit acceptées. *English spoken. Se habla español.*

Grand Hôtel de PANAMA***

97, rue Hérold. Proche du Louvre et des Jardins du Palais Royal, dans le quartier pittoresque des anciennes Halles remplacé par le Forum des Halles, univers de la mode et des spectacles, et par son voisin le Centre Beaubourg-Pompidou.

IIII➡

Télex et télécopie à disposition de notre clientèle. 65 Chambres tout confort avec S. de B. / WC (42) ou Dche / WC (23), Téléphone direct, Radio, TV couleur, Minibar, Petit déjeuner.

Ouvert toute l'année. Chiens non admis. *Si parla italiano. English spoken.*

Hôtel SAINT-JULIEN***

67, rue Saint-Roch. Entièrement rénové, l'hôtel Saint-Julien vous offre ses 54 chambres de grand confort. (S. de B. ou Dche / WC. Tél direct, Radio, TV couleur, Minibar, Coffre-fort, Petit déjeuner.)

Un accueil chaleureux vous attend à deux pas de l'Opéra et de la Concorde.

Fermeture annuelle, février. Chiens en laisse acceptés. Langues étrangères: *English, Deutsch, Italiano.*

Hôtel des POMMIERS**

92, quai Saint-Michel. Sur la Seine face à Notre-Dame. Hôtel style rustique.

25 ch. tout confort avec Tél, Radio, TV couleur, dont quinze avec Minibar. Salon dans cave voûtée. Parking prox. Animaux non acceptés.

Ouvert toute l'année.

Hôtel de BRIGHTON**

23, avenue Victoria. Nouvellement restauré. Situé en plein centre de Paris (Métro: Châtelet). Décoration raffinée liant avec délicatesse le charme de la vie parisienne avec la tradition anglaise.

S. de B. et WC, TV couleur par satellite dans toutes les chambres (32).

Tél. direct. Langues étrangères: anglais, néerlandais. Ouvert toute l'année.

PACIFIC Hôtel**

85, rue des Canettes. Hôtel de charme situé au cœur de Saint-Germain-des-Prés. Proche de tous les monuments historiques.

Garage. 24 ch. avec téléphone, S. de B. ou D. et WC. Aménagements handicapés. Ascenseur.

Ouvert toute l'année. Cartes crédit acceptées.

Hôtel de LAUSANNE**

77, rue Jacob. Plein cœur Saint-Germain-des-Prés. Hôtel familial, pourvu du dernier modernisme. Calme. Tout confort.

22 ch. avec S. de B. / WC privé ou D. WC privé. Tél. direct, TV couleur, Radio, Petit déjeuner. Park. prox. Chiens admis. *English spoken. Man spricht Deutsch.*

Now choose a hotel for yourself. Justify your choice.

Faites le point! unités 13–15

1 Complete the sentences below.

   a L'Afrique est _____ grande que l'Amérique.

   b L'Everest est la plus _____ montagne du monde.

   c La plus haute _____ française se trouve dans les Alpes.

   d Quel est l'océan le plus _____ du monde?

   e La mer du Nord est _____ profonde que la Méditerranée.

   f Les _____ du Niagara sont moins hautes que les _____ Victoria.

   g Le plus haut _____ des Alpes se trouve en Suisse.

   h Le désert de Gobi n'est pas aussi _____ que le désert du Sahara.

   i Le Danube est le _____ le plus long d'Europe.

   j La Corse est la plus grande _____ française.

   k L'Inde est moins _____ que la Chine.

   l Le mandarin est la _____ parlée par le plus grand nombre de gens.

2 Fill in the gaps with *le mien*, etc., accordingly.

   a – As-tu fini tes devoirs?

      – Oui, **les miens** sont finis, et _____?

   b – Avez-vous vu vos élèves?

      – Oui, et vous, avez-vous trouvé _____?

   c – Où est le livre de Simone?

      – _____ est celui qui est sur la table.

   d – Où sont les chaussures des enfants?

      – J'ai trouvé mes chaussures, mais je n'ai pas trouvé _____.

   e – Avez-vous vu ma nouvelle voiture?

      – Oui, mais je préfère _____, elle est plus grande.

3   Complete the dialogue at the hotel reception.

Client   J'ai (**a**) _____ une chambre pour trois (**b**) _____.

Réceptionniste   Oui, monsieur. C'est à quel (**c**) _____?

Client   Gaudin.

Réceptionniste   Ah oui, une chambre avec (**d**) _____, téléphone et téléviseur.

Client   Non, je préfère une chambre avec salle de bain.

Réceptionniste   Pas de problème. Nous en avons une très calme au quatrième (**e**) _____.

Client   Elle (**f**) _____ combien?

Réceptionniste   100 euros.

Client   Le petit déjeuner est (**g**) _____?

Réceptionniste   Non, il est en (**h**) _____, il fait douze euros.

Client   Bien, je la (**i**) _____.

Réceptionniste   Voici votre (**j**) _____, monsieur.

Client   Merci. Oh, à quelle (**k**) _____ servez-vous le dîner?

Réceptionniste   Je suis (**l**) _____, monsieur, il n'y a pas de (**m**) _____ dans l'hôtel, mais il y en a d'excellents en ville.

Client   Vous avez un (**n**) _____?

Réceptionniste   Non, mais il y a un parking derrière l'hôtel.

Client   Et il y a un ascenseur, j'espère.

Réceptionniste   Oui, il est (**o**) _____ à gauche.

4   Use the diagrams to explain how to get to various places.

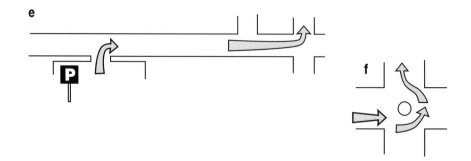

5   Put the verbs in the correct tense.

Samedi dernier, Paul et Paulette (**a** décider) d'aller au cinéma, parce que c'(**b** être) l'anniversaire de Paulette. Mais avant, ils (**c** aller) dîner au restaurant. Ils (**d** se changer) avant de sortir; Paulette (**e** mettre) une robe élégante, et Paul (**f** mettre) une cravate. Comme il (**g** pleuvoir), ils (**h** prendre) la voiture. Au restaurant, qui (**i** être) très chic, ils (**j** bien boire) et (**k** bien manger), et après le repas, ils (**l** être) très gais. Quand ils (**m** arriver) au cinéma, il (**n** être) tard et il y (**o** avoir) la queue. Alors, comme Paulette (**p** se sentir) très fatiguée, ils (**q** rentrer) se coucher.

6   Match the problems and their solutions.

a   Il y a une fuite d'eau dans le bloc sanitaire.

1   Cherchons un taxi!

b   Il y a une panne d'électricité.

2   On va en louer un autre.

c   Le téléviseur ne marche pas.

3   Servez-vous de mon téléphone mobile pour appeler Assistance-Globale.

d   Le café a refroidi.

4   Je vais faire cuire un autre bifteck.

e   La viande n'est pas tendre.

5   J'en ai une autre à vous offrir, qui donne sur le jardin.

f   La chambre est très sombre.

6   Allez à un distributeur de billets.

g   Je dois prendre le volant, mais j'ai trop bu.

7   Je vais vous en apporter un autre tout de suite.

h   Les dockers sont en grève.

8   Téléphonez au plombier le plus vite possible!

i   La voiture est en panne.

9   Allumez une lampe de poche!

j   Je n'ai plus d'argent.

10   Alors, prenons l'Eurotunnel!

7 Tell the story of the Leverts' first visit to England, by looking at the pictures and choosing the correct alternatives.

Cette année / cet hiver la famille Levert a décidé de passer ses grandes vacances en Angleterre / aux États-Unis. Mme Levert a fait la réservation à l'agence immobilière / de voyages où on lui a donné beaucoup de recettes / renseignements sur les endroits intéressants / inutiles à visiter. C'était la dernière / première fois que les enfants prenaient l'avion / le ferry, et ils étaient très contents / déçus.

Le jour / mois où ils sont partis il faisait beau, mais le vent / vin soufflait fort. Ils sont arrivés au port / pont un quart d'heure avant / après le départ donc ils n'ont pas dû attendre / entendre longtemps. Aussitôt embarqués, ils ont fait plusieurs tours du bateau / bureau, avant d'aller chercher quelque chose à faire / manger. Les enfants ne voulaient que des frites / glaces, mais Mme Levert a bien dîné.

D'habitude la traversée dure environ deux jours / heures, mais cette fois malheureusement, les vacanciers / étudiants devaient passer trente / trois heures à bord. Il y a eu un orage / une opération, et les passagers ont entendu / vu des éclairs énormes. Tout le monde avait très chaud / peur, et beaucoup de gens se sentaient malades / méchants.

À leur grand soulagement / désespoir, les Levert sont arrivés sains et saufs à Douvres / Dieppe. Après avoir débarqué, ils se sont tout de suite mis en route pour Canterbury, où ils avaient raison / l'intention de descendre à l'hôtel / la plage, et de se reposer / s'inquiéter un peu.

Seizième unité

 ## invitation au voyage

Josée Cousin écrit aux Muller, en Alsace, pour les inviter à passer les vacances chez eux, à Fort-de-France.

De :	"Josée Cousin" <jos.cousin@ola.com>
A :	"Marie Muller" <marie.muller@libnet.fr>
Date :	12/11 18:07
Objet :	Vacances à la Martinique

Chers Marie et François,

Les vacances de Nöel approchent et nous nous demandons si vous avez toujours envie de venir nous rendre visite à la Martinique. C'est si beau, et il y a tant de choses à faire pour vous et pour les enfants. Voici quelques exemples pour vous mettre en appétit.

Si vous veniez à Fort-de-France, vous visiteriez beaucoup d'endroits intéressants et vous pourriez acheter des souvenirs et des cadeaux originaux pour vos amis. Je vous emmènerais en voiture faire toutes sortes d'excursions. Je vous montrerais des panoramas splendides comme Diamant, le plus beau site de l'île avec sa plage de 4 km de long, Grand-Rivière d'où l'on voit l'île de la Dominique, nous irions à la Montagne Pelée, et j'en passe!

Vous pourriez aussi vous reposer sur les plages magnifiques, pendant que les enfants feraient de la planche à voile ou du ski nautique. Vous essaieriez peut-être aussi la plongée sous-marine ou la pêche au gros, qui est devenue très populaire ici depuis quelques années.

Naturellement, nous vous ferions découvrir les spécialités gastronomiques de la région. Vous boiriez du punch et vous mangeriez la délicieuse cuisine créole. Vous verriez des champs de canne à sucre et des cultures d'ananas – tout cela est bien différent de l'Alsace! François pourrait visiter une distillerie de rhum et toi, Marie, je suis sûre que tu prendrais des centaines de photos dans les petits villages de pêcheurs qui sont si pittoresques.

Et si vous le voulez, nous sortirions tous les soirs et je vous jure que nous nous amuserions comme des fous. Il y a des tas de cabarets, boîtes de nuit et discothèques où la musique et la danse sont reines.

J'espère que cette lettre réussira à vous convaincre. Nous serions si heureux de vous revoir! Nous attendons votre réponse avec impatience.

Bien amicalement,

Josée

QU'EST-CE QUE ÇA VEUT DIRE?

se demander	*to wonder*
rendre visite à (quelqu'un)	*to visit (someone)*
et j'en passe!	*to mention only a few!*
la pêche au gros	*game fishing*
des cultures (f.) d'ananas (m.)	*pineapple crops / fields*
jurer	*to swear*
s'amuser comme des fous	*to have a wild time*
une reine	*a queen*
réussir	*to succeed, to manage*
convaincre	*to convince*

avez-vous compris?

Marie Muller vient de recevoir le courriel de Josée. Elle a dit à son mari et à ses enfants ce qu'ils feraient s'ils allaient à la Martinique. Aidez-la.

Si nous allions à la Martinique, nous visiterions beaucoup d'(**1**) _____ intéressants à Fort-de-France, et nous pourrions acheter des (**2**) _____ et des (**3**) _____ originaux pour nos amis. Josée nous emmènerait en (**4**) _____ faire toutes sortes d' (**5**) _____. Elle nous montrerait des (**6**) _____ splendides. Nous pourrions aussi nous (**7**) _____ sur les plages magnifiques pendant que vous, les enfants, vous feriez de la (**8**) _____ ou du (**9**) _____. Nous essaierions peut-être aussi la (**10**) _____ au gros. Lucien et Josée nous feraient découvrir les (**11**) _____ de l'île: nous boirions du (**12**) _____ et nous mangerions de la cuisine (**13**) _____. Nous verrions des champs de (**14**) _____ et des cultures d'(**15**) _____. Toi, François, tu pourrais visiter une (**16**) _____ et moi je prendrais des centaines de (**17**) _____ dans les petits (**18**) _____. Et le (**19**) _____ nous sortirions et nous nous amuserions comme des (**20**) _____. Oh, comme je voudrais aller à la Martinique pour les vacances!

à vous!

Consultez *Un peu de grammaire* avant de commencer.

Vous rêvez de vacances. Imaginez ce que vous feriez si vous alliez à la Martinique.

Exemple: Si j'allais à la Martinique, je visiterais . . .

Si j'allais à la Martinique, je (**1** visiter) les endroits intéressants à Fort-de-France et j'(**2** acheter) des souvenirs et des cadeaux originaux. Je (**3** faire) beaucoup d'excursions. J'(**4** aller) à Diamant, à Grand-Rivière et à la Montagne Pelée. Je (**5** pouvoir) aussi me reposer sur la plage. J'(**6** essayer) peut-être de faire du ski nautique et de la plongée sous-marine. Je (**7** boire) du punch et je (**8** manger) des spécialités créoles. Je (**9** voir) des champs de canne à sucre. Je (**10** prendre) beaucoup de photos. Je (**11** sortir) tous les soirs et je (**12** s'amuser) beaucoup.

Maintenant, essayez de convaincre un ami / une amie d'aller en vacances à la Martinique avec vous. Dites-lui ce que vous feriez. Utilisez '**on**'

Exemple: Si on allait à la Martinique, on **visiterait** . . .

et vous?

Choisissez un endroit où vous aimeriez aller. Dites ce que vous feriez. Commencez avec '**Si j'allais** . . .'

bons baisers de Fort-de-France

Le groupe **La Compagnie Créole** chante les différences entre Noël à la Martinique et en France avec leur chanson *Bons Baisers de Fort-de-France*. Écoutez et essayez de chanter avec eux.

Refrain Noël, Joyeux Noël

Bons baisers de Fort-de-France

Ce soir on éteint la télé

Ce soir on sent qu'on va chanter *(bis)*

Ici les champs recouverts de neige

On ne les connaît qu'en photo

Le père Noël n'a pas de traîneau

Le fond de l'air est bien trop chaud

Ici les portes sont toujours ouvertes

On peut rentrer dans toutes les maisons

Et pour partager nos chansons

On n'a pas besoin d'invitation

Refrain

Y a pas de sapins sur la montagne

On a décoré les manguiers

Y a pas de souliers dans les cheminées

Mais pour tout le monde y a des cadeaux

Ici les champs recouverts de neige

On ne les connaît qu'en photo

Le père Noël n'a pas de traîneau

Mais pour tout le monde y a des cadeaux

Refrain

QU'EST-CE QUE ÇA VEUT DIRE?

un traîneau	*a sleigh*
le fond de l'air est chaud	*there's warmth in the air*
partager	*to share*
un sapin	*a fir tree*
un manguier	*a mango tree*
un soulier	*a shoe*

avez-vous compris?

Répondez en français.

1 Pourquoi le père Noël ne peut-il pas se déplacer en traîneau à la Martinique?

2 Fait-il froid à la Martinique au mois de décembre?

3 Qu'est-ce que les Martiniquais aiment faire quand ils font la fête?

4 À votre avis, se rendent-ils souvent visite sans invitation?

5 Pourquoi décorent-ils des manguiers?

6 Quelle tradition existe en France et à la Martinique à Noël?

à vous!

Reliez pour faire des phrases complètes qui décrivent la vie à la Martinique.

1 Comme il fait chaud . . .

2 Pour voir de la neige . . .

3 Si on veut faire la fête . . .

4 Comme il n'y a pas de sapins . . .

5 Pour recevoir des cadeaux de Noël . . .

6 Quand on veut aller voir des amis . . .

a on éteint la télé et on chante.

b on laisse les portes ouvertes.

c on décore des manguiers.

d on n'a pas besoin d'invitation.

e on doit regarder des photos.

f on ne met pas les souliers dans les cheminées.

et vous?

Expliquez comment on célèbre Noël, ou une autre fête importante, chez vous.

un rêve

Simon Cousin, lui, a envie d'aller aux sports d'hiver. Une nuit, il rêve qu'il est allé dans les Alpes. Le lendemain, il raconte son rêve à sa sœur.

Simon   J'ai rêvé qu'on était allés à la montagne pour la première fois de notre vie!

Annette   Formidable! C'était un village avec de jolis petits chalets, comme il y en a dans mon livre de géographie?

Simon   Oui, mais on a été déçus quand le car est arrivé parce qu'il faisait nuit et on n'a pas vu grand-chose. Mais le lendemain matin, c'était exactement comme sur les photos.

Annette   On n'avait pas froid?

Simon   Non! Il faisait du soleil et le ciel était aussi bleu qu'ici.

Annette   Alors, qu'est-ce qu'on a fait?

Simon   En attendant notre première leçon de ski avec une monitrice super, on a fait un immense bonhomme de neige et on s'est battus à coups de boules de neige.

Annette	Génial! Est-ce qu'on a pris des remontées mécaniques?
Simon	Bien sûr. D'abord, le téléphérique. Après ça, on a pris un tire-fesses . . .
Annette	Ça doit être marrant!
Simon	Oui, mais pas facile la première fois. Et pour aller sur les pistes rouges et noires, on utilise des télésièges.
Annette	On a fait de la luge aussi?
Simon	Oui, on s'est bien amusés. C'était super!
Annette	On est restés combien de temps?
Simon	Ça s'est terminé plus tôt que prévu! Un jour, je faisais une descente en ski à toute allure sur une piste noire et je me suis réveillé quand je suis tombé!

QU'EST-CE QUE ÇA VEUT DIRE?

se battre	*to fight*
une remontée mécanique	*a ski-lift* (general)
un téléphérique	*a cable-car*
un tire-fesses	*a ski-tow*
un télésiège	*a chairlift*
un moniteur / une monitrice	*an instructor*
prévu(e)	*expected, planned*
à toute allure	*at full speed*
une piste noire	*a black run* (ski runs are graded using colours, black being the most difficult)

avez-vous compris?

Répondez en français.

1 Dans le rêve de Simon, à quelle occasion était-il aux sports d'hiver avec sa sœur?

2 Pourquoi ont-ils été déçus à leur arrivée?

3 Quel temps faisait-il?

4 Qu'est-ce qu'ils on fait avant leur leçon de ski?

5 Que doit-on utiliser en montagne si on veut aller plus haut?

6 Quelle autre activité Annette et Simon ont-ils aussi essayée?

7 De quelle couleur sont les pistes de ski les plus difficiles?

8 Comment le rêve de Simon s'est-il terminé?

à vous!

1 Maintenant Simon est bien réveillé, mais il rêve toujours d'aller aux sports d'hiver. Reliez.

Si j'allais aux sports d'hiver . . .

a	je me ferais	**(i)**	un bonhomme de neige.
b	je porterais	**(ii)**	des remontées mécaniques.
c	avec mes amis, je ferais	**(iii)**	des skis et des chaussures sur place.
d	je me battrais	**(iv)**	à la patinoire.
e	je prendrais	**(v)**	la jambe.
f	je louerais	**(vi)**	beaucoup de copains.
g	j'irais aussi	**(vii)**	à coups de boules de neige.
h	mais je ne me casserais pas	**(viii)**	un anorak et des lunettes protectrices.

2 Complétez les phrases avec le vocabulaire ci-dessous.

prévu   patinoire   snowboard   à toute allure   monitrice

a Tu préfères le _____ ou le ski?

b Je n'aime pas voyager en voiture avec lui. Il roule toujours _____.

c Vous préférez aller à la piscine ou à la _____, les enfants?

d Quand je suis allé aux sports d'hiver, j'ai pris des cours de ski. La _____ était très sympa.

e Ils sont arrivés plus tard que _____ , la fête était fini.

et vous?

Qu'est-ce que vous feriez dans les situations suivantes?

▨   S'il faisait beau / S'il faisait mauvais / S'il neigeait . . .

▨   Si vous aviez faim / soif . . .

- Si vous aviez froid / chaud . . .
- Si vous étiez malade . . .
- Si vous étiez au travail . . .
- Si c'était votre anniversaire . . .
- Si vous gagniez le gros lot à la Loterie Nationale ou au Loto . . .
- Si vous étiez très célèbre . . .
- Si vous étiez en vacances à la mer / à la montagne / à la campagne / dans une grande ville . . .
- Si vous alliez voir des amis français, quels cadeaux leur emporteriez-vous?
- Si vous deviez vivre dans un autre pays, lequel choisiriez-vous? Pourquoi?

châteaux en Espagne

D'autres personnes rêvent ou font des souhaits.

QU'EST-CE QUE ÇA VEUT DIRE?

un souhait	*a wish*
fiable	*reliable*
soit*	*is*
aille*	*goes*
ait*	*has*
vienne*	*comes*
fasse*	*does*

*This special form of the verb is called the **subjunctive**. It is used after expressions of wish or preference such as **aimer que**, **vouloir que**, **préférer que**. It is also used when '**qui**' introduces a sentence about a person or thing which only exists as an idea in someone's mind. Please refer to Grammar section 21 for more information on the subjunctive mood.

avez-vous compris?

Qui parle? Donnez les numéros.

a Quelqu'un qui n'aime pas les tâches ménagères.

b Deux personnes qui ont peut-être envie de se marier.

c Une personne qui demande l'impossible!

d Une personne romantique.

e Quelqu'un dans un magasin de vêtements.

f Quelqu'un qui aime le luxe.

à vous!

Complétez avec les verbes ci-dessous.

aille   ait   fasse   fassent   soit   vienne

1 Ils voudraient acheter une maison qui _____ un grand jardin et une piscine.

2 Il me faudrait un livre français qui _____ facile à lire.

3 Le médecin veut qu'ils _____ du sport.

4 Les enfants préféreraient qu'on _____ en vacances en Espagne.

5 Je voudrais qu'il _____ nous voir plus souvent.

6 J'aimerais qu'il _____ beau ce week-end.

UN PEU DE GRAMMAIRE

Le conditionnel *The conditional*

This expresses what one would do. It is often linked to a condition introduced by **si** (*if*) . . .

Where the verb following **si** is in the imperfect, the verb in the other clause is in the conditional:

Si j'allais à la Martinique, je **boirais** du punch.	*If I went to Martinique, I **would drink** some punch.*
Si vous veniez à Fort-de-France, vous **pourriez acheter** des cadeaux originaux.	*If you came to Fort-de-France, you **could buy** original presents.*
Qu'est-ce que vous **feriez** si vous alliez à la Martinique?	*What **would** you **do** if you went to Martinique?*
Les enfants **feraient de la planche à voile**.	*The children **would sailboard**.*
Nous **sortirions** tous les soirs	*We **would go out** every evening.*

To form the conditional, use the **stem** of the **future** and the **endings** of the **imperfect**. For example, to the stem **fer-** (*faire*), add **-ais**, **-ais**, **-ait**, **-ions**, **-iez**, **-aient**.

▶ **Grammaire** 19

EXERCICES

A Utilisez la liste ci-dessous pour écrire une brochure pour encourager le tourisme en Alsace. Commencez avec: **Si vous veniez en Alsace . . .**

1 visiter Strasbourg, la capitale

2 puis louer une voiture

3 et descendre jusqu'à Colmar

4 voir de vieilles maisons typiques

5 boire de la bière

6 manger de la choucroute

7 pouvoir visiter une brasserie

8 faire des randonnées en montagne et en forêt

9 prendre beaucoup de photos

10 aller à la pêche à la truite

11 en un mot, passer de bonnes vacances!

B   Trouvez les réponses aux questions.

1   Qu'est-ce que vous feriez si vous étiez libre ce soir?

2   Que ferait-il s'il n'avait plus d'argent?

3   Que feraient les enfants s'ils avaient faim?

4   Qu'est-ce que tu ferais si tu gagnais à la Loterie Nationale ou au Loto?

5   Qu'est-ce qu'elle ferait si elle parlait le français couramment?

6   Que ferait-il s'il avait beaucoup d'argent?

7   Que feriez-vous si des amis français vous rendaient visite?

8   Comment voyageriez-vous si vous alliez de Paris à Londres?

9   Que ferait-elle si elle ne travaillait pas dimanche prochain?

10   Que ferais-tu si tu allais aux sports d'hiver?

a   Je prendrais l'Eurostar.

b   Ils se feraient une omelette ou un sandwich.

c   Il voyagerait beaucoup.

d   Je ferais du ski et de la luge.

e   Elle irait chez des amis.

f   Il chercherait du travail.

g   J'irais au cinéma.

h   Je ferais une croisière autour du monde.

i   Elle chercherait un poste de secrétaire bilingue.

j   Je les emmènerais dans tous les endroits intéressants.

C   Que feriez-vous si vous alliez en vacances en Bretagne?

D Aidez les parents à persuader le reste de la famille d'aller à Strasbourg. Remplacez les infinitifs par l'imparfait ou le conditionnel.

Exemple: Si on allait à Strasbourg, on voyagerait . . .

Si on (**1** aller) à Strasbourg, on (**2** voyager) en train et on (**3** arriver) à la Gare Centrale. On (**4** choisir) de préférence un hôtel situé près de la Cité Ancienne. Le lendemain de notre arrivée, on (**5** aller) à l'Office du Tourisme pour obtenir des renseignements sur la ville. Naturellement, on (**6** visiter) la cathédrale et le château des Rohan. S'il (**7** faire) beau, on (**8** faire) une promenade le long de la rue Finkwiller et on (**9** monter) sur la terrasse panoramique du barrage Vauban. Si on (**10** être) fatigués, on (**11** prendre) un mini-train pour visiter la vieille ville ou bien on (**12** pouvoir) visiter le port en vedette et faire une promenade sur l'Île et les canaux. S'il (**13** pleuvoir), on (**14** aller) au musée alsacien et au musée de l'œuvre Notre-Dame. Un soir on (**15** assister) à un concert de musique classique à l'Orangerie.

E Choisissez la bonne forme du verbe.

va ou **aille**?

1 Il cherche une cravate qui _____ avec sa chemise.

2 Il a acheté une cravate qui _____ très bien avec sa chemise.

est ou **soit**?

3 Je sais qu'elle _____ toujours en retard.

4 Elle veut que le dîner _____ prêt à 8 heures.

fait ou **fasse**?

5 Elle a une jeune fille au pair qui _____ le repassage.

6 J'aimerais une au pair qui _____ le repassage.

a ou **ait**?

7 Nous avons une voiture qui _____ dix ans.

8 Nous cherchons une voiture d'occasion qui n' _____ pas plus de deux ans.

vient ou **vienne**?

9 Je préférerais qu'il _____ à 10 heures.

10 Ils ont un jardinier qui _____ deux fois par semaine.

sont ou **soient**?

11 Ils ont des moniteurs qui _____ très patients.

12 Je voudrais qu'ils _____ moins paresseux.

écoutez bien!

You will hear four short dialogues. Which are the feelings / qualities best expressed by the reactions of the people questioned? (More than one can apply in some cases.) Choose from:

Joie   Peur   Surprise   Générosité   Honnêteté   Tristesse   Colère

lecture

Explain to an English friend what activities are on offer in the ski resort of Morzine in winter or write a short leaflet in English using the information below.

La force de la nature

À pied
Des promenades sont régulièrement damées pour les piétons sur des itinéraires très agréables. Nombreux parcours.

En traîneaux
La compagnie morzinoise regroupe dix cochers qui vous proposent une promenade originale au rythme des grelots. Tous les départs se font de la place de l'Office du Tourisme dans des voitures de une à quatre personnes. Une vingtaine de circuits compris entre 10 euros et 84 euros.

Sur le stade
Stade de slalom au pied du Pléney. Piste sonorisée et éclairée prévue également pour l'organisation de grandes compétitions de ski artistique et acrobatique, coupe de ski hivernants, slaloms parallèles présentés par l'école de ski français, descente aux flambeaux en nocturne.

Bureau des guides et accompagnateurs
Profitez de vos vacances à Morzine pour vous aventurer, en compagnie de guides diplômés, en haute montagne, et pratiquer un ski hors des sentiers battus en randonnée à l'aide de peaux de phoque.

En raquettes
Avec les raquettes, c'est la neige à portée de tous . . . C'est la nature sauvage que notre région a su préserver. Sorties 1/2 journée – journée ou avec nuit en refuge / transport, fourniture de matériel compris.

À fond le fond
La diversité du relief et des vallées qui environnent Morzine permet une excellente pratique de ski de fond sur cinq zones distinctes. Sur les bords du torrent de la Dranse, autour du lac de Montriond, sur le plateau de Pléney Chavannes, dans la vallée de la Manche-L'Erigné et sur les hauteurs de Super Morzine. Un plan est à votre disposition à l'Office du Tourisme.

Au fil des suspentes
Stages de parapente comprenant matériel, théorie, transport et pratique. Baptême de l'air à partir de 70 euros. Séance découverte à partir de 60 euros.

Sur place
- Mur d'escalade artificiel en plein centre de Morzine
- Bowling: 3 pistes, salles de jeux, billard américain
- 3 discothèques
- Une salle de jeux
- 2 cinémas

Pour toute informations complémentaires, s'adresser à l'Office du Tourisme.

Dix-septième unité

un accident

La voiture de Mme Brède est bonne pour la casse, car elle vient de rentrer dans un arbre. Par miracle, personne n'a été blessé, mais M. Brède est très en colère.

M. Brède	Si tu m'avais écouté, tu m'aurais laissé le volant et ça ne serait pas arrivé!
Mme Brède	Si je ne t'avais pas écouté, nous aurions pris l'autoroute, et ça ne serait pas arrivé!
M. Brède	Si nous n'étions pas partis en retard, tu n'aurais pas conduit si vite.
Mme Brède	Et pourquoi étions-nous en retard? . . . Parce que monsieur ne pouvait se décider à choisir une cravate!
M. Brède	Tu aurais dû te lever plus tôt . . .
Mme Brède	J'en ai assez à la fin, tout est toujours de ma faute!
M. Brède	Avoue que tu roulais vite.
Mme Brède	Je respectais la limite de vitesse, et si l'idiot d'en face n'avait pas dépassé dans le virage, je n'aurais pas donné un coup de volant à droite!
M. Brède	Tes réflexes ne sont pas encore tout à fait au point et . . .
Mme Brède	Dis donc, j'ai mon permis de conduire depuis un mois, et pour m'améliorer il me faut de l'expérience.
M. Brède	On n'aurait jamais dû te donner le permis!
Mme Brède	Si on me l'a donné, c'est que je le méritais! Et puis tu peux parler, toi, tu n'es pas non plus un as du volant, loin de là! Il y a trois jours, si je ne t'avais pas dit

qu'il y avait un stop, tu ne te serais pas arrêté. Et tout ça parce qu'il y avait une fille en short sur le bord de la route!

M. Brède Quoi, tout le monde a ses moments d'inattention, c'est humain après tout!

Mme Brède Ah! Je suis bien contente de te l'entendre dire!

QU'EST-CE QUE ÇA VEUT DIRE?

bon(ne) pour la casse	*a write-off*
rentrer dans	*to crash into* (here)
blessé(e)	*injured, wounded*
avouer	*to admit*
le virage	*the bend*
un coup de volant	*a sudden turn of the steering wheel*
le permis de conduire	*the driving licence*
mériter	*to deserve*
un as	*an ace*
un as du volant	*a crack driver*

avez-vous compris?

Répondez en français.

1 Qui était au volant?

2 Quelle route voulait prendre Madame Brède?

3 Pourquoi les Brède étaient-ils partis en retard?

4 Madame Brède roulait-elle trop vite?

5 Pourquoi est-elle rentrée dans un arbre?

6 A-t-elle son permis de conduire depuis longtemps?

7 Que lui faut-il pour s'améliorer?

8 Monsieur Brède est-il un automobiliste parfait?

9 Qui a détourné son attention trois jours plus tôt?

10 Quelle est l'excuse de Monsieur Brède?

à vous!

1 Racontez l'accident de Mme Brède à un ami / une amie.

Si Madame Brède avait (**a**) _____ son mari, elle lui aurait laissé le (**b**) _____.
S'ils avaient pris l' (**c**) _____ l'accident ne serait pas (**d**) _____.
S'ils n'étaient pas (**e**) _____ en retard, elle n'aurait pas (**f**) _____ si vite.
Si l'idiot d'en face n'avait pas (**g**) _____ dans le virage elle n'aurait pas donné
(**h**) _____ à droite.
Et trois jours plus tôt, si elle n'avait pas (**i**) _____ à son mari qu'il y avait un
(**j**) _____, il ne se serait pas (**k**) _____!

2 Qu'est-ce que vous auriez fait dans les situations suivantes?

a Si j'avais écouté le professeur de français . . .

b Si j'étais allé(e) à la Martinique pour les vacances . . .

c Si ma voiture était tombée en panne ce matin . . .

d Si j'avais eu de la chance hier . . .

(i)   j'aurais mangé des spécialités créoles et j'aurais bu du rhum.

(ii)   j'aurais appris les verbes irréguliers par cœur.

(iii)   j'aurais ouvert le capot.

(iv)   j'aurais gagné le gros lot au Loto.

(v)   le soir, je serais allé(e) dans les cabarets ou dans les discothèques de Fort-de-France.

(vi)   je serais allé(e) en classe régulièrement.

(vii)   j'aurais visité Diamant et sa belle plage.

(viii)   j'aurais téléphoné au garagiste.

(ix)   j'aurais trouvé un billet de cinquante euros dans la rue.

(x)   j'aurais fait les devoirs chaque semaine.

une voiture parfaite?

La nouvelle Petita Super fait l'objet d'une campagne publicitaire.

La dernière-née des Petita est . . . super!

Chère Petita-Super,

Je t'écris pour te féliciter. En effet:

Tu as conquis ma belle-mère (un vrai miracle!) par ta ligne élégante et ton confort généreux: les sièges velours avec appuie-tête incorporés, la moquette au sol, même dans le coffre, les vitres électriques teintées, la clim et les deux airbags.

Tu as conquis ma femme (elle a l'esprit très pratique) par ton équipement: le volant réglable, le tableau de bord sobre, mais où rien ne manque, le rétroviseur extérieur qu'on peut régler de l'intérieur, le verrouillage centralisé avec fonction anti-effraction et télécommande, la lunette arrière dégivrante avec essuie-glace automatique et surtout le GPS.

Tu as conquis mes enfants (ils apprennent à conduire) avec ton lecteur de CD et tes quatre haut-parleurs; avec tes vitesses faciles à passer, ta direction assistée et ton radar de recul (aucun problème pour se garer dans les places les plus petites); sur route, avec tes quatre roues indépendantes et ton freinage ABS, tu es fiable, souple et précise. Et tu es conforme aux normes anti-pollution européennes.

Moi aussi tu m'as conquis, car tu es super-économique (je suis un peu radin!): 4,6 litres aux cent km à 100 km/h, 6,2 litres 120 km/h et 7,1 litres en ville (génial ton régulateur de vitesse!). Et bravo pour tes six ans de garantie anti-corrosion totale.

Finalement, tu as conquis le directeur de ma banque (il est plus radin que moi!) par ton super-petit prix.

MERCI PETITA SUPER, POUR UNE FOIS, NOUS SOMMES TOUS D'ACCORD!

QU'EST-CE QUE ÇA VEUT DIRE?

faire l'objet (de)	*to be the subject (of)*
publicitaire	*advertising* (adj.)
féliciter	*to congratulate*
conquis (← conquérir)	*conquered (← to conquer)*
un siège	*a seat*
un appuie-tête	*a headrest*
le coffre	*the boot* (of a car)
la vitre	*car window, window pane*
la clim	*air-con*
un volant réglable	*an adjustable steering wheel*
le tableau de bord	*the dashboard*
le rétroviseur	*the rear mirror*
le verrouillage centralisé	*central locking*
anti-effraction	*burglar-proof*
la lunette arrière	*the rear window*
un essuie-glace	*a windscreen wiper*
le radar de recul	*the reverse sensors*
un haut-parleur	*a loudspeaker*
une antenne	*an aerial*
passer les vitesses	*to change gear*
une roue	*a wheel*
le freinage (← un frein)	*the braking system (← a brake)*
souple	*smooth* (here)
économique	*fuel-efficient* (here)
radin	*stingy*
le régulateur de vitesse	*the cruise control*

avez-vous compris?

Complétez les phrases.

1 Quand on part en voyage en voiture, on met les bagages dans _____ .

2 Pour dormir, les passagers peuvent utiliser _____ .

3 Je trouve que quand on met _____ , il fait toujours trop froid.

4 Je préfère les voitures automatiques car je n'aime pas _____ .

5 _____ est très pratique quand on fait marche arrière.

6 Je n'utilise _____ que sur l'autoroute et quand il n'y a pas trop de circulation.

7 Beaucoup d'automobilistes qui ont _____ roulent trop vite car ils se croient en sécurité.

8 Je mesure 1m80 et ma femme 1m50, donc un _____ c'est l'idéal pour nous.

9 En cas d'accident, les ceintures de sécurité et _____ sont indispensables.

10 Depuis qu'on a _____ , on ne se perd plus, mais le lecteur de CD est dans le coffre.

une consultation

Après son accident de voiture, Mme Brède a des douleurs au cou et dans le dos. Elle a pris rendez-vous chez le médecin.

Le médecin   Ah, Madame Brède! Bonjour. Alors, qu'est-ce qui ne va pas aujourd'hui?

Mme Brède   J'ai des douleurs affreuses au cou et dans le dos.

Le médecin   Vous avez sans doute attrapé un torticolis.

Mme Brède   J'ai eu un accident de voiture. Je suis rentrée dans un arbre.

Le médecin   Personne n'a été blessé, j'espère.

Mme Brède   Non, mais la voiture est bonne pour la casse! Évidemment ce n'était pas de ma faute . . . Et si mon mari n'avait pas insisté, nous aurions pris l'autoroute . . .

Le médecin   Je vais vous examiner. Enlevez votre chemisier, s'il vous plaît . . . Oh là là, vous êtes couverte de bleus.

Mme Brède   Ahhh!

Le médecin   Je vous ai fait mal?

Mme Brède   Non, c'est que vous avez les mains froides!

Le médecin   Regardez droit devant vous. Très bien! Maintenant tournez la tête à gauche . . . et maintenant à droite . . . Encore un peu.

Mme Brède   Aïe! Ça me fait mal!

Le médecin   Levez les bras . . . Bien, baissez-les. Quand j'appuie là . . .

Mme Brède   Aïe!

Le médecin   Et là?

Mme Brède	Là, ça va.
Le médecin	Bon, vous pouvez vous rhabiller.
Mme Brède	Alors, docteur, qu'est-ce que j'ai?
Le médecin	Eh bien, je pense qu'il n'y a rien de cassé, mais il faut que vous passiez une radio. En attendant, je vais vous faire une ordonnance pour une crème anti-inflammatoire et des analgésiques.
Mme Brède	J'ai besoin d'un peu de repos. Je suis très stressée depuis l'accident. Est-ce qu'il faut que je voie un kiné?
Le médecin	Attendons les résultats de la radio. Revenez me voir dès que vous les aurez.
Mme Brède	Ne vous inquiétez pas, docteur, je prendrai rendez-vous tout de suite!
Le médecin	Oui, je sais que je peux vous faire confiance.

QU'EST-CE QUE ÇA VEUT DIRE?

des douleurs (f.)	*aches and pains*
un torticolis	*a stiff neck*
un bleu	*a bruise*
Aïe!	*Ouch!*
Il faut que vous passiez* une radio	*you must have an X-ray*
une ordonnance	*a prescription*
il faut que je voie*	*I must see*
un kiné(sithérapeute)	*a physio(therapist)*

*The subjunctive mood is always used after **il faut que**. You can avoid it by using **devoir** + infinitive (e.g. **vous devez passer / voir**), but note that **il faut que + subjunctive** suggests greater urgency. Refer to Grammar section 21 for more information.

avez-vous compris?

Répondez *vrai* ou *faux*.

1 Mme Brède va chez le médecin pour ses rhumatismes.

2 Son mari a été blessé dans l'accident de voiture.

3 Il a un torticolis.

4 Mme Brède n'a pas mal quand elle tourne la tête.

5 Elle a des bleus.

6 Elle s'est cassé le bras.

7 Il faut qu'elle passe une radio.

8 Elle a besoin de médicaments contre les douleurs.

9 Elle doit voir un kiné tout de suite.

10 Il faut qu'elle revienne voir le médecin.

à vous!

Le médecin donne des conseils à différents malades. Aidez-le en ajoutant le bon verbe. Utilisez les verbes ci-dessous.

alliez   achetiez   passiez   preniez   mettiez   attendiez

Exemple: Il faut que vous **alliez** voir un spécialiste.

1   Il faut que vous _____ rendez-vous avec le spécialiste.

2   Il faut que vous _____ une crème anti-inflammatoire.

3   Il faut que vous _____ une radio.

4   Il faut que vous _____ le résultat de la radio.

5   Il faut que vous _____ ces médicaments.

aide-toi, le ciel t'aidera

Madame Brède vient d'arrêter de fumer. Comme elle souffre d'effets secondaires, le médecin lui a donné un dépliant qui propose des solutions pour remédier à ces symptômes.

Vous avez arrêté de fumer, bravo, mais vous ressentez des effets secondaires. Quelques gestes simples peuvent vous aider.

Si vous souffrez des symptômes suivants:

Étourdissements: Étirez-vous en tendant bien les bras et les jambes et bâillez. Prenez aussi quelques respirations lentes mais profondes.

Fatigue: Dormez suffisamment pour récupérer. Faites de l'exercice mais reposez-vous bien. Mangez des choses saines et buvez beaucoup d'eau.

Insomnie: Évitez de prendre des excitants comme le café ou le Coca. Allez faire une promenade après dîner. Prenez un bain, buvez un verre de lait, regardez un film drôle ou lisez l'annuaire du téléphone.

Toux: Buvez beaucoup d'eau pour faciliter l'expectoration du mucus. Faites de l'activité physique ou quelques exercices de respiration.

Constipation: Consommez de l'eau et mangez des fruits, des légumes crus et des produits de grains entiers (à cause des fibres). L'activité physique est aussi fortement recommandée.

Faim: Si vous êtes tenté, essayez de grignoter des produits riche en protéines (noix, yaourt, fromage).

Goût pour des aliments sucrés: Vérifiez si c'est seulement le besoin d'avoir quelque chose dans la bouche. Pour éviter de grossir, mangez souvent, mais en petites quantités, des choses bonnes pour la santé (des fruits par exemple).

Irritabilité: Répétez-vous que c'est normal et que ça en vaut la peine pour retrouver votre liberté. Faites des activités que vous aimez, de préférence ludiques et faites ou regardez des choses qui vous font rire.

Pression au niveau des yeux et de la tête: Étirez-vous et respirez profondément pour vous relaxer. Massez-vous la tête, en particulier au niveau des tempes, cela fait aussi beaucoup de bien.

Envie obsessionnelle de fumer: Réagissez rapidement pour vous éloigner de la situation qui cause cette envie. Faites immédiatement quelque chose que vous aimez. Si les symptômes persistent, utilisez des patchs ou de la gomme à mâcher, et parlez-en à votre médecin ou consultez un tabacologue.

QU'EST-CE QUE ÇA VEUT DIRE?

un effet secondaire	*a side effect*
un étourdissement	*a dizzy spell*
s'étirer	*to stretch*
bâiller	*to yawn*
sain	*healthy, wholesome*
l'annuaire du téléphone	*the telephone directory*
la toux	*cough*
cru	*raw*
grignoter	*to nibble, to snack*
un aliment	*food*
(se) masser	*to massage, to rub*
une tempe	*a temple*
une envie	*a craving*
mâcher	*to chew*
un tabacologue	*a specialist in tobacco addiction*

avez-vous compris?

1 Pour quels symptômes est-il recommandé de faire des exercices de respiration?

2 Que faut-il boire avant de se coucher si on dort mal?

3 A votre avis, pourquoi l'annuaire du téléphone aide-t-il à s'endormir?

4 Pourquoi risque-t-on de grossir quand on arrête de fumer?

5 Dans quel cas est-il particulièrement recommandé de manger des fruits et des légumes crus?

6 Pourquoi les gens qui arrêtent de fumer ont-ils besoin de rire et d'avoir des activités ludiques?

7 Que faut-il faire pour se détendre quand on est stressé?

8 Que peut-on utiliser quand on ressent toujours le besoin de fumer?

à vous!

Complétez les conseils ci-dessous.

Quand on arrête de fumer, on peut ressentir des (**1**) _____ . Pour éviter la (**2**) _____ par exemple, il faut bien dormir. Il est donc recommandé de faire de l'(**3**) _____ et d'éviter les (**4**) _____ . Il vaut mieux ne pas (**5**) _____ entre les repas, mais si on a faim, on doit choisir des aliments (**6**) _____ . En cas de (**7**) _____ on doit consommer beaucoup de fruits et de légumes (**8**) _____ . Il faut aussi boire beaucoup (**9**) _____ . Comme on a tendance à être irritable, il faut avoir des activités (**10**) _____ pour rire et s'amuser. Pour (**11**) _____ on doit s'étirer et respirer profondément. Si (**12**) _____ de fumer reste très forte, on peut mettre des (**13**) _____ ou mâcher de la (**14**) _____ . N'hésitez pas à aller voir un (**15**) _____ pour lui demander conseil.

une visite à domicile

Le médecin est appelé chez les Dupré. Alison, la correspondante anglaise de Colette, est malade. Comme elle ne parle pas très bien le français, c'est Madame Dupré qui explique ses symptômes.

Mme Dupré   Bonjour, docteur. C'est Alison, la correspondante anglaise de Colette, qui est malade.

Le médecin   Qu'est-ce qui ne va pas?

Mme Dupré   Elle a mal à la tête, elle a de la fièvre, elle a des douleurs aiguës au ventre . . .

Le médecin	C'est peut-être une crise d'appendicite.
Mme Dupré	C'est ce que j'ai tout de suite pensé, mais elle a déjà été opérée. Elle m'a même fait voir sa cicatrice! Elle fait sans doute une allergie. Elle n'est pas habituée à la cuisine française.
Le médecin	Elle n'a pas de boutons ni de rougeurs?
Mme Dupré	Non, mais elle n'arrête pas de vomir et elle a la diarrhée.
Le médecin	Qu'est-ce qu'elle a mangé?
Mme Dupré	Nous avons mangé des huîtres hier. Mais elle a mangé du poulet.
Le médecin	Elle fait probablement une intoxication alimentaire.
Mme Dupré	Elle doit rentrer chez elle la semaine prochaine . . .
Le médecin	Ne vous inquiétez pas, elle devrait aller mieux dans deux ou trois jours.
Mme Dupré	Il faut qu'elle prenne des médicaments?
Le médecin	Je vais lui donner quelque chose pour calmer les crampes d'estomac. Il vaut mieux qu'elle ne mange pas aujourd'hui, mais il faut qu'elle boive beaucoup.
Mme Dupré	De toute façon, elle n'a pas faim en ce moment, la pauvre!
Le médecin	Quand elle pourra prendre un peu de nourriture, donnez-lui du bouillon de légumes et du pain grillé, mais surtout pas de produits laitiers ni de plats relevés. Et puis, il faut qu'elle se repose.

QU'EST-CE QUE ÇA VEUT DIRE?

aigu(ë)	*acute, sharp*
une cicatrice	*a scar*
un bouton	*a spot* (here)
une rougeur	*a rash*
une intoxication alimentaire	*food-poisoning*
il faut qu'elle prenne	*she must take*
il faut qu'elle boive	*she must drink*
il vaut mieux que (+ subjunctive)	*it is better*
du bouillon	*broth, stock*
relevé	*spicy, highly seasoned*

avez-vous compris?

Répondez en français.

1 Qui est malade chez les Dupré?

2 Décrivez ses symptômes.

3 Quels sont les trois diagnostics possibles?

4 Pourquoi les deux premiers diagnostics sont-ils rejetés?

5 Est-ce que c'est une maladie de longue durée?

6 Est-ce que le médecin prescrit beaucoup de médicaments?

7 Quels sont ses conseils?

8 Quand elle pourra manger de nouveau, qu'est-ce qu'Alison devra éviter?

à vous!

Vous êtes médecin. Diagnostiquez les maladies.

1 Une insolation

2 Une angine

3 La grippe

4 Une entérite

5 La rougeole

6 Une bronchite

7 Une crise d'appendicite

8 Une conjonctivite

a Très mal aux yeux, inflammation des paupières

b Mal au cœur, mal au ventre, de la diarrhée

c Une toux sévère, des difficultés respiratoires

d La peau rouge, des maux de tête

e Douleur aiguë au ventre, à droite, juste au-dessous du nombril

f De la fièvre, des frissons, mal partout

g Très mal à la gorge

h Mal à la tête, mal aux yeux, de la fièvre, des boutons

chez le vétérinaire

À Nuits-Saint-Georges, nous retrouvons Henri dans la salle d'attente du vétérinaire. En attendant son tour, il bavarde avec d'autres clients.

Première dame	Oh, le beau chat! Comment s'appelle-t-il?
Henri	Moustache.
Deuxième dame	Il est vraiment splendide! Il est encore jeune, n'est-ce pas?
Henri	Il a tout juste un an.
Première dame	Qu'est-ce qu'il a?
Henri	Il boite depuis deux jours et il ne touche pas à sa nourriture. Même le foie qu'il adore, il n'en veut pas!
Deuxième dame	Vous croyez qu'il s'est cassé la patte?
Henri	S'il s'était cassé une patte, il ne pourrait pas marcher. Je crois qu'il s'est battu, qu'il a été blessé et que la plaie s'est infectée.
Deuxième dame	Il a sans doute un abcès.
Petit garçon	Mon Loulou, il a un abcès à la dent.
Henri	Ton lapin a un abcès?
Petit garçon	C'est pas un lapin, c'est un chinchilla. Le vétérinaire, il lui a fait une radio hier et il va l'opérer aujourd'hui.
Première dame	Mon pauvre Bijou avait la hanche cassée quand j'ai été le chercher à la SPA. On pense qu'il avait été jeté par une fenêtre du deuxième étage.
Deuxième dame	Oh! Quelle horreur!
Première dame	Et il y a deux semaines, il a eu une crise cardiaque. Il faut dire qu'il est vieux maintenant.
Petit garçon	Il a quel âge?
Première dame	Il a quinze ans. Comme les personnes âgées, il faut qu'il mène une vie calme et qu'il prenne toutes sortes de médicaments.
Henri	Et vous, madame, on dirait que votre chien a mal aux yeux.
Deuxième dame	Oui. Achille aussi, il est vieux. Il fait du diabète et il est presque aveugle maintenant. Il faut qu'on lui fasse des piqûres régulièrement.
Petit garçon	Moi, je déteste les piqûres, les vaccins, les prises de sang, les suppositoires . . .
Homme	Je me demande bien ce que le vétérinaire va faire à mon perroquet!

Petit garçon Il s'appelle comment?

Homme Coco.

Petit garçon Salut, Coco! . . . Salut, Coco! . . . Réponds-moi! . . . Salut, Coco! . . . Eh ben, il est pas bavard, pour un perroquet!

Homme C'est là tout le problème. Ça va faire une semaine qu'il ne parle plus!

QU'EST-CE QUE ÇA VEUT DIRE?

boiter	*to limp*
la plaie	*the wound*
mener	*to lead*
la hanche	*the hip*
la SPA (Société Protectrice des Animaux)	*the French equivalent of the RSPCA*
on dirait que . . .	*it looks as if . . .*
une prise de sang	*a blood sample*
aveugle	*blind*
un perroquet	*a parrot*

avez-vous compris?

Répondez *vrai* ou *faux*.

1 Le perroquet est aveugle et il boite.

2 Moustache s'est cassé la patte.

3 Bijou est un chien de la SPA.

4 Il a été maltraité quand il était jeune.

5 Achille a perdu l'appétit.

6 Il fait du diabète.

7 Il a besoin de piqûres.

8 Loulou n'est pas un lapin.

9 Le chinchilla a passé une radio.

10 Il a mal aux dents.

à vous!

1 Votre ami(e) anglais(e) s'est brûlé le bras. Vous avez du *Derma Spray*. Expliquez-lui les propriétés du produit et comment il faut s'en servir.

Solution antiseptique (usage externe)

Derma spray prévient et traite l'infection
- des plaies superficielles souillées
- des écorchures et coupures
- des brûlures du 1er degré
- des piqûres d'insectes

Mode d'emploi: *Lire attentivement la notice d'emploi, logée dans le capuchon. 1 à 4 pulvérisations par jour, directement sur la plaie. Ne pas appliquer sur des lésions eczématisée ni sur les muqueuses. Ne pas vaporiser dans les yeux.*

Ne pas percer ou brûler même après usage.
Ne pas exposer à la chaleur.

2 Qui parle? Un professeur? un médecin? un gendarme? etc. Qu'est-ce que vous en pensez?

a Il faut que vous donniez ce médicament à votre chien trois fois par jour.

b Il faut que vous fassiez les devoirs régulièrement.

c Votre fille a la grippe. Il faut qu'elle reste au lit, qu'elle prenne de l'aspirine et qu'elle boive beaucoup d'eau.

d Il faut que vous finissiez cette lettre et que vous l'envoyiez par fax avant midi, sinon nous perdrons une grosse commande.

e Il est dangereux, il est armé. Il faut que vous le mettiez en prison immédiatement.

f Vous avez mal aux dents. Il faut que je vous fasse un plombage tout de suite.

g Il faut que je prenne la température et la tension des malades, que je fasse des prises de sang et des piqûres . . .

h Il faut que je lise des rapports, que j'utilise l'ordinateur et que je réponde au téléphone.

i Vous voulez ouvrir un compte bancaire? Alors il faut que vous remplissiez ce formulaire.

j Il faut que j'aie beaucoup d'énergie et de patience, mais surtout, il faut que j'aime travailler avec les jeunes.

UN PEU DE GRAMMAIRE

Le plus-que-parfait	*The pluperfect*

This is a compound tense used in French in the same way as it is in English.

j'avais travaillé	*I had worked*
elle était allée	*she had gone*

It is often used with the conditional perfect to express how circumstances might have been different.

Le conditionnel passé	*The conditional perfect*
Si mon mari n'avait pas insisté, nous **aurions pris** l'autoroute.	*If my husband hadn't insisted, we **would have taken** the motorway.*
Si je ne t'avais pas écouté, nous **serions partis** de bonne heure.	*If I hadn't listened to you, we **would have left** early.*

EXERCICES

 A   Un historien distrait a mélangé les phrases. Reliez-les correctement.

1   Si Jeanne d'Arc ne s'était pas battue contre les Anglais . . .

2   Si les Romains avaient aussi bu la potion magique . . .

3   Si Marie-Antoinette n'avait pas dit: «Qu'ils mangent de la brioche!» . . .

4   Si on n'avait pas assassiné l'archiduc Ferdinand . . .

5   Si Napoléon avait traversé la Manche . . .

6   Si Adam avait refusé de manger la pomme . . .

7   Si Dalila n'avait pas coupé les cheveux de Samson . . .

8   Si Guillaume le Conquérant était resté en Normandie . . .

9   Si Christophe Colomb ne s'était pas perdu . . .

10   Si Henry VIII avait vécu plus longtemps . . .

a   la première guerre mondiale n'aurait pas éclaté en 1914.

b   il n'aurait pas perdu sa force.

c   elle n'aurait pas été brûlée à Rouen.

d   Astérix et Obélix n'auraient pas pu les battre.

e   les hommes seraient restés au paradis.

f   il n'aurait pas découvert l'Amérique.

g   il aurait probablement épousé une septième femme.

h   il serait peut-être devenu empereur des Anglais.

i   il n'aurait pas tué le roi Harold.

j   elle n'aurait pas perdu la tête.

B Trouvez l'intrus.

1

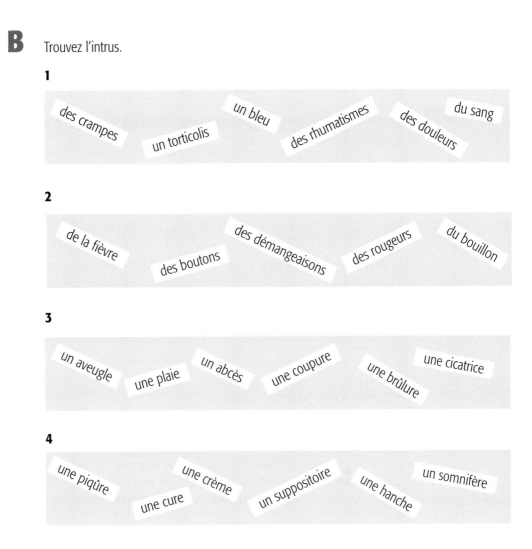

des crampes un torticolis un bleu des rhumatismes des douleurs du sang

2

de la fièvre des boutons des démangeaisons des rougeurs du bouillon

3

un aveugle une plaie un abcès une coupure une brûlure une cicatrice

4

une piqûre une cure une crème un suppositoire une hanche un somnifère

C Complétez la conversation.

– Comme il est beau, votre chien! Comment s'appelle-t-il?
– (**1** *Say his name is Rollo.*)
– Et qu'est-ce qu'il a exactement? On dirait qu'il a mal aux yeux.
– (**2** *Tell the other person he / she is right. The dog is almost blind because of diabetes.*)
– Il faut qu'il prenne beaucoup de médicaments, alors?
– (**3** *Say no, but he has to have injections regularly. Ask about the other person's cat.*)
– Il a eu une crise cardiaque il y a deux semaines. Si je ne l'avais pas emmené chez le vétérinaire tout de suite, il ne serait pas là aujourd'hui!
– (**4** *Say the person is lucky. Ask if the cat has to lead a quiet life now.*)
– Oui, il faut qu'il se repose, et qu'il prenne un quart d'aspirine par jour.
– (**5** *Say you had a heart attack three years ago.*)
– Vous étiez très stressé(e)?

– (**6** *The doctor told you if you had taken more exercise and eaten less fat you wouldn't have been ill.*)
– Mais on ne sait jamais. Après tout, mon chat était très actif et il ne mangeait pas de gâteaux à la crème!

D C'est très important. Alors, remplacez **devoir** par **il faut que / qu'**. N'oubliez pas d'utiliser le subjonctif.

Exemple: **Vous devez mettre** du *Derma Spray.*
         Il faut que vous mettiez du *Derma Spray.*

1 Je dois prendre des médicaments.

2 Il doit aller à l'hôpital.

3 Vous devez faire une cure.

4 Elle ne doit pas boire de lait.

5 Je dois être chez le vétérinaire à dix heures.

6 Vous devez passer une radio.

7 Il doit venir une fois par mois.

8 Vous ne devez pas manger.

E Imaginez que vous êtes Monsieur ou Madame Brède. Écrivez une réponse à la lettre de votre amie, Claude.

Caen, le 10 septembre

Mes chers amis,

J'ai été très déçue de ne pas avoir eu l'occasion de vous revoir mercredi dernier. Charles, quand tu m'a téléphoné, tu ne m'as pas donné beaucoup de détails. Comment l'accident est-il arrivé? Qui était au volant? Je sais que tu viens d'avoir ton permis, Irène. J'espère que tu ne roulais pas trop vite.

Depuis mon accident, il y a deux ans, j'ai beaucoup souffert. J'étais toujours fourrée chez le médecin. Il m'a prescrit toutes sortes de médicaments, des crèmes anti-inflammatoires, des calmants, des somnifères, mais je continuais à souffrir, et je ne me sentais pas bien du tout. J'ai même vu un kiné, ce qui m'a coûté une fortune. Finalement, on m'a conseillé un homéopathe qui exerce dans la région. Il a fait des merveilles et maintenant je suis en pleine forme. Je pourrais vous donner son numéro de téléphone si jamais vous en avez besoin.

Est-ce que vous avez déjà fait des projets de vacances? Nous, on a décidé d'aller au Maroc, car Jean a des cousins là-bas. Ce sera ma première visite dans le Maghreb et j'espère que ce seront des vacances inoubliables!

Bien affectueusement,

Claude

écoutez bien!

Jules Romains (1885–1972), poète et romancier, occupe aussi une place importante dans le théâtre des années 1920–30. *Knock ou le Triomphe de la Médecine* est une grande farce dans la meilleure tradition de Molière, où Romains satirise le charlatanisme de certains médecins et l'incroyable crédulité de leurs clients. Au début de la pièce, tous les habitants du village Saint-Maurice sont en pleine forme. À la fin, ils sont tous hospitalisés!

Écoutez l'extrait de la farce *Knock* et complétez le résumé en choisissant la bonne réponse.

Le 'docteur' Knock examine la dame en noir et la fait asseoir. Il lui demande si elle veut guérir*. Il la prévient que le traitement sera très (**1**) douloureux / long et coûteux. Il lui dit que l'on ne guérit pas (**2**) comme par miracle / en cinq minutes un mal que l'on traîne depuis 40 (**3**) mois / ans. Il paraît qu'elle l'a eu depuis qu'elle est tombée d'une (**4**) chaise / échelle. Quand elle lui demande combien ça lui coûtera, Knock veut savoir le prix des veaux* et des (**5**) moutons / cochons. Il estime que le traitement lui coûtera deux de chaque, c'est-à-dire environ (**6**) trente mille / trois mille francs. Cette nouvelle la bouleverse et Knock, d'un air ironique, lui propose un pèlerinage.* Elle ne l'accepte pas, en lui disant qu'ils ne réussissent pas souvent. Elle lui demande ce qu'elle a comme (**7**) maladie / traitement. Knock essaie de lui expliquer, en faisant un dessin au tableau noir. Au lieu de lui parler de sa condition médicale, il lui raconte des absurdités. Elle est totalement convaincue d'être très malade et se plaint du (**8**) bonheur / malheur d'avoir fait cette chute regrettable.

* guérir *to get better, to be cured;* un veau *a calf;* un pèlerinage *a pilgrimage*

lecture

Notre test psychologique – Vous et votre voiture

> ### VOS RAPPORTS AVEC VOTRE VOITURE EN DISENT LONG SUR VOTRE PERSONNALITÉ.

1   Vous choisissez votre voiture en fonction de:

   a Son confort.   **b** Son élégance.   **c** Le volume de son coffre.

2   Vous lavez votre voiture:

   a Régulièrement.   **b** De temps en temps.   **c** Quand elle est très sale.

3   Votre voiture nostalgie est:

   a La DS 19 (Citroën).   **b** La Coccinelle (VW).   **c** La Mini (Austin).

4   Pour vous, changer une roue c'est:

   a Simple.   **b** Improbable, il n'y a pratiquement plus de crevaisons de nos jours.
   c Une catastrophe.

5   Vous tombez en panne d'essence:

   a Jamais.   **b** Assez souvent.   **c** Rarement.

6   Un ami veut emprunter votre voiture:

   a Vous dites oui, mais à contrecœur.   **b** Vous refusez catégoriquement.
   c Vous n'y voyez pas d'inconvénient.

7   Vous venez d'avoir un accrochage sans gravité.

   a Vous oubliez vite cette contrariété.   **b** Ça ne vous inquiète pas car vous avez une
   bonne assurance.   **c** Vous en êtes malade.

8   Vous mettez le régulateur de vitesse:

   a Vous n'en avez pas.   **b** Jamais car vous roulez toujours à la vitesse réglementaire.
   c Toujours car vous avez peur des contrôles-radars.

9   Vous pensez que le radar de recul:

   a Est pratique mais votre voiture n'en est pas équipée.   **b** Est utile pour les autres mais
   que vous n'en avez pas besoin.   **c** Est absolument indispensable.

10 A votre avis, le GPS:

> **a** Est un luxe dont vous pouvez vous passer car vous ne vous perdez jamais.
> **b** Gâche le sentiment d'aventure.   **c** Vous a sauvé la vie.

11 Ça bouchonne sur l'autoroute:

> **a** Vous attendez patiemment que ça se passe en rêvassant.   **b** Vous regardez la carte pour trouver un autre itinéraire.   **c** Vous stressez.

12 Dans votre voiture:

> **a** Vous utilisez un téléphone mains-libres.   **b** Vous vous arrêtez pour téléphoner.
> **c** Votre portable est toujours éteint.

Résultats – Vérifiez vos résultats en utilisant la grille ci-dessous et lisez le portrait qui vous correspond.

	1	2	3	4	5	6	7	8	9	10	11	12
a	♣	♠	♠	♣	♠	♣	♦	♦	♦	♣	♠	♣
b	♠	♣	♦	♠	♦	♠	♠	♣	♠	♠	♦	♠
c	♦	♦	♣	♦	♣	♦	♣	♠	♣	♦	♣	♦

Vous avez une majorité de ♠: Vous aimez que l'on vous admire. Votre voiture montre votre esprit pratique et votre amour de l'ordre et de la perfection. Elle est impeccable à l'extérieur comme à l'intérieur. Comme vous, elle ne révèle aucun secret. Elle est aussi impersonnelle qu'une voiture de location.

Vous avez une majorité de ♦: Vous êtes naturel et spontané. Votre voiture ressemble à votre logement, elle est en désordre. On peut y trouver des BD, une calculette, un parapluie, des bonbons, des biscuits, des jouets etc. Peu vous importe son apparence du moment qu'elle vous emmène où vous avez besoin d'aller.

Vous avez une majorité de ♣: Vous appréciez les moments de solitude dont vous avez besoin pour vous ressourcer. Votre voiture est votre refuge et vous aimez son confort où vous pouvez être vous-même, faire ce que vous voulez et vous détendre. Vous aimez utiliser votre voiture pour le plaisir.

Dix-huitième unité

une visite imprévue

Martin arrive à l'improviste chez son ami Henri.

Henri   Tiens, bonjour Martin. Quelle bonne surprise! Entrez, entrez. Ça va?

Martin   Bonjour Henri. Ça va merci, et vous? Je ne vous dérange pas, j'espère?

Henri   Pas du tout! Je suis en train de lire mon guide de Paris. C'est très intéressant.

Martin   Ah, toujours le rat de bibliothèque, hein! En fait, c'est la raison pour laquelle je suis venu vous voir. Je n'ai rien à lire et je sais que vous avez une bibliothèque bourrée de volumes de toutes sortes. J'aimerais vous emprunter un ou deux livres, parce que je m'ennuie un peu.

Henri   Qu'est-ce que vous cherchez exactement, de la poésie, des pièces classiques, de la philosophie, des biographies? J'ai les œuvres complètes de Ronsard, de Corneille, de Descartes . . .

Martin   Mon Dieu, non! Je pensais à quelque chose de moins sérieux, de plus moderne, quelque chose de facile à lire.

Henri   J'ai *Paroles* de Prévert, *L'Écume des Jours* de Boris Vian – j'adore son humour.

Martin   Ce que j'aimerais en fait, c'est un bon roman pour me détendre.

Henri   Alors, je vous recommande *Les Souvenirs d'Enfance* de Pagnol. Je les ai tous.

Martin   Je peux y jeter un coup d'œil?

Henri   Mais naturellement. En attendant, je vais chercher une bonne bouteille à la cave. Vous prendrez bien un verre?

Martin   Volontiers, mon cher Henri, avec plaisir!

QU'EST-CE QUE ÇA VEUT DIRE?

imprévu	*unexpected*
à l'improviste	*unexpectedly*
un rat de bibliothèque	*a bookworm* (lit. *a rat*)
s'ennuyer	*to be bored*
bourré(e) de	*crammed with*
une pièce (de théâtre)	*a play*
les œuvres complètes (f.)	*the complete works*
le désespoir	*despair*
un roman	*a novel*
jeter un coup d'œil (à)	*to glance / to have a look (at)*
volontiers	*willingly*

avez-vous compris?

Répondez *vrai* ou *faux*.

1 Henri avait invité son ami Martin.

2 Quand Martin est arrivé, Henri était en train de lire.

3 Henri fréquente régulièrement la bibliothèque municipale.

4 Martin a rendu visite à Henri pour qu'il lui prête des livres.

5 Henri a surtout des livres de littérature contemporaine.

6 Martin ne s'intéresse pas à la littérature classique.

7 Martin n'a pas envie de lire quelque chose de sérieux.

8 Martin voulait aussi jeter un coup d'œil à la cave d'Henri.

à vous!

1 Donnez les contraires.

Exemple: Quelque chose de **grand**. Quelque chose de **petit**.

    a Quelque chose d'ennuyeux.   **c** Quelque chose d'amusant.

    b Quelque chose de difficile.   **d** Quelque chose de tragique.

e Quelque chose de bon marché.

i Quelque chose de propre.

f Quelque chose d'original.

j Quelque chose de lent.

g Quelque chose de rare.

k Quelque chose de fiable.

h Quelque chose de laid.

l Quelque chose de reposant.

2 Complétez avec le bon verbe.

remédier toucher jeter un coup d'œil (s')habituer croire penser	} (à quelque chose)

a – Avez-vous vu mon nouveau dictionnaire?
   – Non. Est-ce que je peux y _____?

b – Tu n'as pas oublié que l'anniversaire de Paul est lundi prochain?
   – Non, j'y _____.

c – Vous a-t-elle raconté ce qu'il lui est arrivé en Espagne?
   – Oui, mais je n'y _____ pas.

d – Encore un problème!
   – Ne vous inquiétez pas. On va y _____ le plus vite possible.

e – Alors, vous préférez les verres de contact aux lunettes, n'est-ce pas?
   – Oui, je m'y _____ petit à petit.

f – C'est chaud?
   – Oui. N'y _____ pas, tu vas te brûler!

et vous?

Qu'est-ce que vous aimez lire? Parlez d'un de vos livres / journaux / magazines favoris.

une visite imprévue (suite)

Martin choisit *La Gloire de mon père*, le premier volume des souvenirs d'enfance de Marcel Pagnol. Il tombe sur la page où la famille s'est réunie pour discuter le départ en vacances. Ils avaient loué une maison, mais il fallait tout emporter. Plus un déménagement qu'un départ en vacances!

Un soir, l'oncle Jules et la tante Rose vinrent dîner à la maison. Ce fut un dîner-conférence, pour la préparation du grand départ, qui devait avoir lieu le lendemain.

L'oncle Jules, qui se flattait d'être un organisateur, déclara d'abord qu'à cause de l'état des chemins, il n'était pas possible de louer une voiture importante, qui aurait d'ailleurs coûté une fortune – peut-être même vingt francs!

Il avait donc loué deux voitures: un petit camion de déménagement, qui transporterait ses propres meubles, ainsi que sa femme, son fils et lui-même, au prix de 7 francs 50.

Cette somme comprenait la puissance d'un déménageur qui serait à notre service toute la journée.

Pour nous, il avait trouvé un paysan, qui s'appelait François, et dont la ferme était à quelques centaines de mètres de la villa. Ce François venait deux fois par semaine vendre ses fruits au marché de Marseille.

En remontant chez lui, il transporterait nos meubles au prix raisonnable de quatre francs. Cet arrangement enchanta mon père, mais Paul* demanda:

– Et nous, nous monterons sur la charrette?

– Vous, dit l'Organisateur, vous prendrez le tramway jusqu'à La Barasse, et de là, vous rejoindrez votre paysan à pied. Augustine** aura une petite place sur le chariot, et les trois hommes suivront à pied, avec le paysan.

Les trois hommes acceptèrent cette idée avec joie, et la conversation, qui dura jusqu'à onze heures, devint absolument féérique, car l'oncle Jules parla de chasse, puis mon père parla des insectes, si bien que jusqu'à mon réveil, je tirai des coups de fusil sur des mille-pattes, des sauterelles et des scorpions.

La Gloire de mon père, Marcel Pagnol (texte adapté)

*le frère de Marcel
**la mère de Marcel

QU'EST-CE QUE ÇA VEUT DIRE?

se réunir	*to meet, to get together*	la charrette / le chariot	*cart*
vinrent* (venir)	*came*	la chasse	*shooting / hunting*
ce fut* (être)	*this was*	tirer un coup de fusil	*to shoot (with a shotgun)*
déclara* (déclarer)	*declared*	un mille-pattes	*a millipede*
enchanta* (enchanter)	*delighted*	une sauterelle	*a grasshopper*

*These verbs are in the past historic, the equivalent of the perfect tense but used only in writing. For a more detailed explanation, refer to *Un peu de grammaire*.

avez-vous compris?

Répondez en français.

1 Pourquoi l'oncle et la tante de Marcel étaient-ils venus dîner?

2 Le départ en vacances était-il imminent?

3 Pourquoi l'oncle Jules avait-il décidé de louer deux voitures?

4 L'oncle Jules et la tante Rose avaient combien d'enfants?

5 Qu'est-ce que l'oncle Jules avait obtenu pour 7 francs 50?

6 Qui était François et où sa ferme était-elle située?

7 Où allait-il deux fois par semaine et pourquoi?

8 Que pourrait-il faire sur le chemin du retour?

9 Comment voyageraient Marcel, ses parents et son frère?

10 Pourquoi Marcel a-t-il fait un rêve?

à vous!

Trouvez les équivalents anglais.

1 La conversation dura jusqu'à onze heures.

2 L'oncle Jules parla de chasse, puis mon père parla des insectes.

3 Un soir, l'oncle Jules et la tante Rose vinrent dîner à la maison.

4 L'oncle Jules déclara qu'il n'était pas possible de louer une voiture importante.

5 Ce fut un dîner-conférence.

6 Je tirai des coups de fusil sur des mille-pattes.

7 Cet arrangement enchanta mon père.

8 Les trois hommes acceptèrent cette idée avec joie.

a *I shot millipedes.*

b *The conversation lasted till eleven o'clock.*

c *This arrangement delighted my father.*

d *The three men happily accepted this idea.*

e *Uncle Jules talked about hunting then my father talked about insects.*

f *Uncle Jules declared that it wasn't possible to hire a sizeable car.*

g *One evening uncle Jules and aunt Rose came to dinner.*

h *It was a dinner / meeting.*

une visite imprévue (suite)

Après avoir reposé le roman de Pagnol, Martin prend un Maigret de Simenon et en lit une page.

Madame Maigret ferma les stores, s'assura que son mari ne manquait de rien et sortit sur la pointe des pieds. La porte n'était pas refermée qu'il dormait profondément. Sa vaisselle finie, la cuisine mise en ordre, elle hésita un bon moment à rentrer dans la chambre pour aller prendre son tricot qu'elle avait oublié. Elle écouta d'abord, entendit un souffle régulier, tourna le bouton avec précaution et s'avança sur la pointe des pieds sans faire plus de bruit qu'une bonne sœur. C'est à ce moment-là que, tout en continuant à respirer comme un homme endormi, il prononça d'une voix un peu pâteuse:

– Dis donc! Deux millions et demi en cinq mois . . .

Il avait les yeux fermés, le teint très coloré. Elle crut qu'il parlait dans son sommeil, s'immobilisa néanmoins pour ne pas le réveiller.

– Comment ferais-tu pour dépenser ça, toi?

Elle n'osait pas répondre, persuadée qu'il rêvait; toujours sans remuer les paupières, il s'impatienta:

– Réponds, Madame Maigret.

– Je ne sais pas, moi, chuchota-t-elle. Combien as-tu dit?

– Deux millions et demi. Probablement beaucoup plus.

Il se retourna pesamment, et un de ses yeux s'entrouvrit un instant pour se fixer sur sa femme.

– On en revient toujours aux courses, tu comprends? Écoute, Madame Maigret. Il y a un détail que je voudrais connaître tout de suite. Où y avait-il des courses mardi dernier? Dans la région parisienne, bien entendu. Téléphone!

À ce moment-là, il avait les deux yeux ouverts. Il était donc complètement réveillé. Elle passa dans la pièce voisine, laissa la porte ouverte pendant le temps qu'elle téléphonait. Ce fut très court. On aurait dit que l'employé qui lui répondait avait l'habitude de ces questions-là, et il devait connaître son calendrier des courses par cœur, car il lui donna le renseignement sans hésiter. Or, quand Mme Maigret revint dans la chambre pour répéter à Maigret ce qu'on venait de lui dire, celui-ci dormait à poings fermés, la respiration assez sonore pour s'appeler ronflement.

Maigret et son mort, Georges Simenon (texte adapté)

QU'EST-CE QUE ÇA VEUT DIRE?

les stores (m.)	*blinds*
une bonne soeur	*a nun*
les paupières (f.)	*eyelids*
chuchoter	*to whisper*
les courses (f.)	*the races* (here)
or	*now; but then*
dormir à poings fermés	*to be fast asleep* (lit. *with clenched fists*)
un ronflement	*snoring*

avez-vous compris?

Trouvez les équivalents français.

1 *She left the door open.*

2 *I don't know, she whispered.*

3 *She thought he was talking in his sleep.*

4 *One of his eyes half opened.*

5 *She came back into the room.*

6 *First she listened.*

7 *She heard regular breathing.*

8 *He turned over heavily.*

9 *She went out on tip-toe.*

10 *She hesitated for a (good) while.*

11 *She turned the knob carefully.*

12 *He became impatient.*

à vous!

Mettez les phrases dans le bon ordre. La première phrase est correcte.

1 Quand elle ferma la porte de la chambre, Maigret dormait déjà profondément.

2 Il était alors complètement réveillé car il avait les yeux ouverts.

3 Il lui demanda de téléphoner pour savoir s'il y avait eu des courses mardi dernier.

4 Ensuite elle retourna dans la chambre pour aller prendre son tricot.

5 Elle crut qu'il parlait dans son sommeil, mais il se retourna et la regarda.

6 Elle fit la vaisselle, et mit la cuisine en ordre.

7 Elle passa dans la pièce voisine.

8 C'est alors que Maigret lui parla.

9 Quand elle revint dans la chambre Maigret dormait à poings fermés.

10 Ce fut très court car l'employé lui donna le renseignement sans hésiter.

11 Elle s'avança sans faire de bruit.

une visite imprévue (suite)

Pendant leur petite dégustation, Henri et Martin continuent à bavarder.

Martin Est-ce que vous pourriez me prêter *La Gloire de mon père* de Pagnol?

Henri Volontiers, mon cher Martin. Prenez aussi la suite, *Le Château de ma mère*, *Le Temps des amours* et *Le Temps des secrets*.

Martin Vous avez aussi ses pièces de théâtre, *Marius, Fanny, César* . . .

Henri Naturellement, je les ai toutes. Et j'ai aussi *Jean de Florette* et *Manon des sources*. Vous avez vu les films?

Martin Bien sûr! Avec Yves Montand, Emmanuelle Béart, Daniel Auteuil et Gérard Depardieu, excellent! Mais la vie dans les collines de Provence n'est pas aussi idyllique que je le croyais. Et ça ne montre pas les Méridionaux sous un jour très favorable!

Henri N'oubliez pas que cela se passait au début du siècle. Les choses ont changé depuis. Et le soleil, c'est comme l'argent, ça ne fait pas le bonheur. J'ai rencontré une jeune femme de Grasse pendant mon séjour à Paris. Elle était vraiment sympathique. Je ne me rappelle plus comment elle s'appelait . . . Sophie . . . Sandrine . . . non, c'était Sylvie . . . Elle riait beaucoup, elle faisait des farces, elle racontait des plaisanteries avec son merveilleux accent . . .

Martin À propos de Paris, vous me parliez de vos lectures.

Henri C'est vrai. Quand vous êtes arrivé, je lisais mon guide pour m'instruire un peu. La culture générale, c'est très important, vous ne trouvez pas?

QU'EST-CE QUE ÇA VEUT DIRE?

une colline	*a hill*
sous un jour favorable	*in a favourable light*
les Méridionaux	*the people from the South*
méridional(e)	*southern*
faire des farces	*to play practical jokes*
une plaisanterie	*a joke*
(s')instruire	*to educate (oneself)*
la culture générale	*general knowledge*

avez-vous compris?

Complétez les phrases ci-dessous.

1 Martin voudrait *e*_____ des livres de Marcel Pagnol parce qu'il aimerait les *r*_____.

2 Pagnol a écrit des *r*_____ et des *p*_____ de *t*_____.

3 Yves Montand joue dans deux *f*_____ tirés de romans de Pagnol.

4 Les habitants du Midi de la France ont l'accent *m*_____.

5 Au début du *s*_____, la vie dans les *c*_____ de Provence n'était pas toujours facile.

6 L'été, dans le Midi, il fait toujours du *s*_____.

7 L' *a*_____ ne fait pas le *b*_____!

8 Sylvie aimait raconter des *p*_____ et faire des *f*_____.

9 Henri est un vrai rat de bibliothèque parce qu'il adore la *l*_____.

10 Il lisait son *g*_____ de Paris pour améliorer sa *c*_____ *g*_____.

à vous!

Connaissez-vous des films français? Comment traduiriez-vous ces titres en anglais?

1 *La reine Margot* (avec Isabelle Adjani et Daniel Auteuil)

2 *La Dentellière* (avec Isabelle Huppert)

3 *Les Parapluies de Cherbourg* (avec Catherine Deneuve)

4 *Un Homme et une femme* (avec Jean-Louis Trintignant et Anouk Aimée)

5 *Et Dieu créa la femme* (avec Jean-Louis Trintignant et Brigitte Bardot)

6 *Jour de fête* (de Jacques Tati)

7 *À bout de souffle* (avec Jean-Paul Belmondo)

8 *Les Quatre cents coups* (avec Jean-Pierre Léaud)

9 *Tintin et le lac aux requins* (dessin animé franco-belge)

10 *Les Douze travaux d'Astérix* (dessin animé)

11 *Je t'aime, moi non plus* (de Serge Gainsbourg, avec Jane Birkin)

12 *Ascenseur pour l'échafaud* (avec Jeanne Moreau et Georges Poujouly)

13 *Les Cent et une nuits* (d'Agnès Varda, avec Michel Piccoli et Marcello Mastroiani)

14 *Les Amants du Pont-Neuf* (avec Juliette Binoche)

15 *Le Grain de sable* (avec Delphine Seyrig et Michel Aumont)

une visite imprévue (suite)

Henri et Martin parlent maintenant de l'histoire de Paris.

Martin Je n'ai jamais compris pourquoi nous avions un obélisque égyptien à Paris.

Henri C'est un cadeau. Il a été offert au roi Louis-Philippe. Il provient du temple de Ramsès II.

Martin Et maintenant, nous avons aussi une pyramide! Je me demande qui a eu cette idée saugrenue?

Henri Sa construction a été décidée par François Mitterrand qui était alors président de la République. Au début, beaucoup de Parisiens trouvaient ça choquant. Mais je suppose que depuis 1988, ils s'y sont habitués.

Martin Pourquoi cet engouement pour l'Égypte? Je parie que c'est de la faute de Napoléon, comme d'habitude.

Henri Tout juste! Il y a mené une expédition à la fin du dix-huitième siècle. C'est la raison pour laquelle le Grand Louvre, comme on l'appelle maintenant, abrite un nombre considérable de trésors égyptiens.

Martin Et vous avez eu le temps de visiter le musée d'Orsay aussi?

Henri Bien sûr! Il est ouvert depuis 1986, et il attire toujours autant de monde.

Martin Qu'est-ce qu'on peut y voir?

Henri Des œuvres françaises du dix-neuvième siècle, en particulier des peintures impressionnistes. Elles y sont exposées de façon très originale.

Martin Voilà encore une idée bien audacieuse, aménager un musée dans une ancienne gare. Tous les gouvernements français, de droite comme de gauche, adorent les innovations architecturales. Le Centre Pompidou, le quartier des Halles, le quartier de la Défense et la Grande Arche . . .

Henri Tout ça me donne envie de retourner à Paris très bientôt.

QU'EST-CE QUE ÇA VEUT DIRE?

Tout juste!	*Indeed it is!*
provenir (de)	*to come (from)*
une idée saugrenue	*a daft / crazy idea*
un engouement	*a craze*
Pourquoi cet engouement pour . . . ?	*Why are people so smitten by . . . ?*
abriter	*to house* (here)
attirer	*to attract*

avez-vous compris?

Répondez en français.

1 Quel président de la République décida la construction de la pyramide du Louvre?

2 Est-ce que cette décision fit l'unanimité?

3 Quand la France commença-t-elle à s'intéresser à l'Égypte?

4 Que peut-on voir au musée d'Orsay?

5 Que pense Martin de l'attitude des gouvernements français en ce qui concerne l'architecture?

à vous!

Lisez la biographie, puis racontez à un ami / une amie ce que vous venez d'apprendre.

Exemple: Gustave Eiffel **est né** à Dijon en 1832. Il **a fini** . . .

Gustave Eiffel

Il naquit à Dijon en 1832. Il finit ses études d'ingénieur en 1855, et à l'âge de 23 ans commença sa carrière dans une compagnie de chemins de fer. Pour construire rapidement des ponts, il proposa d'utiliser une structure d'acier préfabriquée. En 1861 il construisit à Bordeaux le premier pont métallique. Il construisit les écluses du canal de Panama et des usines en Égypte. Il bâtit le piédestal de la Statue de la Liberté qui se trouve dans la baie de New York. Il devint riche en même temps que célèbre. Pour l'Exposition Universelle de 1889, il proposa de faire construire une tour de fer de 300 mètres de haut. L'idée fut acceptée, mais beaucoup de Parisiens protestèrent. On envoya au gouvernement des pétitions demandant de raser 'cette hideuse monstruosité'. Gustave Eiffel mourut à Paris en 1923.

et vous?

Parlez d'un bâtiment ou d'un musée que vous trouvez particulièrement intéressant, ou bien racontez la vie d'une personne dont vous connaissez la biographie.

une visite imprévue (suite et fin)

Quelques pages tirées du guide d'Henri Boivin:

La tour Eiffel est le bâtiment parisien le plus universellement connu. Beaucoup de protestations furent écrites contre sa construction. Elle fut construite pour l'Exposition Universelle de 1889. Avec ses 300 mètres, c'était alors le bâtiment le plus haut du monde. La tour se compose de 18 000 pièces métalliques, dans lesquelles furent percés sept millions de trous. On la repeint tous les sept ans. Il faut 45 tonnes de peinture et 20 000 heures de travail.

Elle joua un rôle important dans l'histoire des communications.

Elle fut célébrée par de nombreux peintres

comme Dufy et Utrillo, par des poètes comme Aragon et Breton, des cinéastes, des photographes. . . Elle fut pendant longtemps la première visite du voyageur qui venait à Paris, et chaque année, plus de six millions de curieux lui rendent encore visite.

La construction de **l'Opéra Garnier** fut décidée pour remplacer celui qui avait brûlé en 1860, et où l'empereur Napoléon III aimait aller. Un concours fut organisé et 171 architectes y prirent part. Le gagnant, Charles Garnier, fut choisi à l'unanimité. L'Opéra fut inauguré en 1875 par Mac-Mahon, premier président de la IIIe République. Des matériaux très coûteux comme le marbre et l'albâtre furent utilisés. Les marches de l'escalier d'honneur ont dix mètres de large. La décoration crée une atmosphère de fête et de luxe.

Le plafond fut repeint en 1964 par Chagall. Il a pour thème neufs opéras et ballets célèbres comme *La Flûte enchantée* de Mozart et *Pelléas et Mélisande* de Debussy.

La place de la Concorde fut choisie pour mettre une statue équestre du roi Louis XV, et elle fut dessinée par l'architecte Gabriel. La statue s'éleva au milieu de la place de 1763 à 1792, date à laquelle elle fut remplacée par une statue de la Liberté et une guillotine. Pendant la Révolution, 1 119 personnes furent décapitées place de la Concorde; parmi elles, le roi Louis XVI, sa femme Marie-Antoinette, Charlotte Corday et Robespierre . . .

L'obélisque de Louqsor fut dressé au centre en 1836. Il provient du temple de Ramsès II, et fut offert au roi Louis-Philippe. Il mesure plus de 22 mètres et pèse 230 tonnes. Ses quatres faces sont recouvertes de hiéroglyphes célébrant les exploits du pharaon.

Le côté nord de la place s'ouvre sur la rue Royale où se trouve le célèbre restaurant Maxim's. Le côté ouest s'ouvre sur l'avenue des Champs-Élysées. À l'est se trouve le jardin des Tuileries le long duquel fut construite la rue de Rivoli et ses fameuses arcades, et au sud, on traverse la Seine par le pont de la Concorde.

avez-vous compris?

Faites le test sur Paris.

1 Cet endroit fut choisi pour mettre une statue équestre du roi Louis XV.

2 Ce cadeau fut offert au roi Louis-Philippe.

3 La construction de cet édifice fut décidée pour remplacer celui qui avait brûlé en 1860.

4 La rue de Rivoli fut construite le long de ce jardin célèbre.

5 Elle joua un rôle important dans l'histoire des communications. Elle fut célébrée par des peintres ainsi que par des poètes.

6 L'Opéra fut inauguré par cette personne en 1875.

7 Le prénom d'une reine d'origine autrichienne qui fut décapitée pendant la Révolution.

8 Cette partie du bâtiment fut repeinte par Chagall en 1964.

à vous!

Corrigez les erreurs dans ce guide de Paris.

1 Le roi Louis-Philippe fut décapité place de la Concorde.

2 Les marches de la tour Eiffel ont 10 mètres de large.

3 La place de la Concorde fut dessinée par l'architecte Charles Garnier.

4 L'obélisque de Louqsor fut construit pour l'Exposition Universelle de 1889.

5 Le plafond de l'Opéra Garnier repeint par Chagall célèbre les exploits de Ramsès II.

6 L'obélisque de Louqsor joua un rôle important dans l'histoire des communications.

7 Des matériaux très coûteux, comme le marbre et l'albâtre, furent utilisés dans la construction de la tour Eiffel.

8 En 1792, la tour Eiffel fut remplacée par une guillotine.

9 La construction de la pyramide de verre fut décidée par le président Jacques Chirac. Elle fut terminée en 1988.

10 Le Centre Pompidou fut aménagé dans une ancienne gare de Paris. Il abrite des œuvres du XIXème siècle. Il ouvrit ses portes en 1986.

UN PEU DE GRAMMAIRE

Le passé simple   *The past historic tense*

This is a past tense which is the equivalent of the perfect, but is only used in written narratives. It occurs therefore mostly in the third person. Here is the third person form of regular verbs.

-er verbs

il / elle ferma	*he / she closed*
ils / elles fermèrent	*they closed*

-re verbs

il / elle entendit	*he / she heard*
ils / elles entendirent	*they heard*

-ir verbs

il / elle finit	*he / she finished*
ils / elles finirent	*they finished*

Two common irregular forms are:

il / elle eut (avoir)	*he / she had*
il / elle fut (être)	*he / she was*

Note that whenever a conversation occurs in a past tense in a written narrative, the perfect is used.

– Est-ce que tu **as vu** Antoinette? **demanda**-t-elle.

This also applies in the passive voice:

Written form

Un concours fut organisé.	*A competition was organised.*

Spoken form

Un concours a été organisé.	*A competition was organised.*

▶ **Grammaire** 22, 23

EXERCICES

A Complétez un extrait de *Bonjour Tristesse* de Françoise Sagan où Cécile retrouve son père dans le parc avec Anne, la femme qu'il a envie d'épouser. Utilisez les verbes ci-dessous.

dit   a trouvé   trouvais   était   a ramenée

écoutait   faisait   ai été   tourna   regardèrent

La main de mon père (**1**) _____ sur le bras d'Anne, ils me (**2**) _____ à peine.
'Vous vous amusez bien?' demandai-je poliment.
'Qu'y a-t-il?' (**3**) _____ mon père d'un air irrité. 'Que fais-tu ici?'
'Et vous? Elsa vous cherche partout depuis une heure.'
Anne (**4**) _____ la tête vers moi, lentement, comme à regret:
'Nous rentrons. Dites-lui que j'(**5**) _____ fatiguée et que votre père m'(**6**) _____.
Quand vous vous serez assez amusées, vous rentrerez avec ma voiture.'
L'indignation me (**7**) _____ trembler, je ne (**8**) _____ plus mes mots.

* * *

'C'est trop facile! Qu'est-ce que je vais lui dire à Elsa, moi?'
Anne s'était retournée vers lui, l'air lassé. Il lui souriait, ne m'(**9**) _____ pas.
'Je vais . . . je vais lui dire que mon père (**10**) _____ une autre dame avec qui coucher et qu'elle repasse, c'est ça?'

B Lisez un autre extrait de *Bonjour Tristesse* où Raymond et sa fille Cécile apprennent une mauvaise nouvelle. Traduisez-le en anglais.

Le téléphone sonna. Il était dix heures. Nous échangeâmes un regard étonné, puis plein d'espoir: c'était Anne, elle téléphonait qu'elle nous pardonnait, qu'elle revenait. Mon père bondit vers l'appareil, cria 'Allô' d'une voix joyeuse.

Puis il ne dit plus que 'Oui, oui! Où ça? Oui,' d'une voix imperceptible. Je me levai à mon tour: la peur s'ébranlait en moi. Je regardais mon père et cette main qu'il passait sur son visage, d'un geste machinal. Enfin il raccrocha doucement et se tourna vers moi.

'Elle a eu un accident,' dit-il. 'Sur la route de l'Esterel. Il leur a fallu du temps pour retrouver son adresse! Ils ont téléphoné à Paris et là on leur a donné notre numéro d'ici.'

Il parlait machinalement, sur le même ton et je n'osais pas l'interrompre.

'L'accident a eu lieu à l'endroit le plus dangereux. Il y en a eu beaucoup à cet endroit paraît-il. La voiture est tombée de 50 mètres. Il eût été miraculeux qu'elle s'en tire.'

Bonjour Tristesse, Françoise Sagan

C Complétez un extrait de *L'Amie de Madame Maigret*, en utilisant les verbes ci-dessous.

coucha   demanda   coupa   as commencé   éveilla

demanda   servait   rentra   s'informa   été acheté

Madame Maigret venait de se coucher quand il (**1**) _____ sur la pointe des pieds.
Comme il se déshabillait dans l'obscurité, pour ne pas l'éveiller, elle lui (**2**) _____:
– Le chapeau?
– Il a effectivement (**3**) _____ par la comtesse Panetti.
– Tu l'as vue?
– Non, mais elle a environ 75 ans.
Il se (**4**) _____, de mauvaise humeur, ou préoccupé, et il pleuvait toujours quand il s'(**5**) _____, puis il se (**6**) _____ en se rasant.
– Tu continues ton enquête? (**7**) _____-t-il à sa femme, qui, en bigoudis, lui (**8**) _____ son petit déjeuner.
– J'ai autre chose à faire? (**9**) _____-t-elle sérieusement.
– Je ne sais pas. Maintenant que tu (**10**) _____ . . .

L'Amie de Madame Maigret, Georges Simenon (texte adapté)

D Lisez cet extrait où Marcel raconte une visite chez une amie et faites-en un résumé en anglais.

Eh bien, m'écriai-je, moi je peux vous dire que son père a beaucoup d'argent! Je suis entré dans la maison, et j'ai vu des meubles comme au musée Longchamp. Et un piano!
– Un piano? demanda la tante Rose. Ça serait bien la première fois qu'on en verrait un dans ces collines.

– Eh bien, moi je l'ai vu! Et tout ça c'est dans une salle à manger où il y a un tapis par terre qui est immense. Et puis, il y a une armoire formidable, qui s'appelle un «livigroub»!

– Comment? demanda Joseph*, surpris.

– Un «livigroub».

– Qui t'a dit ça? demanda ma mère.

– La dame. Elle a dit: «Les verres sont dans le livigroub» . . . Et ils y étaient. Mon père, les sourcils froncés, essayait de comprendre. Ma mère, qui ne savait pas grand-chose, mais qui devinait tout, dit timidement:

– C'est peut-être un mot anglais.

– J'y suis, s'écria Joseph. Un living-room! Ce n'était pas l'armoire, mais la salle où se trouvait l'armoire!

– C'est sûrement ça, dit l'oncle Jules, et c'est bien dommage. Parce qu'un «livigroub», ça m'intriguait, c'était poétique.

Le Temps des secrets, Marcel Pagnol (texte adapté)

*le père de Marcel

E   Regardez bien les dessins, puis racontez ces deux histoires en utilisant les phrases ci-dessous.

1   Toute la famille était souriante et détendue.

2   C'est Milord, le numéro trois, qui passa le premier le poteau d'arrivée.

3   Ils mangèrent les choses les plus chères sur le menu et burent une bouteille de champagne!

4   Ils parièrent finalement sur le cheval numéro trois, Milord, qui était le favori.

5   Par un beau matin d'été, les Moreau se préparèrent à partir en week-end.

6   Trop tard! Il vit avec horreur sa nouvelle voiture disparaître dans l'eau en faisant 'glouglou'!

7   Ils l'encouragèrent en criant 'Vas-y, Milord!'

8   Monsieur Moreau commença à pêcher.

9   Madame Moreau mit toutes leurs affaires dans le coffre, la tente, la canne à pêche de son mari, le panier du pique-nique et le barbecue.

10   Frappée d'horreur, elle poussa un cri.

11   Suzanne et Jules étaient fous de joie d'avoir gagné.

12   Ils s'installèrent aux bords d'une jolie petite rivière.

13   Il y a quelques semaines Suzanne et Jules allèrent à une course de chevaux.

14   Les pieds dans l'eau, sa femme regardait les cygnes, pendant que les enfants préparaient à manger.

15   Pour fêter ça, ils allèrent déjeuner au restaurant.

16   Une demi-heure plus tard, ils observèrent les chevaux dans l'enclos.

17   Entendant sa fille, Monsieur Moreau leva brusquement les yeux.

18   Avant de se décider, ils étudièrent le programme des courses.

19   Quand ils arrivèrent au champ de courses, le gardien leur indiqua une place au parking.

20   Tout à coup, leur fille Annie vit la voiture rouler lentement, mais inexorablement, vers la rivière.

21   Pendant que les chevaux couraient, Suzanne et Jules avaient les yeux fixés sur lui.

écoutez bien!

Le Déserteur

Listen to *Le Déserteur* by Boris Vian, sung by Mouloudji, and try to find the reasons the deserter gives to those in authority for refusing to go to war.

lecture

Link the quotations to their authors.

1 'On ne ment jamais autant qu'avant les élections, pendant la guerre et après la chasse.'

2 'La moitié des hommes politiques sont des bons à rien. Les autres sont prêts à tout.'

3 'Je pense, donc je suis.'

4 'J'aimerais bien être une bonne actrice mais c'est ennuyeux, alors je préfère être sexy.'

5 'Elle a l'esprit de Caligula et la bouche de Marilyn Monroe.' (à propos de Margaret Thatcher)

6 'Puisque les femmes ont droit à la guillotine, elles doivent également avoir droit à la tribune.'

7 'L'important c'est de participer.'

8 'La femme est donnée à l'homme pour avoir des enfants; elle est sa propriété comme l'arbre à fruits est la propriété du jardinier.'

9 'Je vis tellement au-dessus de mes moyens que nous menons, eux et moi, une existence complètement séparée.'

10 'Je trouve que la télévision est très favorable à la culture. Chaque fois que quelqu'un l'allume chez moi, je vais dans la pièce d'à côté et je lis.'

11 'L'homme est né libre, mais partout je le vois en fers.'

12 'La religion est l'opium du peuple.'

13 'La cuisine est comprise dans toutes les langues du monde.'

14 'Je sais que j'ai le corps d'une femme frêle et faible, mais j'ai le cœur et l'estomac d'un roi . . .'

15 'Cela va beaucoup mieux. A mes débuts je me serrais la ceinture. Maintenant c'est ma ceinture qui me serre.'

16 'C'est un petit pas pour l'homme mais un grand pas pour l'humanité'.

a   Elisabeth 1ère (1533–1603) – fille du roi Henri VIII et d'Ann Boleyn, elle devint reine d'Angleterre en 1558.

b   René Descartes (1596–1629) – philososophe, mathématicien et physicien français, il est considéré comme le fondateur de la philosophie moderne. Il exposa son rationalisme dans le 'Discours de la méthode'.

c   Jean-Jacques Rousseau (1712–1778) – écrivain et philosophe d'origine suisse, il fut l'un des plus brillants représentants du siècle des Lumières.

d   Olympe de Gouges (1748–1793) – féministe et femme de lettres française, elle publia la 'Déclaration des droits de la femme et de la citoyenne'. Elle mourut guillotinée.

e   Napoléon Bonaparte (1769–1821) – né à Ajaccio en Corse, il devint empereur des Français en 1804 et mena des guerres incesssantes. Après sa défaite à Waterloo en 1815, il fut exilé à l'île de Sainte-Hélène.

f   Karl Marx (1818–1883) – philosophe allemand, économiste et théoricien du socialisme.

g   Georges Clémenceau (1841–1929) – médecin et homme politique français. Ayant été le principal négociateur du Traité de Versailles, il fut surnommé 'le Père la Victoire' après l'armistice de 1918.

h   Oscar Wilde (1854–1900) – écrivain irlandais né à Dublin. Il mourut à Paris où il est enterré au cimetière du Père Lachaise.

i   Pierre de Coubertin (1863–1937) – éducateur passionné de sport qui relança les jeux olympiques en 1896 à Athènes et fonda le Comité International Olympique (C.I.O.).

j   Groucho Marx (1890–1977) – musicien et acteur comique américain comme ses 3 frères, c'est celui qui fumait le cigare et qui portait des lunettes et une grosse moustache.

k   François Mitterrand (1916–1996) – homme politique, ancien président de la République.

l   Paul Bocuse (1926–) – grand cuisinier, il obtint sa troisième étoile au Guide Michelin en 1965. Il fut désigné 'Cuisinier du siècle' par Gault et Millau en 1989.

m   Neil Armstrong (1930–) – cosmonaute américain, il fut le premier homme a avoir posé le pied sur la lune en juillet 1969.

n   Brigitte Bardot (1934–) – comédienne française qui abandonna sa carrière en 1986 pour créer la Fondation Brigitte Bardot qui se bat pour la protection des animaux sauvages et domestiques dans le monde.

o   Michel Colucci dit Coluche (1944–1986) – chanteur puis acteur et comique très populaire, il est à l'origine de l'association caritative 'les restos du coeur'. Mort d'un accident de moto.

p   Smaïn (1958–) – acteur-humoriste français né en Algérie. Il devint célèbre dès 1986 grâce à ses one-man-shows comme 'A star is beur'.

RÉPONSES
1g, 2o, 3b, 4n, 5k, 6d, 7i, 8e, 9h, 10j, 11c, 12f, 13l, 14a, 15p, 16m.

1 Write a letter to a hotel in France asking for more details. Include the following points:

- The hotel has been recommended by friends who spent their holiday there two years ago.
- You want to know the cost for the whole family, full board.
- Say how many rooms you need (with bath, etc).
- Ask if the hotel is far from the station as you will come by train.
- Say how long, and when you want to stay.
- Say you hope for a swift reply.

2 Link the phrases to make meaningful sentences.

1 Si j'étais martiniquais . . .		**a** il pleuvrait beaucoup.
2 Nous irions plus vite . . .		**b** si nous nous levions tôt.
3 Si vous y alliez en automne . . .		**c** je prendrais de l'aspirine.
4 Je serais moins triste . . .		**d** si c'était plus intéressant.
5 Nous viendrions plus souvent . . .		**e** si nous prenions l'avion.
6 Si elle avait mal aux dents . . .		**f** je parlerais français.
7 Si j'avais mal à la tête . . .		**g** elle irait chez le dentiste.
8 Nous pourrions visiter la ville . . .		**h** s'il y avait du soleil.

3 Put the vocabulary below in categories. Use the following headings:

a La voiture et les transports

b Les sports et les loisirs

c La santé et le corps humain

aveugle	consultation	patinoire
boiter	essence	pêche
camion	fusil	piqûre
capot	baladeur	pneu
chariot	luge	roman
charrette	muet	télésiège
chasse	ordonnance	torticolis
cicatrice	pare-brise	traîneau

4   Link the phrases to make meaningful sentences.

1 Si j'avais gagné au Loto . . .	**a** j'aurais pris des téléskis.
2 Si tu avais pris l'autoroute . . .	**b** l'accident ne serait pas arrivé.
3 Si on était partis à l'heure . . .	**c** il aurait passé une radio.
4 Si on était allés à la Martinique . . .	**d** on aurait été à la pêche au gros.
5 S'il avait choisi une cravate plus rapidement . . .	**e** j'aurais acheté une Rolls Royce.
6 Si j'étais allé aux sports d'hiver . . .	**f** tu n'aurais pas eu mal à la tête.
7 Si tu n'avais pas bu trop de rhum . . .	**g** il n'aurait pas été en retard.
8 S'il s'était cassé la jambe . . .	**h** je n'aurais pas conduit si vite.

5   Choose the correct answer.

a   Elle cherche un pull-over qui aille / va avec son pantalon.

b   Ils ont une femme de ménage qui vienne / vient deux fois par semaine.

c   Je voudrais qu'il est / soit moins timide.

d   J'aimerais un mari qui fait / fasse le repassage.

e   Je sais qu'elle prend / prenne des somnifères.

f   J'ai une jeune fille au pair qui fait / fasse la cuisine.

g   Il veut que le déjeuner soit / est prêt à midi et demi.

h   Je préférerais qu'elle vienne / vient à neuf heures.

6   Link the phrases to make meaningful sentences.

1 Elle est assez grande . . .	**a** pour que je puisse ouvrir la porte.
2 Avant de regarder la télé . . .	**b** il faut qu'on prenne de l'exercice.
3 Il faut que tu boives beaucoup de lait . . .	**c** pour qu'on puisse la laisser seule.
4 Donnez-moi la clé . . .	**d** pour avoir de bonnes dents.
5 Puisque j'ai rendez-vous avec le chef . . .	**e** il faut que vous fassiez vos devoirs.
6 Pour être en forme . . .	**f** il faut que je sois à l'heure.

7   What are you being asked to do? Use **il faut que je . . .** or **il ne faut pas que je** . . .

a Allez tout droit!

b Prenez la deuxième rue à gauche!

c Soyez prudent!

d Ne buvez pas d'alcool!

e Ne dépassez pas dans le virage!

f Respectez la limite de vitesse!

g Ayez de la patience!

h Faites attention!

8   Complete the text with the verbs below.

répondit   enleva   se demanda   dit   ouvrit   remercia   jeta   frappa

Pierre (**a**) _____ la porte de sa chambre, (**b**) _____ sa veste et, épuisé, tombant de fatigue, s'allongea sur le lit. Il défit sa cravate et la (**c**) _____ par terre. Il pensait à la douche qu'il allait prendre dans quelques minutes; mais pour cela, il fallait faire un effort. Quelqu'un (**d**) _____ doucement à la porte.
– Tu es là, Pierre? Tu dors?
– Entre, (**e**) _____-il.
– C'était sa tante, qui faisait le ménage et la lessive depuis la mort de sa mère.
– Voici les chemises que j'ai repassées hier, (**f**) _____-elle en les posant sur la commode.
– Il la (**g**) _____.
– Que ferais-je sans elle? (**h**) _____-t-il.

Grammaire

Basic grammatical terms used in this section.

Noun

A noun is a word used to identify a person, a place or a thing.

Example: **man**, **cat**, **town**, **theatre**.

A proper noun is the name given to a particular person or place.

Example: **Guillaume**, **Paris**.

Article

There are two types of articles.

1 The definite article – in English, **the**.

Example: **the** dog.

2 The indefinite article – in English, **a** or **an**.

Example: **a** student, **an** animal.

Adjective

An adjective is a word giving more information about a noun.

Example: a **tall** man, a **ginger** cat, an **old** town, a **good** theatre.

Verb

A verb is a word expressing action, existence or occurrence.

Example: to **speak**, to **be**, to **seem**.

The form given in dictionaries is called the **infinitive**. When a verb is used in connection with a person or persons, it is said to be **conjugated**.

Example: he **reads**, I **see**.

The time (past, present, future) is the **tense**. The conjugation of some French verbs is irregular and must be learnt by heart. (See table on pages 376–85.)

Adverb

An adverb is a word giving more information about a verb or an adjective.

Example: She drives **slowly**, they speak **quickly**, It's a **very** beautiful dress.

Preposition

A preposition is a word that connects one element of a sentence to another.

Example: he lives **in** Paris, the book is **on** the chair, a bag **of** sweets, they speak **to** the woman, they went **to** the theatre.

Subject and object of verbs

The subject is the person or thing doing the action.

The object is the person or thing to which the action is being done.

In **the woman is knitting a jumper**, **the woman** is the subject, and **a jumper** is the object.

In **three children are talking to the woman**, **three children** is the subject, and **the woman** is the object.

In the first example, **a jumper** is called a **direct object** because there is no preposition linking it to the verb.

the woman in the second example is called an **indirect object** because it is preceded by the preposition **to**.

Pronoun

A pronoun is a short word used to replace a noun which has been mentioned before.

Example: – Do you know Paris?
            – Yes I went **there** last year.

The use of **there** avoids the repetition of **Paris**.

Example: – Do you like Mary?
– I have met Mary only once but I don't like **her**.

The use of **her** avoids the repetition of **Mary**.

Example: – Do you like learning French?
– Yes, but I find **it** difficult.

The use of **it** avoids the repetition of **French**.

There are different types of pronouns, depending on the part they play in a sentence.

1 La préposition *à*

à can translate the English **in**, **at** and **to**

Example: Le magasin ouvre **à** huit heures. (*The shop opens at eight o'clock.*), Elle habite **à** Rouen. (*She lives in Rouen.*), Il va souvent **à** Strasbourg. (*He oftens goes to Strasbourg.*)

Note that if the name of the town includes the definite article **le**, **à** changes to **au**.

Example: Je travaille **au** Mans. (*I work in Le Mans.*), Nous allons prendre le bateau **au** Havre. (*We will take the boat at Le Havre.*)

– when talking about a feminine country such as la France, la Belgique, la Suisse, l'Angleterre, l'Espagne, etc (most countries are feminine), you must use the preposition **en**.

Example: Elle vit **en** Angleterre. (*She lives in England.*), J'ai des amis **en** Belgique. (*I have some friends in Belgium.*)

Note that for small far away islands, **à la** is often used instead.

Example: Je voudrais aller **à la** Martinique. (*I'd like to go to Martinique.*), Ils sont allés en vacances **à la** Guadeloupe. (*They went on holiday to Guadeloupe.*)

– for masculine countries, use **au**.

Example: Nous avons de la famille **au** Canada. (*We have relatives in Canada.*), Il va souvent **au** Japon pour affaires. (*He often goes to Japan on business.*)

– when the country is plural, use **aux**.

Example: Ils sont allés **aux** Pays-Bas récemment. (*They recently went to the Netherlands.*), J'ai une amie qui habite **aux** États-Unis. (*I have a friend who lives in the United States.*)

Remember that the combinations **à** + **le** and **à** + **les** are always replaced by **au** and **aux** respectively.

2 Depuis/il y a

Depuis

Depuis can be translated into English by **since** or **for**.

a   **Since**

Example: depuis hier (*since yesterday*), depuis 2005 (*since 2005*), depuis mes vacances (*since my holidays*).

b **For**

If the action referred to is still going on, the present indicative and **depuis** are used in French, whereas the perfect tense and **for** are used in English.

Example: Elle **habite** à Rouen **depuis** cinq ans. (*She's been living in Rouen for five years.*), Nous **apprenons** le français **depuis** six mois. (*We've been learning French for six months.*)

Il y a

a When used in a past context, **il y a** translates the English **ago**. According to the meaning of the sentence, it can be used either with the perfect or with the imperfect tense.

Example: J'ai commencé il y a deux mois. (*I started two months ago.*), Il y a trois ans, j'habitais dans le Midi. (*Three years ago, I lived in the South of France.*)

Note that **il y a** always comes before the expression of time, whereas **ago** comes after.

b In its more common usage, **il y a** (*there is/there are*) can of course also be used in the past. *There was/there were* is either **il y a eu** (perfect) or **il y avait** (imperfect).

Example: Tout le monde écoutait la radio quand il y a eu une coupure de courant. (*Everybody was listening to the radio when there was a power cut.*), Il y avait beaucoup de monde dans la pièce. (*There were a lot of people in the room.*)

3 Adjectifs

a In French the adjectives agree in gender and number with the nouns they qualify. The usual form of the feminine is an extra **-e**.

Example: Il est français, elle est français**e**. (*He is French, she is French.*)

The usual form of the plural is an **-s**.

Example: Je suis grand, nous sommes grand**s**. (*I am tall, we are tall.*)

If the adjective already ends with an **-e**, no change occurs for the feminine. If it already ends with an **-s**, or an **-x**, no change occurs for the plural.

Example: Il est célèbre, elle est célèbre. (*He is famous, she is famous.*), Le livre est gris, les livres sont gris. (*The book is grey, the books are grey.*), Il est heureux, ils sont heureux. (*He is happy, they are happy.*)

b If the adjective qualifies several nouns, masculine and feminine, the masculine form takes precedence.

Example: Paul et Élisabeth sont intelligents. (*Paul and Élisabeth are intelligent.*)

c In some cases, the adjective does not agree with the noun.

  (i) When a colour is itself qualified.

Example: des yeux **bleu** clair (*light blue eyes*), une robe **vert** pomme (*an apple-green dress*).

(ii) When a noun is used as a colour.

Example: des chaussures **marron** (*reddish brown shoes*) (un marron=*a chestnut*).

d   Not all adjectives form their plural by adding an **-s**. Adjectives in **-eau** add an **-x**.

Example: de beaux enfants (*beautiful children*), des frères jumeaux (*twin brothers*).

Some adjectives in **-al** become **-aux**.

Example: loyal → loyaux, *but* final → finals.

e   Not all adjectives form their feminine simply by adding an **-e**. Here are some of the most common changes.

-er	→	**-ère**	as in derni**er**, derni**ère** (*last*).
-l	→	**-lle**	as in culture**l**, culture**lle** (*cultural*).
-n	→	**-nne**	as in bo**n**, bo**nne** (*good*), indie**n**, indie**nne** (*Indian*).
-f	→	**-ve**	as in sporti**f**, sporti**ve** (*sporty*).
-x	→	**-se**	as in heureu**x**, heureu**se** (*happy*).

f   Some feminine forms are completely irregular and must be learnt by heart. Here are some of the most common ones: blanc, **blanche** (*white*), frais, **fraîche** (*fresh, cool*), sec, **sèche** (*dry*), favori, **favorite** (*favourite*), long, **longue** (*long*), beau, **belle** (*beautiful*), nouveau, **nouvelle** (*new*).

g   Generally adjectives are placed after the noun they qualify, particularly colours, nationalities and long adjectives.

Example: un manteau **rouge** (*a red coat*), une voiture **américaine** (*an American car*), une remarque **intelligente** (*an intelligent comment*).

Some very common adjectives however precede the noun they qualify, such as:

autre (*other*), **beau** (*beautiful*), **bon** (*good*), **grand** (*big, tall*), **gros** (*big, fat*), **haut** (*high*), **jeune** (*young*), **joli** (*pretty*), **large** (*wide*), **long** (*long*), **mauvais** (*bad*), **même** (*same*), **petit** (*small*).

Example: une **grande** maison (*a big house*), un **autre** jour (*another day*), un **gros** gâteau (*a big cake*).

h   Some adjectives change their meaning whether they precede or follow the noun they qualify.

Example: ma **propre** chemise (*my own shirt*), *but* ma chemise **propre** (*my clean shirt*); l'**ancienne** maison (*the former house*), *but* la maison **ancienne** (*the old house*); la **dernière** semaine (*the final week*), *but* la semaine **dernière** (*last week*); de **pauvres** enfants (*unfortunate children*), *but* des enfants **pauvres** (*poor children*).

i   Some of the adjectives which usually precede the nouns they qualify have a special masculine form if the noun starts with a **vowel** or an **h mute**.

Example: un **beau** livre (*a beautiful book*), *but* un **bel** homme (*a handsome man*); un **nouveau** train (*a new train*), *but* un **nouvel** avion (*a new plane*); un **vieux** pont (*an old bridge*), *but* un **vieil** ami (*an old friend*).

j   If a noun in the plural is preceded by an adjective the indefinite article **des** is replaced by **de / d'**.

Example: Il y a **des ports pittoresques**. (*There are picturesque ports.*), *but* Il y a **de vieilles églises**. (*There are old churches.*)

4   Le passé composé avec avoir

This is a past tense which can translate several English forms.

Example: J'ai mangé (*I have eaten, I ate*).

It is a compound tense formed with an **auxiliary verb** (generally **avoir**) conjugated in the present tense, and the **past participle** of the verb used. The regular past participles (corresponding to the English **-ed** form such as *opened, talked, walked*, etc) are formed as follows:

Infinitive	Past participle
jouer (*to play*)	joué (*played*)
choisir (*to choose*)	choisi (*chosen*)
perdre (*to lose*)	perdu (*lost*)

Example: J'ai aidé ma mère. (*I have helped my mother.*), Nous avons bavardé. (*We chatted.*), Les pommes de terre ont brûlé. (*The potatoes got burnt.*), J'ai fini mes devoirs. (*I have finished my homework.*), Avez-vous dormi jusqu'à midi? (*Did you sleep till midday?*), Mon frère a perdu sa montre. (*My brother lost his watch.*)

Note that verbs ending in **-frir** and **-vrir** (souffrir, ouvrir, etc) change to **-fert** and **-vert**, etc.

Example: J'ai ouvert une bonne bouteille. (*I opened a good bottle.*)

Prendre and verbs based on it (comprendre, apprendre, etc) change to **pris** (compris, appris, etc).

Example: J'ai pris la tension de plusieurs malades. (*I took the blood pressure of several patients.*)

A number of verbs have **irregular past participles** which must be learnt by heart. The most common ones are:

avoir (*to have*) – **eu**
boire (*to drink*) – **bu**
conduire (*to drive*) – **conduit**
connaître (*to know*) – **connu**
courir (*to run*) – **couru**
croire (*to believe*) – **cru**
devoir (*to have to / must / to owe*) – **dû**
dire (*to say / to tell*) – **dit**
écrire (*to write*) – **écrit**
être (*to be*) – **été**
faire (*to do / to make*) – **fait**
falloir (*to be necessary*) – **fallu**

lire (*to read*) – **lu**
mettre (*to put*) – **mis**
plaire (*to please*) – **plu**
pleuvoir (*to rain*) – **plu**
pouvoir (*to be able to / can*) – **pu**
recevoir (*to receive*) – **reçu**
rire (*to laugh*) – **ri**
savoir (*to know*) – **su**
suivre (*to follow*) – **suivi**
vivre (*to live*) – **vécu**
voir (*to see*) – **vu**
vouloir (*to want*) – **voulu**

Example: Nous avons eu du homard. (*We had lobster.*), J'ai eu mal à la tête. (*I had a headache.*), Vous avez bien bu. (*You drank a lot.*), J'ai dû rester au lit. (*I had to stay in bed.*), J'ai écrit à Sylvie. (*I wrote to Sylvie.*), J'ai été malade. (*I was ill.*), Il a fait des piqûres. (*He gave some injections.*), Elle a lu un rapport. (*She read a report.*), J'ai mis une robe neuve. (*I put on a new dress.*), Il a plu dimanche dernier. (*It rained last Sunday.*), J'ai reçu beaucoup de cadeaux. (*I received a lot of presents.*), Nous avons vu des éclairs. (*We saw some flashes of lightning.*)

5 Le passé composé avec être

Most verbs are conjugated with **avoir**. The following list of verbs which are conjugated with **être** must be learnt by heart. The majority work in pairs, so they are not too hard to remember. As most past participles are regular, we have only given the irregular ones:

aller – *to go*	**rester** – *to stay*
venir – *to come* (venu)	**entrer** – *to enter / to come in*
arriver – *to arrive*	**sortir** – *to go out*
partir – *to leave / to depart*	**monter** – *to go up / to get on*
naître – *to be born* (né)	**descendre** – *to go down / to get off*
mourir – *to die* (mort)	**retourner** – *to go back*
tomber – *to fall*	**passer** – *to go past / by / through, etc*

Note that the verbs based on these (e.g. devenir – *to become*, renaître – *to be reborn*, etc.) behave in exactly the same way

Example: Les cambrioleurs sont arrivés en voiture. (*The burglars arrived by car.*), Trois hommes sont descendus. (*Three men got out.*), Le quatrième est resté au volant. (*The fourth one stayed at the wheel.*), Ils sont entrés dans la banque. (*They went into the bank.*), Ils sont partis à toute vitesse. (*They left at full speed.*), Nous sommes allés au Syndicat d'Initiative. (*We went to the tourist office.*), Jeanne d'Arc est née en 1412. (*Joan of Arc was born in 1412.*), Marie Curie est morte en 1901. (*Marie Curie died in 1901.*)

Some of these verbs can be conjugated with **avoir**. This happens when they have a direct object, in which case their meaning can change. Here are a few examples:

sortir   Elle est sortie à huit heures. (*She went out at eight o'clock.*), Elle a sorti un livre de son sac. (*She took a book out of her bag.*)

monter   Ils sont montés dans le train à Rouen. (*They got on the train in Rouen.*), Ils sont montés au septième étage. (*They went up to the seventh floor.*), J'ai monté l'escalier avec difficulté. (*I went up the stairs with difficulty.*), Il a monté la tente. (*He put up the tent.*)

descendre   Nous sommes descendus du taxi devant le cinéma. (*We got out of the taxi in front of the cinema.*), Elle a descendu l'escalier à toute vitesse. (*She came down the stairs at full speed.*)

retourner   Je suis retourné en Corse. (*I went back to Corsica.*), Elle a retourné la photo. (*She turned the photograph over.*)

passer   Ils sont passés par Paris. (*They went via Paris.*), Elle est passée devant l'église. (*She went / walked / drove, etc, past the church.*), Elle a passé son permis de conduire. (*She took her driving test.*), Nous avons passé un mois en Bretagne. (*We spent a month in Brittany.*)

As you have noticed from the examples, the past participles of the verbs conjugated with **être** agree with the subject; like adjectives, they agree in number and gender, i.e. adding an **s** to mark the plural, and an **e** to mark the feminine.

Note that when **on** is used, the past participle can agree with the subject if it is known.

6 Le passé composé des verbes réfléchis

All verbs used reflexively are also conjugated with **être**.

Example: Il a lavé sa voiture. (*He washed his car.*) **but** Il s'est lavé en dix minutes. (*He washed in ten minutes.*); Elle a réveillé son mari. (*She woke her husband up.*) **but** Elle s'est réveillée tôt. (*She woke up early.*) Ils ont levé la tête. (*They looked up/raised their heads.*) **but** Ils se sont levés. (*They got up.*) Je me suis couché vers minuit. (*I went to bed at about midnight.*), Ils se sont baignés. (*They had a swim.*), Tu t'es assis(e). (*You sat down.*)

As with all the verbs conjugated with **être**, the past participle of reflexive verbs agrees with the subject, unless the verb has a direct object in which case the past participle behaves like those of verbs conjugated with **avoir**.

Example: La bouteille s'est cassée. (*The bottle broke / got broken.*) **but** Claire s'est cassé la jambe. (*Claire broke her leg.*)

7 Règles générales sur le passé composé

a Negative sentences

Only the auxiliary verb (**avoir** or **être**) is put between the two negative words.

Example: Vous **n'**avez **rien** fait. (*You did nothing/You didn't do anything.*), Nous **n'**avons **pas** travaillé. (*We didn't work.*)

When a pronoun is used, as usual, it remains directly in front of the auxiliary verb.

Example: Nous **ne** nous sommes **pas** disputés. (*We didn't argue.*), Je **ne** lui ai **pas** répondu. (*I didn't answer her.*)

b Questions

The usual rules about making questions apply. When the inversion is used, as in English, only the auxiliary verb comes in front of the subject.

Example: À quelle heure sont-ils entrés? (*At what time did they come in?*), Avez-vous dormi jusqu'à midi? (*Did you sleep till midday?*), Est-ce que vous avez regardé la télé? (*Did you watch the telly?*), Avez-vous perdu quelque chose? (*Have you lost something?*)

When a pronoun is used, it remains in front of the auxiliary verb.

Example: Pourquoi **vous** êtes-vous disputés? (*Why did you argue?*), **Lui** a-t-elle parlé? (*Did she talk to him / her?*)

c Pronouns

Following the general rule, pronouns come directly before the verb, in this case, the auxiliary verb **avoir** or **être**. As mentioned above, this applies also in negative and interrogative sentences.

Example: J'en ai pris deux fois. (*I took some twice – i.e. I had two helpings.*), Ma sœur m'a parlé. (*My sister talked to me.*), Je lui ai fait croire . . . (*I made him / her believe . . .*)

Although the past participle of a verb conjugated with **avoir** generally remains unchanged, when the verb is **preceded by a direct object**, the past participle agrees with this object. This situation occurs for instance when the direct object comes in the form of a direct object pronoun or when the relative pronoun **que / qu'** is used.

Example: Paul m'a envoyé une carte postale; je l'ai **reçue** ce matin. (*Paul sent me a postcard: I got it this morning.*), La robe **que** j'ai **empruntée** est à ma sœur. (*The dress that I borrowed belongs to my sister.*)

In most cases, the agreement is not noticeable when speaking. Exceptions to this are **mis / mise(s)** and **pris / prise(s)**.

Example: Tu as vu mes clés? Je ne sais pas où je les ai **mises**. (*Have you seen my keys? I don't know where I put them.*)

d   Adverbs

Adverbs generally come after the auxiliary verb **avoir** or **être**.

Example: Nous avons **bien** dormi. (*We slept well.*), J'ai **trop** bu, j'ai **trop** chanté. (*I drank too much, I sang too much.*), Le film a **enfin** commencé. (*The film finally started.*), Nous nous sommes **bien** amusés. (*We enjoyed ourselves.*), Tu t'es **vite** déshabillé. (*You undressed quickly.*)

Long adverbs such as **lentement** and **tranquillement** usually follow the past participle.

Example: Il s'est habillé **lentement**. (*He got dressed slowly.*)

e   Inversion after direct speech

This applies to all tenses, but is very commonly used with the perfect tense. After direct speech, the inversion must take place in French. As a result, the euphonic **t** is used rather extensively with the third person singular (il/elle).

Example: Je ne sais pas laquelle choisir, a-t-elle soupiré. (*I don't know which one to choose, she sighed.*)
. . . a répondu Francine. (*. . . answered Francine.*)
. . . a-t-elle demandé. (*. . . she asked.*)
. . . a-t-il dit. (*. . . he said.*)

8   On

On can be used with two meanings in French.

First it can be used in a very general sense.

Example: **On** boit du cidre en Normandie. (*One drinks cider in Normandy.*).

Note that this general meaning can also be translated in English by **you** or **they**.

More familiarly, **on** can be used in French to mean **nous**.

Example: **On** regarde la télé et **on** joue au ping-pong. (*We watch the TV and play table tennis.*).

Note that the ending of the verb is the same as **il/elle** (*he/she*) even when **on** means **nous** (*we*).

Note that when **on**=**nous**, the past participle can agree with the subject 'on' represents.

Example: Paul et moi, on est allés à Bayeux. (*Paul and I, we went to Bayeux.*)

9 Les pronoms relatifs

A relative pronoun introduces a subordinate clause which refers to persons, animals or things which have just been mentioned. The noun or sentence in question is called the antecedent. Relative pronouns translate into English as **who**, **whom**, **whose**, **which**, and **that**.

a   qui

When the antecedent is the **subject** of the verb in the relative clause, the relative pronoun is **qui**.

Example: Dijon est une ville **qui** est connue pour sa moutarde. (*Dijon is a town which is known for its mustard.*)

The antecedent **ville** is the subject of **est connue**.

La Bourgogne est une région **qui** produit de bons vins. (*Burgundy is a region which produces good wines.*)

The antecedent **région** is the subject of **produit**.

b   que

When the antecedent is the **object** of the verb in the relative clause, the relative pronoun is **que** or **qu'**.

Example: Le camembert est le fromage **que** Claire préfère. (*Camembert is the cheese that Claire prefers.*)

The antecedent **camembert** is the object of **préfère**, **Claire** being the subject.

Le Nuits-Saint-Georges est le vin préféré d'Henri. C'est un vin **qu'**il adore. (*Nuits-Saint-Georges is Henri's favourite wine. It's a wine that he loves.*)

The antecedent **vin** is the object of **adore**, **il** (Henri) being the subject.

Note that the relative pronoun can never be omitted in French, whereas it is sometimes left out in English.

Example: Camembert is the cheese Claire prefers. It's a wine he loves.

Also note that, as we have seen, in the perfect tense, the past participle of a verb conjugated with **avoir** remains unchanged unless there is a direct object before the verb, in which case the past participle agrees with it. This happens frequently in relative clauses as the direct object, being the antecedent, precedes the verb.

Example: La robe que j'ai empruntée est à ma sœur. (*The dress that I borrowed is my sister's.*), Les chaussures qu'il m'a prêtées sont trop grandes. (*The shoes he lent me are too big.*)

c   dont

dont translates the English **whose**, **of whom**, and **of which**. It is used with verbs such as **se servir de** (*to use*), **avoir besoin de** (*to need*) and **avoir envie de** (*to fancy*).

Example: La girafe est un animal dont le cou est très long. (*The giraffe is an animal whose neck is very long.*), Le médecin est la personne dont on a besoin quand on est malade. (*The GP is the person one needs when one is ill.* Literally: *the person of whom one has need.*), Un dictionnaire est un livre dont les traducteurs se servent souvent. (*A dictionary is a book translators often use.* Literally: *a book of which translators make use.*), Le manteau dont elle a envie coûte trop cher. (*The coat she fancies is too expensive.* Literally: *the coat for which she has a fancy.*)

d   Prepositions

qui (*whom*) refers only to people when used with a preposition.

Example: C'est le couple à qui nous avons vendu la maison. (*This is the couple to whom we sold the house.*), Les amis avec qui nous avons dîné. (*The friends with whom we had dinner.*)

For animals and things, and also for people, **whom / which** translates as follows:

lequel	**laquelle**
(masculine singular)	(feminine singular)
lesquels	**lesquelles**
(masculine plural)	(feminine plural)

Example: Laquelle de ces deux maisons préférez-vous? (*Which of these two houses do you prefer?*)

When accompanied by the prepositions **de** or **à**, the rules of the partitive must be followed.

With **de**: duquel, de laquelle, desquels, desquelles. (Although in this case, **dont** would probably be used – see paragraph c above.)

With **à**: auquel, à laquelle, auxquels, auxquelles.

Example: L'arbre auquel il a coupé les branches. (*The tree of which he cut the branches.*),

La lettre à laquelle j'ai répondu. (*The letter to which I answered.*), Les touristes auxquels / à qui il montre la tour Eiffel. (*The tourists to whom he shows the Eiffel tower.*)

But it is straightforward with other prepositions.

Example: Les lunettes avec lesquelles je regarde la télé. (*The glasses with which I watch TV.*), Le chien sans lequel il s'ennuie. (*The dog without which he gets bored.*), Les enfants pour lesquels / pour qui elle prépare un gâteau. (*The children for whom she is preparing a cake.*)

Note that **où** is usually used for place and time (in preference to **in which**, **on which**, **at which** etc).

Example: La maison où il habite n'a pas de jardin. (*The house in which he lives has no garden.*), À l'heure où il arrive, il est trop tard. (*At the time when / at which he arrives, it is too late.*), Le jour où il va partir (*The day when / on which he will go*)

e   ce qui, ce que, ce dont

These translate **what**, meaning **that which**. Here again, **ce qui** is used when it is the **subject**, and **ce que** or **ce qu'** is used when it is the **object** of the relative clause.

Example: Allons voir ce qui se passe. (*Let's go and see what's going on.*), Je me demande ce qui va arriver. (*I wonder what will happen.*), Je ne sais pas ce que Paul veut dire. (*I don't know what Paul means.*), Savez-vous ce qu'elle a fait? (*Do you know what she did?*)

When the verb is followed by the preposition **de**, **ce dont** is used.

Example: Nous ne savons pas ce dont vous avez besoin. (*We don't know what you need.* Literally: *what you have need of.*), Il sait ce dont elle a peur. (*He knows what she is afraid of.*)

10 Les pronoms démonstratifs

a the one(s) / those

The one(s) / those translate into French as follows:

celui	**celle**
(masculine singular)	(feminine singular)
ceux	**celles**
(masculine plural)	(feminine plural)

Example: Celui qui a inventé le stéthoscope. (*The one who invented the stethoscope.*), Ceux qui ont découvert le radium. (*The ones who discovered radium.*), Celle que je préfère a un grand jardin. (*The one I prefer has a big garden.*), Ce sont celles dont j'ai besoin. (*They are the ones I need.*)

See section 9 for the use of **qui**, **que** and **dont**.

b this / that one, these / those

When having to differentiate between two similar things, **-ci** is used for the nearer, and **-là** for the one further away.

Example: Je préfère celle-ci. (*I prefer this one.*), Je veux celui-là. (*I want that one.*), Nous détestons ceux-ci, mais nous aimons bien ceux-là. (*We hate these, but we quite like those.*)

Note that **celui-ci / celle-ci**, etc can also be used to translate **the latter** instead of **ce dernier / cette dernière**, etc.

Example: Paul et Jean ont parlé à Pierre. Celui-ci / ce dernier n'a pas répondu. (*Paul and Jean spoke to Pierre. The latter didn't answer.*)

11 Avant / après

avant and **après** are very easy to use if they are followed by a noun.

Example: Avant le match. (*Before the match.*), Après la classe. (*After the class.*)

But when they are followed by a verb, strict rules must be observed to keep the language clear and simple.

With **avant**, use the preposition **de**, followed of course by the **infinitive**, whatever form the English takes, even if there is a personal pronoun or a name. (These should only appear in the other clause in French.)

Example: Avant de sortir, Paul a mis son manteau.

This is the only way to translate into French the following English sentences:
Before Paul went out, he put his coat on.
Before he went out, Paul put his coat on.
Before going out, Paul put his coat on.

Qu'a-t-elle fait avant de s'endormir? (*What did she do before falling / she fell asleep?*), Vous vous êtes disputés avant de vous coucher. (*You had an argument before going / you went to bed.*)

Similarly, whatever form the English takes, always use **après** followed by the **perfect infinitive** to translate **after**. The perfect infinitive is formed by using the infinitive of the auxiliary verb (**avoir** or **être**) with the past participle of the verb.

Example: Après avoir mangé au restaurant, Laurent et Chantal sont allés au cinéma.

This is the best way to translate the following:
After Laurent and Chantal had eaten at a restaurant, they went to the cinema.
After they had eaten at a restaurant, Laurent and Chantal went to the cinema.
After eating at a restaurant, Laurent and Chantal went to the cinema.
After having eaten at a restaurant, Laurent and Chantal went to the cinema.

Qu'est-ce que vous avez fait après avoir quitté le bureau? (*What did you do after leaving the office?*), Après être allée au distributeur de billets, elle a fait des courses. (*After going to the cash dispenser, she did some shopping.*)

So make sure you always remember **avant de / d'** and **après avoir / être**. It is simple but generally quite different from the English structure. Don't be tempted to translate word for word.

12 Le futur

a Formation

The **stem** is the full infinitive of the verb (**donner**, **partir**, **choisir**, etc), except in the case of **-re** verbs when the **e** must be dropped so that the stem ends in an **r** (vendre → **vendr** . . ., prendre → **prendr** . . . etc). To this stem, add the following **endings** (which happen to be those of the present indicative of **avoir**):

J' _____**ai**			Nous _____**ons**	
Tu _____**as**			Vous _____**ez**	
Il / Elle _____**a**			Ils / Elles _____**ont**	

Example:

jouer (*to play*)	**finir** (*to finish*)	**répondre** (*to answer*)
je jouerai (*I'll play*)	je finirai (*I'll finish*)	je répondrai (*I'll answer*)
tu joueras	tu finiras	tu répondras
il / elle jouera	il / elle finira	il / elle répondra
nous jouerons	nous finirons	nous répondrons
vous jouerez	vous finirez	vous répondrez
ils / elles joueront	ils / elles finiront	ils / elles répondront

b Irregularities

Verbs ending in **-yer** change their **y** to an **i**, although verbs ending in **-ayer** can either retain the **y** or change to **i**. (To avoid confusion, it might be safer to always change the **y** to **i**.)

Example: employer (*to employ*) → J'emploierai, tu emploieras, etc

nettoyer (*to clean*) → Je nettoierai, tu nettoieras, etc
ennuyer (*to annoy*), s'ennuyer (*to be bored*) → Je (m') ennuierai, etc
essuyer (*to wipe*) → J'essuierai, tu essuieras, etc
essayer (*to try*) → J'essayerai *or* J'essaierai, etc
payer (*to pay*) → Je payerai *or* Je paierai, etc

Verbs with a mute **e** double the consonant or add a grave accent, and keep the same stem throughout the conjugation.

Example:

acheter (*to buy*)	**appeler** (*to call*)	**jeter** (*to throw*)
j'achèterai	j'appellerai	je jetterai
tu achèteras	tu appelleras	tu jetteras
il / elle achètera	il / elle appellera	il / elle jettera
nous achèterons	nous appellerons	nous jetterons
vous achèterez	vous appellerez	vous jetterez
ils / elles achèteront	ils / elles appelleront	ils / elles jetteront

But note that verbs with **é** + consonant + **er** retain the **é** throughout the conjugation.

Example: répéter (*to repeat*): Je répéterai, tu répéteras, etc
espérer (*to hope*): J'espérerai, tu espéreras, etc

You must learn the following irregular futures by heart because the stems change considerably (although, as usual, the endings remain the same):

aller (*to go*)
j'irai, tu iras, il / elle ira, etc.

apercevoir (*to get a glimpse of*)
j'apercevrai

(s') asseoir (*to sit down*)
je m'assoirai or je m'assiérai

avoir (*to have*)
j'aurai

courir (*to run*)
je courrai

cueillir (*to pick*)
je cueillerai

devoir (*must*)
je devrai

envoyer (*to send*)
j'enverrai

être (*to be*)
je serai

faire (*to do, to make*)
je ferai

il faut (*it is necessary, one must*)
il faudra

pleuvoir (*to rain*)
il pleuvra

pouvoir (*can*)
je pourrai

recevoir (*to receive*)
je recevrai

savoir (*to know*)
je saurai

tenir (*to hold*)
je tiendrai

il vaut mieux (*it is better*)
il vaudra mieux

venir (*to come*), **devenir** (*to become*), **revenir**
(*to come back*)
je viendrai, je deviendrai, je reviendrai

voir (*to see*)
je verrai

vouloir (*to want*)
je voudrai

c Uses

This tense is used to translate the English **shall** and **will** when they express something which is going to happen.

Example: Ils iront en vacances en Bretagne; ils boiront du cidre et ils mangeront des crêpes. (*They will go on holiday to Brittany; they'll drink cider and they'll eat pancakes.*)

Note that **shall** and **will** are often used in their contracted form **'ll**.

aller + infinitive is also frequently used in French to express the future, particularly the near future.

Example: Je vais lui téléphoner tout de suite. (*I'll telephone him/her straight away.*)

Unlike English, in a future context, the future tense must be used in French after conjunctions of time such as **quand**, **lorsque** (*when*) and **dès que**, **aussitôt que** (*as soon as*).

Example: Quand **je serai** en Alsace, je boirai beaucoup de bière. (*When **I am** in Alsace, I shall drink a lot of beer*.), Les enfants iront à la plage dès qu'**ils arriveront**. (*The children will go to the beach as soon as **they arrive***.)

It is common to find a condition expressed by **si** (*if*) linked with a sentence in the future tense. As in English, the clause starting with **si** (*if*) is in the present tense.

Example: S'il fait beau, je ferai de la voile. (*If the weather is fine, I'll go sailing*.), Nous irons à l'étranger si nous avons assez d'argent. (*We shall go abroad if we have enough money*.)

When **aller** (*to go*) is used in the future tense, it is usual to omit the pronoun **y** (*there*), for sound's sake.

Example: – Connaissez-vous Paris? (*Do you know Paris?*), – Non, mais **j'irai** l'année prochaine. (*No but **I'll go there** next year*.)

Finally, beware of the various meanings of **shall** and **will** in English. They don't necessarily express the idea of the future. **Shall** may express **Do I have to?**, so you must use **devoir**.

Example: Shall I telephone her? (Dois-je lui téléphoner?)

Will may well express a request or a refusal, in which case you must use **vouloir**.

Example: Will you open the window please? (Voulez-vous ouvrir la fenêtre, s'il vous plaît.), *I asked her to do it, but she won't.* (Je lui ai demandé de la faire, mais elle ne veut pas.)

13   Le futur antérieur

The future perfect is formed by using the future tense of the auxiliary verb **avoir** or **être**, and the past participle of the other verb.

Example: J'aurai acheté. (*I shall have bought*.), Il aura vu. (*He will have seen*.), Vous serez arrivé. (*You will have arrived*.)

It is usually found after a conjunction of time.

Example: Quand j'aurai acheté ma maison, je n'aurai plus d'argent. (*When I have bought my house, I'll have no money left*.), Lorsqu'il aura vu Paul, il sera content. (*When he's seen Paul, he will be happy.* Literally: *When he will have seen Paul . . .*)

Note that after a conjunction of time, the future perfect is not used in English. All the rules of the perfect tense concerning past participle agreements, pronouns, negative and interrogative sentences, etc, apply to this tense. Please refer to section 7.

14   Le participe présent

a   Formation

To form the present participle, take the **nous** form of the verb in the present tense, drop the **-ons**, and add **-ant** instead.

Example:
chanter – nous chantons → chantant (*singing*)
manger – nous mangeons → mangeant (*eating*)

choisir – nous choisissons → choisissant (*choosing*)
partir – nous partons → partant (*leaving*)
vendre – nous vendons → vendant (*selling*)
prendre – nous prenons → prenant (*taking*)
boire – nous buvons → buvant (*drinking*)
voir – nous voyons → voyant (*seeing*)

There are three exceptions:
avoir → ayant (*having*)
être → étant (*being*)
savoir → sachant (*knowing*)

b   Uses

The present participle is generally used when two actions are taking place simultaneously. When used as a verb, it is invariable.

Example: Une dame est entrée, portant un chapeau sur la tête. (*A lady came in, wearing a hat.*), Ils sont sortis en courant. (*They ran out.* Literally: *They came out running.*)

Laurant et Chantal font des projets en regardant un site web sur l'Alsace. (*Laurent and Chantal make some plans while looking at a website on Alsace.*)

En sortant de l'hôtel, tournez à gauche. (*On leaving the hotel, turn left.*)

It is often accompanied by **en**, which can be translated by **while**, **on**, **in** or **by**.

Example: Un vieux monsieur a fait tomber son portefeuille en mettant une lettre à la poste. (*An old man dropped his wallet while posting a letter.*)

Tout en is used for emphasis, particularly when the two actions seem contradictory or incompatible.

Example: Elle m'a servi tout en bavardant avec une autre cliente. (*She served me while chatting to another customer.*)

en is not used when the actions are not simultaneous, generally when **as a result** is understood. This is also often the case with the form **having done**.

Example: Entendant la voiture, elle est descendue et a mis son manteau. (*Hearing the car, she went downstairs and put her coat on.*), Ayant découvert son erreur, il s'est excusé. (*Having discovered his mistake, he apologised.*)

Note that **having . . .** is translated by **étant . . .** if the verbs are conjugated with **être**.

Example: Étant allé (*having gone*), étant arrivé (*having arrived*), s'étant couché (*having gone to bed*), m'étant levé (*having got up*), etc

Also note that a verb in the present participle form can be used as an adjective, in which case it agrees in gender and number with the noun it qualifies.

Example: Une histoire intéressante. (*An interesting story.*), Ils sont charmants. (*They are charming.*)

c   Other translations of the '-ing' form

Although the English translation of the present participle is the **-ing** form, the present participle is not an equivalent of the English gerund. Most of the time, the latter is rendered in French by the infinitive.

Example: I hate ironing. (Je déteste repasser.), *She loves dancing.* (Elle adore danser.), *They are afraid of answering.* (Ils ont peur de répondre.)

The infinitive is also used after verbs of perception such as **écouter**, **entendre**, **regarder**, **voir**, etc.

Example: I listened to him talking. (Je l'ai écouté parler.), *They saw him taking the bag.* (Ils l'ont vu prendre le sac.)

All prepositions, except **en**, are followed in French by the infinitive.

Example: without answering (sans répondre), *after having taken* (après avoir pris), *before leaving* (avant de partir), etc

Descriptive words are translated by the French past participle.

Example: They were sitting. (Ils étaient assis.), *She was lying.* (Elle était couchée.)

Note that **standing** is translated by **debout**, which is invariable.

Example: We were standing. (Nous étions debout.)

The English **-ing** form can also be simply the indication of an action in progress.

Example: He was singing. (Il chantait.)

Remember that there is only one form in French to translate the two English present tenses.

Example: Il travaille. (He works / He is working.)

15 L'imparfait

a Formation

To form the imperfect tense, first get the **stem** by taking the **nous** form of the present indicative and dropping the **-ons**.

Example:
envoyer (*to send*): nous envoyons → **envoy . . .**
choisir (*to choose*): nous choisissons → **choisiss . . .**
prendre (*to take*): nous prenons → **pren . . .**
Then, add the following **endings:**

J' _____**ais**			Nous _____**ions**	
Tu _____**ais**			Vous _____**iez**	
Il / Elle _____**ait**			Ils / Elles _____**aient**	

Example:

j'envoyais (*I was sending*)	je choisissais (*I was choosing*)	je prenais (*I was taking*)
tu envoyais	tu choisissais	tu prenais
il envoyait	il choisissait	il prenait
nous envoyions	nous choisissions	nous prenions
vous envoyiez	vous choisissiez	vous preniez
ils envoyaient	ils choisissaient	ils prenaient

The only verb that does not follow the above rule is **être** (*to be*). It must be learnt by heart, particularly as it is widely used in this tense:

j'étais	nous étions
tu étais	vous étiez
il / elle / on / c'était	ils / elles étaient

The only time the endings show any irregularities is with the verbs ending in **-cer** and **-ger**, such as manger (*to eat*), nager (*to swim*), commencer (*to start*), etc. The **nous** and **vous** forms require neither the extra **e** nor the cedilla (**ç**), as the **g**, or **c** are in both cases followed directly by an **i**:

je mangeais	je commençais
tu mangeais	tu commençais
il / elle mangeait	il / elle commençait
nous mangions	nous commencions
vous mangiez	vous commenciez
ils / elles mangeaient	ils / elles commençaient

b   Uses

This past tense is used in the following situations:
– It is used for descriptions.

Example: La plage était magnifique. (*The beach was gorgeous.*), Il faisait beau, le ciel était bleu et il n'y avait pas un nuage. (*The weather was fine, the sky was blue and there wasn't a single cloud.*)

– It is used to express an unfinished (at the time), continuous action. It can be translated by ***was / were* _____ *ing***. But beware, in English, the **-ing** form is not always used, even if it is understood.

Example: Les gens marchaient sans se presser, certains promenaient leur chien, d'autres bavardaient avec des amis. (*People were strolling along, some were walking their dogs, others were chatting with friends.*)

– It is also the tense to express that something used to be done regularly. It is often accompanied by expressions such as **tous les jours / chaque jour** (*every day*), **toutes les semaines / chaque semaine** (*every week*), etc, **quelquefois** (*sometimes*), **de temps en temps** (*from time to time*), **quand** (meaning '*whenever*'), **souvent** (*often*), **à chaque fois** (*every time*), **souvent** (*often*), **régulièrement** (*regularly*), **rarement** (*rarely*), etc.

Example: J'allais souvent à la piscine quand j'étais petit. (*I often used to go/went to the swimming pool when I was small.*), Tous les matins je me levais de bonne heure. (*Every morning I used to get up/got up early.*), Après le petit déjeuner, je retournais à la plage. (*After breakfast, I used to go back/went back to the beach.*)

As you can see, the idea of **used to** may be only understood in English. Whether it is actually used or not, the imperfect tense is required in French.

– The imperfect tense is also used in reported speech. This means that something is not said directly, but reported, repeated by another person. Reported speech generally follows a phrase such as **He said that . . .**, **I told him that . . .**, etc. A verb in the present tense will be used in the imperfect tense when direct speech is turned into reported speech.

Direct speech: Elle a dit: «**Je vais** à Marseille». (*She said 'I am going to Marseilles'.*)
Reported speech: Elle a dit qu'**elle allait** à Marseille. (*She said that she was going to Marseilles.*)
Direct speech: J'ai répondu: «**Je suis** désolé». (*I answered: 'I am sorry!'*)
Reported speech: J'ai répondu que **j'étais** désolé. (*I answered that I was sorry.*)
Direct speech: J'ai dit: «Les gens **partent** en vacances». (*I said 'People are going on holiday'.*)
Reported speech: J'ai dit que les gens **partaient** en vacances. (*I said that people were going on holiday.*)

Note that 'that' can sometimes be omitted in English, but never in French.

Example: J'ai dit **que** j'étais désolé. (*I said I was sorry.*)

16 Le passé composé ou l'imparfait?

When talking about what happened in the past it is often necessary to use both the perfect and the imperfect tenses. As we have seen, the **imperfect** expresses how things were (description), what used to happen (habit, repetition) and what was still going on at the time (unfinished action). The **perfect** expresses what took place, that is to say a single completed event. As a result, the latter is the tense used when an event interrupts an action in progress.

Example: Quand la sirène a retenti M. Hublot qui regardait un film est sorti du cinéma et M. Lajoux qui était au bar a fini son whisky. (*When the siren sounded M. Hublot who was watching a film left the cinema and M. Lajoux who was in the bar finished his whisky.*)

The imperfect is also used with **depuis**.

Example: J'habitais à Paris depuis deux ans quand j'ai décidé d'aller à l'étranger. (*I had been living in Paris for two years when I decided to go abroad.*), Il travaillait depuis cinq minutes quand Paul a téléphoné. (*He had been working for five minutes when Paul telephoned.*)

It is also the tense used with **venir de**.

Example: Elle venait de se lever quand Jean est arrivé. (*She had just got up when Jean arrived.*), Nous venions de sortir quand il a commencé à pleuvoir. (*We had just gone out when it started to rain.*)

17 Comparatifs et superlatifs

a What to use

To express the idea of **more**, **plus** is always used in French.

Example: plus beau / belle / beaux / belles (*more beautiful*), plus vieux / vieille / vieux / vieilles (*older – literally: more old*)

the most is the same with the appropriate definite article in front.

Example: le plus beau / la plus belle / les plus beaux / les plus belles (*the most beautiful*), le plus vieux / la plus vieille / les plus vieux / les plus vieilles (the *oldest* – literally: *the most old*)

less is rendered by **moins**

Example: moins haut (*less high*), moins profond (*less deep*)

the least is the same with the definite article in front.

Example: le moins haut / la moins haute / les moins hauts / les moins hautes (*the least high*).

Note that **moins** is used far more frequently in French than **less** is used in English.

Example: L'Amérique est moins grande que l'Afrique (Literally: *America is less big than Africa.* But in English one would prefer to say: *America is not as big as Africa.*)

Equality expressed in English by **as** is rendered by **aussi**.

Example: Est-ce que la France est aussi peuplée que le Royaume-Uni? (*Is France as populated as the United Kingdom?*)

Note that after a negative, **si** can be used instead of **aussi**.

Example: La Seine n'est pas aussi longue que la Loire *or* La Seine n'est pas si longue que la Loire. (*The river Seine is not as long as the river Loire.*)

than and **as** are translated by **que/qu'**.

Example: Le désert du Sahara est plus grand que le désert de Gobi. (*The Sahara desert is larger than the Gobi desert.*), La Sardaigne n'est pas aussi grande que la Sicile. (*Sardinia is not as big as Sicily.*)

b   Adjectives

Don't forget that even used comparatively, the adjectives must agree in number and gender with the noun they qualify.

Example: L'océan le plus profond. (*The deepest ocean.*) – Masculine singular.
La mer la plus profonde. (*The deepest sea.*) – Feminine singular.
Le plus haut col des Alpes. (*The highest pass in the Alps.*) – Masculine singular.
Les chutes Victoria sont plus hautes que les chutes du Niagara. (*The Victoria falls are higher than the Niagara falls.*) – Feminine plural.

There are, of course, some irregular comparatives and superlatives which must be learnt by heart.

Example:

Ordinary adjective	Comparative	Superlative
bon (*good*)	meilleur (*better*)	le meilleur (*the best*)
mauvais (*bad*)	plus mauvais *or* pire (*worse*)	le plus mauvais *or* le pire (*the worst*)

When the superlative is used, the adjective can come before or after the noun. When it follows the noun, the definite article must be repeated.

Example: La plus grande île *or* L'île la plus grande. (*The largest island.*), Le plus long fleuve *or* Le fleuve le plus long. (*The longest river.*)

c   Adverbs

Adverbs can also be used in comparisons

Example: Il va au cinéma moins souvent que son frère. (*He doesn't go to the cinema as often as his brother.* Literally: *less often.*), Les Anglais parlent plus lentement que les Français. (*English people speak more slowly than French people.*)

Make sure that you don't mix up adjectives and adverbs, particularly **bon** (*good*) and **bien** (*well*), as they have the same comparative and superlative in English, i.e. **better** and **best**. If you have to translate **better** or **best** into French, always ask yourself what part they play in the sentence, whether they qualify a noun (*adjective*) or a verb or an adjective (*adverb*).

	Comparative	Superlative
bon – *adjective*	meilleur – *better*	le meilleur – *the best*
bien – *adverb*	mieux – *better*	le mieux – *best*

Example: Élisabeth travaille mieux que Paul; elle a de meilleurs résultats. (*Elizabeth works better – adverb – than Paul; she has better – adjective – results.*)

Another source of confusion is the adverb **vite** (*quickly, fast*). There are two reasons for this. First of all, **vite** doesn't end in **-ment** like most adverbs (the equivalent of **-ly** in English). Secondly, **fast** can equally be used as an adjective or an adverb in English. (*He has got a fast car* – adjective. *He runs fast* – adverb.) **Quick** and **quickly** are often used in comparisons, and mistakes are easily made.

Example: Paul court plus vite que sa sœur. (*Paul runs faster* – adverb – *than his sister.*), Paul est le garçon le plus rapide de sa classe. (*Paul is the fastest* – adjective – *boy in his class.*)

Another common adverb which behaves irregularly is **beaucoup** (*much, many, a lot*).

	Comparative	Superlative
beaucoup	plus (*more*)	le plus (*most*)

Example: Ma fille travaille plus que mon fils. (*My daughter works more than my son.*), C'est lui qui mange le plus. (*He's the one who eats most.*)

Note that **much more** translates literally as **beaucoup plus**.

Example: Il marche beaucoup plus lentement. (*He walks much more slowly.*)

This, of course, applies to adjectives as well.

Example: Nous sommes beaucoup plus heureux maintenant. (*We are much happier now.* Literally: *much more happy.*)

d   Others

The strong or emphatic pronoun is often used in comparisons.

Example: Elle danse mieux que moi. (*She dances better than I do.* Literally: *than me.*)

Je patine moins bien que lui. (*I don't skate as welll as he does.* Literally: *less well than.*), Il est pire que nous. (*He is worse than we are.* Literally: *than us.*)

plus, **moins** and **aussi** followed by a noun are rendered thus:

Example: Plus de monde. (*More people.*), Moins d'argent. (*Less money.*), Autant de liberté. (*As much freedom.*), Autant d'élèves. (*As many pupils.*)

Before a number, **than** is translated by **de**.

Example: Il y a plus de douze étudiants. (*There are more than twelve students.*), C'est à moins de six kilomètres. (*It's less than six kilometres away.*)

more and more is translated by **de plus en plus**; **less and less** by **de moins en moins**.

Example: Il va à Paris de plus en plus souvent. (*He goes to Paris more and more often.*)

18   Les pronoms possessifs

The possessive pronouns translate English expressions such as **mine**, **my own**, **my one(s)**, **yours**, etc.

	Singular		Plural	
	Masculine	**Feminine**	**Masculine**	**Feminine**
mine	le mien	la mienne	les miens	les miennes
yours	le tien	la tienne	les tiens	les tiennes
his / hers / its	le sien	la sienne	les siens	les siennes
ours	le nôtre	la nôtre	les nôtres	les nôtres
yours	le vôtre	la vôtre	les vôtres	les vôtres
theirs	le leur	la leur	les leurs	les leurs

Like the possessive adjectives (**mon**, **ma**, **mes**, etc), they agree in gender and number with the noun possessed, not the possessor.

Note that **leur** doesn't take an **e** in the feminine.

Example: – Regarde **mon dessin**. (*Look at my drawing.*), – **Le mien** est plus coloré. (*Mine is more colourful.*), – Tu as vu **les dessins** de Simon? (*Have you seen Simon's drawings?*), – Oui, **les siens** sont horribles! (*Yes, his are horrible!*), – Où est **la clé** de Paul? (*Where is Paul's key?*), – **La sienne** est sur la table, mais j'ai perdu **la mienne**. (*His is on the table, but I've lost mine.*)

The possessive pronouns are frequently used in comparisons.

Example: Ma cravate coûte moins cher que la sienne. (*My tie is cheaper than his.*), Notre maison est plus grande que la leur. (*Our house is bigger than theirs.*)

Note that possession can also be expressed by using **être à** followed by the strong or emphatic pronoun.

Example: – À qui est cette voiture? (*Whose car is this?*), – Elle est à nous / C'est la nôtre. (*It's ours.*), – Cette valise est à toi? / C'est ta valise? (*Is this your suitcase?*), – Oui, elle est à moi. / Oui, c'est la mienne. (*Yes, it's mine.*)

To translate **a . . . of mine / yours**, etc you must use **un(e) de mes / tes . . .** etc, in French.

Example: C'est une de mes clientes. (*She is a customer of mine.* Literally: *She is one of my customers.*), C'est un de leurs amis. (*He is a friend of theirs.*)

19   Le conditionnel

a   The conditional is formed by using the same stem as the future tense (see section 12, including the list of irregular verbs) and by adding the same endings as the imperfect tense (see section 15).

Example:

danser	**lire**	**aller**
je danserais (*I would dance*)	je lirais (*I would read*)	j'irais (*I would go*)
tu danserais	tu lirais	tu irais
il/elle danserait	il/elle lirait	il/elle irait
nous danserions	nous lirions	nous irions
vous danseriez	vous liriez	vous iriez
ils/elles danseraient	ils/elles liraient	ils/elles iraient

b   The conditional is normally used to express **would**, and sometimes **could** and **should**.

Example: Nous aimerions visiter la région. (*We would like to visit the district.*), Je voudrais aller à la Martinique. (*I would like to go to Martinique.*), Il ne pourrait pas y aller. (*He couldn't go / He wouldn't be able to go.*), Vous devriez téléphoner. (*You should telephone.*)

But beware whenever you come across **would** in English, and think first of its meaning in the sentence before translating it into French, because it has various uses in English which are rendered differently in French. If it means **used to**, then the imperfect tense must be used.

Example: He would always come with me. (Il venait toujours avec moi.)

If it expresses volition (often a refusal), then **vouloir** must be used.

Example: They would never do their homework. (Ils ne voulaient jamais faire leurs devoirs.)

If it is a polite request, then use **voulez-vous** (**veux-tu** if using the familiar form).

Example: Would you follow me, please? (Voulez-vous me suivre, s'il vous plaît?)

c   The conditional is most often found in conditional clauses, i.e. when the ideas expressed are hypothetical.

Example: S'ils allaient à la Martinique, les Muller verraient Lucien et Josée. (*If they went to Martinique, the Mullers would see Lucien and Josée.*), Vous visiteriez beaucoup d'endroits intéressants si vous veniez à Fort-de-France. (*You would visit a lot of interesting places if you came to Fort-de-France.*)

Be careful not to use the conditional tense in the clause starting with **si** (=*if*). **If** + simple past is always translated by **si** + imperfect.

Example: if I went (si j'allais), *if he ate* (s'il mangeait), *if we bought* (si nous achetions)

The conditional tense is used in the other clause. Note that **si** followed by **il / ils** becomes **s'**, but remains in its full form before **elle / elles**.

Do not confuse **si** (=*if*) with **si** (=*yes*), i.e. the emphatic **yes** answering a negative question or statement.

Example: – Vous n'êtes pas de Londres? (*You are not from London?*), – Si, je suis de Londres. (*Yes, I am from London.*)

d   One can also frequently come across the conditional in reported speech. A verb used in the future tense in direct speech will change to the conditional in reported speech.

Example:
Direct speech
Elle a dit: «S'il fait beau, nous irons à la plage.» (*She said: 'If the weather is fine, we will go to the beach'.*)
Ils ont dit: «Quand nous irons à la Martinique, nous boirons du rhum.» (*They said: 'When we go to Martinique, we'll drink rum'.*)

Reported speech
Elle a dit que s'il faisait beau, nous irions à la plage. (*She said that if the weather was fine, we would go to the beach.*)
Ils ont dit que quand ils iraient à la Martinique, ils boiraient du rhum. (*They said that when they went to Martinique, they would drink rum.*)
Note that, unlike English, the future or the conditional must be used in French, when implied, after conjunctions of time such as **quand / lorsque** (*when*), **dès que / aussitôt que** (*as soon as*) etc. See section 12c.

20   Le plus-que-parfait et le conditionnel passé

a   The pluperfect and the conditional perfect are compound tenses based on the perfect tense, i.e. they are formed by using the auxiliary verb **avoir** or **être**, and the past participle of the verb.

In the pluperfect tense, the auxiliary verb is conjugated in the imperfect.

Example:
écouter
j'avais écouté (*I had listened*)
tu avais écouté
il / elle avait écouté
nous avions écouté
vous aviez écouté
ils / elles avaient écouté
aller
j'étais allé(e) (*I had gone*)
tu étais allé(e)
il était allé
elle était allée
nous étions allé(e)s
vous étiez allé(e)(s)
ils étaient allés
elles étaient allées
se perdre
je m'étais perdu(e) (*I had got lost*)
tu t'étais perdu(e)
il s'était perdu
elle s'était perdue
nous nous étions perdu(e)s
vous vous étiez perdu(e)(s)
ils s'étaient perdus
elles s'étaient perdues

In the conditional perfect, the auxiliary is conjugated in the conditional.

Example:
écouter
j'aurais écouté (*I would have listened*)
tu aurais écouté
il / elle aurait écouté
nous aurions écouté
vous auriez écouté
ils / elles auraient écouté
aller
Je serais allé(e) (*I would have gone*)
tu serais allé(e)
il serait allé
elle serait allée
nous serions allé(e)s
vous seriez allé(e)(s)
ils seraient allés
elles seraient allées
se perdre
je me serais perdu(e) (*I would have got lost*)
tu te serais perdu(e)
il se serait perdu
elle se serait perdue
nous nous serions perdu(e)s
vous vous seriez perdu(e)(s)
ils se seraient perdus
elles se seraient perdues

Note that all the rules of the perfect tense apply, i.e. agreement, negative sentences, use of pronouns, etc (see section 7).

b   The pluperfect is generally used to describe something which went on one step further back in the past.

Example: Il a mis la cravate qu'elle avait achetée pour son anniversaire. (*He put on the tie that she had bought for his birthday.*)

The pluperfect and the conditional perfect are also used in a hypothetical context. In that case, the pluperfect is used in the clause starting with **si** (= *if*). The conditional perfect is used in the other clause.

Example: Ça ne serait pas arrivé si nous avions pris l'autoroute. (*It wouldn't have happened if we had used the motorway.*), Si nous n'étions pas partis en retard, tu n'aurais pas conduit si vite. (*If we hadn't left late, you wouldn't have driven so fast.*)

The pluperfect is used in reported speech, when the perfect tense is used in direct speech.

Example: Elle a dit: «J'ai oublié mes lunettes.» (*She said: 'I have forgotten my glasses'*) **but** Elle a dit qu'elle avait oublié ses lunettes. (*She said that she had forgotten her glasses.*)

In the same way, the conditional perfect is used in reported speech when the future perfect is used in direct speech.

Example: Il a dit «Nous partirons quand nous aurons fini.» (*He said: 'We will leave when we have finished'.*) **but** Il a dit que nous partirions quand nous aurions fini. (*He said we would leave when we had finished.*)

a With **depuis** (= *for*), do not use the pluperfect but the imperfect tense, just as you use the present when the action is still going on, as opposed to the perfect.

Example: Elle apprend l'anglais depuis six mois. (*She's been learning English for six months.*), Elle apprenait l'anglais depuis six mois quand elle est allée en Angleterre. (*She had been learning English for six months when she went to England.*)

Also remember that **has just** is translated by the present of **venir (de)**, and that similarly, **had just** is translated by the imperfect of **venir (de)**.

Example: Ils viennent d'acheter une nouvelle voiture. (*They have just bought a new car.*)

Ils venaient d'acheter une nouvelle voiture quand ils ont eu un accident. (*They had just bought a new car when they had an accident.*)

21 Le subjonctif

The subjunctive mood has almost disappeared from the English language but it is still very much in use in French. It is required after certain verbs and expressions.

a Formation

To form the present subjunctive, use the ***stem*** of the **ils** form of the present tense of the verb. Add the following endings: -e, -es, -e, -ions, -iez, -ent, except for **avoir** (qu'il **ait**) and **être** (qu'il **soit**).

Other frequently used irregular verbs are **aller**, **faire** and **venir**. Please refer to the Verb Table for the full conjugations.

Note that verbs in the subjunctive often look and / or sound the same as the ordinary present tense.

J'aimerais un métier qui me **donne** l'occasion de voyager. (*I'd like a job which gives me the opportunity to travel.*)

b Uses

It is used after verbs of wishing or expressing a preference such as **vouloir que**, **aimer que**, **préférer que**.

Example: Je veux que quelqu'un **vienne** une fois par semaine. (*I want someone to come once a week.*), J'aimerais qu'elle **fasse** le repassage. (*I'd like her to do the ironing.*)

It is also used when **qui** introduces a sentence about a special person or thing which exists as an idea in someone's mind. Compare the following:
J'ai un travail qui est intéressant. (*I have an interesting job.*) – ordinary present tense expressing a real fact.
Je voudrais un travail qui soit intéressant. (*I would like an interesting job.*) – subjunctive expressing something in the mind.
J'ai une veste qui va avec ce pantalon. (*I have a jacket which matches these trousers.*) – ordinary present tense expressing a real fact.
Je cherche une veste qui aille avec ce pantalon. (*I'm looking for a jacket which matches these trousers.*) – subjunctive expressing something in the mind.

As well as being used to express uncertainty and to describe hypothetical situations, the subjunctive is always used after the following expressions:

il faut que	*it is necessary that*
il vaut mieux que	*it is better to*
pour que	*so that*

You can avoid the subjunctive form after **il faut que** by using a pronoun plus the infinitive, or by using **devoir**.

Compare:
Il faut que je prenne des médicaments.
Il me faut prendre des médicaments.   *I must take some medicine.*
Je dois prendre des médicaments.

Note that the use of the subjunctive makes the necessity sound more urgent.

The subjunctive is used after many more expressions in French. We have only dealt with what occurs in this book.

22   Le passé simple

The past historic is a simple past tense and corrresponds to the English form **he did**, **I said**, **we saw**, etc.

a   Formation

There are three basic types of past historic. All **-er** verbs behave in the same way.

Example:
chanter

je chant**ai** (*I sang*)	nous chant**âmes**
tu chant**as**	vous chant**âtes**
il / elle chant**a**	ils / elles chant**èrent**

The other verbs follow either the **-i** or the **-u** type.

-ir, **-re** and some irregular verbs follow the **-i** type.

Example:

sortir		**perdre**	
je sort**is** (*I went out*)	nous sort**îmes**	je perd**is** (*I lost*)	nous perd**îmes**
tu sort**is**	vous sort**îtes**	tu perd**is**	vous perd**îtes**
il / elle sort**it**	ils / elles sort**irent**	il / elle perd**it**	ils / elles perd**irent**

Many irregular verbs follow the **-u** type.

Example:
boire

je b**us** (*I drank*)	nous b**ûmes**
tu b**us**	vous b**ûtes**
il / elle b**ut**	ils / elles b**urent**

The past historic of common irregular verbs must be learnt by heart for two reasons.

First, to know whether they are an **-i** or a **-u** type, and secondly, because some of them have an irregular stem. Here are two lists to help you, but you will also find them in the verb table.

'-i' type:
(s')asseoir (*to sit*) – il (s')assit
dire (*to say*) – il dit
écrire (*to write*) – il écrivit
faire (*to do, to make*) – il fit
mettre (*to put*) – il mit
prendre (*to take*) – il prit
rire (*to laugh*) – il rit
voir (*to see*) – il vit

'-u' type:
avoir (*to have*) – il eut
apercevoir (*to catch sight of*) – il aperçut
recevoir (*to receive*) – il reçut
boire (*to drink*) – il but
connaître (*to know*) – il connut
paraître (*to seem*) – il parut
courrir (*to run*) – il courut
croire (*to believe*) – il crut
devoir (*to have to, must*) – il dut
être (*to be*) – il fut
lire (*to read*) – il lut
mourir (*to die*) – il mourut
pleuvoir (*to rain*) – il plut
pouvoir (*to be able to, can*) – il put
savoir (*to know*) – il sut
vivre (*to live*) – il vécut
vouloir (*to want*) – il voulut

Also refer to the verb tables for verbs ending in **-cer, -ger**.

venir and **tenir** do not follow any of these three types.

venir (*to come*)

je vins	nous vînmes
tu vins	vous vîntes
il / elle vint	ils / elles vinrent

tenir (*to hold*)

je tins	nous tînmes
tu tins	vous tîntes
il / elle tint	ils / elles tinrent

Note that many irregular past historic forms are similar to the past participle of the verb.

Example: prendre (*to take*), pris (*taken*), il prit (*he took*)
connaître (*to know*), connu (*known*), il connut (*he knew*)

This is useful to remember, but it is not a rule and there are some exceptions.

Example: voir (*to see*), vu (*seen*) *but* il vit (*he saw*).

b   Use

In its use, the past historic is equivalent to the perfect tense.

Example: **il fit** is equivalent to **il a fait** (*he did*), **je dis** to **j'ai dit** (*I said*), **nous vîmes** to **nous avons vu** (*we saw*), etc.

But nowadays, the tense has ceased to be used in everyday spoken French and is only used in written narratives and speeches. Therefore, in conversation and in letters and emails, you must use the perfect tense.

This explains the fact that this tense is hardly ever used with the second persons (**tu** and **vous**).

When writing in the past, you can choose either the perfect tense or the past historic to recount single completed events, i.e. what happened, what people did or said. However, you should not switch from one tense to the other; you must be consistent. But if you have chosen the past historic, you **must** use the perfect tense when people are talking (i.e. in direct speech), as the past historic is only a written tense.

Example: 'Quand tu es allé rue de Turenne, es-tu revenu ici tout de suite?' (*'When you went to rue de Turenne, did you come straight back here?'*), Il rougit soudain, hésita un bon moment avant de répondre. (*He blushed suddenly, hesitated a long time before he answered.*)

If you need to describe an unfinished action in the past, you must use the imperfect tense.

Example: À ce moment-là, il avait les deux yeux ouverts. Il était donc complètement réveillé. Elle passa dans la pièce voisine, laissa la porte ouverte pendant le temps qu'elle téléphonait. (*At that moment, both his eyes were open. He was therefore wide awake. She went into the next room, left the door open while she was telephoning.*)

23   La voix passive

a   The passive voice is as easily formed in French as in English. One uses the verb **to be / être** in any tense needed, followed by the past participle of the verb used as an adjective. In French, of course, the latter agrees in number and gender with the subject.

Examples: La statue du roi a été remplacée par une guillotine. (*The statue of the king was replaced by a guillotine.*), Plus de mille personnes ont été décapitées. (*Over a thousand people were beheaded.*), La tour Eiffel fut construite en 1889. (*The Eiffel tower was built in 1889.*), Un concours fut organisé. (*A competition was organised.*), Des matériaux coûteux furent utilisés. (*Expensive materials were used.*)

La maison sera finie à la fin du mois. (*The house will be finished at the end of the month.*), La maison serait finie si les ouvriers n'étaient pas en grève. (*The house would be finished if the workers weren't on strike.*), Elle était aimée de tous. (*She was loved by all.*)

Note that both the perfect tense (**a été / ont été**) and the past historic (**fut / furent**) correspond to the same English form, the former being used in spoken or everyday language, the latter being used in writing or speeches.

b   The passive voice tends to be used far less in French than in English. When the agent is not mentioned, the active voice is used with **on**.

Example: On a remplacé la statue par une guillotine. (*The statue was replaced by a guillotine.*)

Note that English expressions such as **He was asked**, **I was given**, etc cannot be put in the passive voice in French, because **he** and **I** would be indirect objects in the active voice (**demander à**, **donner à**). Only a direct object can become the subject of a sentence in the passive voice. In such cases, **on** must be used.

Example: He was asked. (On lui a demandé.), *I was given.* (On m'a donné.)

24 Les verbes

Main groups of regular verbs

Infinitif	Participe présent	Participe passé	Présent	Futur	Imparfait	Passé simple	Subjonctif présent
chanter *to sing*	chantant	chanté	je chante tu chantes il chante nous chantons vous chantez ils chantent	je chanterai tu chanteras il chantera nous chanterons vous chanterez ils chanteront	je chantais tu chantais il chantait nous chantions vous chantiez ils chantaient	je chantai tu chantas il chanta nous chantâmes vous chantâtes ils chantèrent	que je chante que tu chantes qu'il chante que nous chantions que vous chantiez qu'ils chantent
perdre *to lose*	perdant	perdu	je perds tu perds il perd nous perdons vous perdez ils perdent	je perdrai tu perdras il perdra nous perdrons vous perdrez ils perdront	je perdais tu perdais il perdait nous perdions vous perdiez ils perdaient	je perdis tu perdis il perdit nous perdîmes vous perdîtes ils perdirent	que je perde que tu perdes qu'il perde que nous perdions que vous perdiez qu'ils perdent
finir *to finish*	finissant	fini	je finis tu finis il finit nous finissons vous finissez ils finissent	je finirai tu finiras il finira nous finirons vous finirez ils finiront	je finissais tu finissais il finissait nous finissions vous finissiez ils finissaient	je finis je finis il finit nous finîmes vous finîtes ils finirent	que je finisse que je finisse qu'il finisse que nous finissions que vous finissiez qu'ils finissent

Irregular verbs

Infinitif	Participe présent	Participe passé	Présent	Futur	Imparfait	Passé simple	Subjonctif présent
aller *to go* (conj. **être**)	allant	allé	je vais tu vas il va nous allons vous allez ils vont	j'irai	j'allais	j'allai	que j'aille
appeler *to call*	appelant	appelé	j'appelle tu appelles il appelle nous appelons vous appelez ils appellent	j'appellerai	j'appelais	j'appelai	que j'appelle que tu appelles qu'il appelle que nous appelions que vous appeliez qu'ils appellent

s'asseoir *to sit down* (conj. **être**)	s'asseyant *or* s'assoyant	assis	je m'assieds tu t'assieds il s'assied nous nous asseyons vous vous asseyez ils s'asseyent *or* je m'assois tu t'assois il s'assoit nous nous assoyons vous vous assoyez ils s'assoient	je m'assiérai *or* je m'assoirai	je m'asseyais *or* je m'assoyais	je m'assis	que je m'assoie / asseye que tu t'assoies / asseyes qu'il s'assoie / asseye que nous nous assoyions / asseyions que vous vous assoyiez / asseyiez qu'ils s'assoient / asseyent
avoir *to have*	ayant	eu	j'ai tu as il a nous avons vous avez ils ont	j'aurai	j'avais	j'eus	que j'aie que tu aies qu'il ait que nous ayons que vous ayez qu'ils aient
battre *to beat*	battant	battu	je bats tu bats il bat nous battons vous battez ils battent	je battrai	je battais	je battis	que je batte
boire *to drink*	buvant	bu	je bois tu bois il boit nous buvons vous buvez ils boivent	je boirai	je buvais	je bus	que je boive que tu boives qu'il boive que nous buvions que vous buviez qu'ils boivent
commencer *to start*	commençant	commencé	je commence tu commences il commence nous commençons vous commencez ils commencent	je commencerai	je commençais tu commençais il commençait nous commencions vous commenciez ils commençaient	je commençai tu commenças il commença nous commençâmes vous commençâtes ils commencèrent	que je commence

Infinitif	Participe présent	Participe passé	Présent	Futur	Imparfait	Passé simple	Subjonctif présent
conduire *to drive*	conduisant	conduit	je conduis tu conduis il conduit nous conduisons vous conduisez ils conduisent	je conduirai	je conduisais	je conduisis	que je conduise
connaître *to know*	connaissant	connu	je connais tu connais il connaît nous connaissons vous connaissez ils connaissent	je connaîtrai	je connaissais	je connus	que je connaisse
convaincre *to convince*	convainquant	convaincu	je convaincs tu convaincs il convainc nous convainquons vous convainquez ils convainquent	je convaincrai	je convainquais	je convainquis	que je convainque
coudre *to sew*	cousant	cousu	je couds tu couds il coud nous cousons vous cousez ils cousent	je coudrai	je cousais	je cousis	que je couse
courir *to run*	courant	couru	je cours tu cours il court nous courons vous courez ils courent	je courrai	je courais	je courus	que je coure

Infinitive	Present participle	Past participle	Present	Future	Imperfect	Past historic	Subjunctive
craindre *to fear*	craignant	craint	je crains tu crains il craint nous craignons vous craignez ils craignent	je craindrai	je craignais	je craignis	que je craigne
croire *to believe*	croyant	cru	je crois tu crois il croit nous croyons vous croyez ils croient	je croirai	je croyais	je crus	que je croie que tu croies qu'il croie que nous croyions que vous croyiez qu'ils croient
cueillir *to pick*	cueillant	cueilli	je cueille tu cueilles il cueille nous cueillons vous cueillez ils cueillent	je cueillerai	je cueillais	je cueillis	que je cueille
découvrir *to discover*	découvrant	découvert	je découvre tu découvres il découvre nous découvrons vous découvrez ils découvrent	je découvrirai	je découvrais	je découvris	que je découvre
devoir *must / to have to*	devant	dû	je dois tu dois il doit nous devons vous devez ils doivent	je devrai	je devais	je dus	que je doive que tu doives qu'il doive que nous devions que vous deviez qu'ils doivent
dire *to say*	disant	dit	je dis tu dis il dit nous disons vous dites ils disent	je dirai	je disais	je dis	que je dise

Infinitif	Participe présent	Participe passé	Présent	Futur	Imparfait	Passé simple	Subjonctif présent
dormir *to sleep*	dormant	dormi	je dors tu dors il dort nous dormons vous dormez ils dorment	je dormirai	je dormais	je dormis	que je dorme
écrire *to write*	écrivant	écrit	j'écris tu écris il écrit nous écrivons vous écrivez ils écrivent	j'écrirai	j'écrivais	j'écrivis	que j'écrive
envoyer *to send*	envoyant	envoyé	j'envoie tu envoies il envoie nous envoyons vous envoyez ils envoient	j'enverrai	j'envoyais	j'envoyai	que j'envoie que tu envoies qu'il envoie que nous envoyions que vous envoyiez qu'ils envoient
essayer *to try*	essayant	essayé	j'essaie / essaye tu essaies / essayes il essaie / essaye nous essayons vous essayez ils essaient / essayent	j'essaierai *or* j'essayerai	j'essayais	j'essayai	que j'essaie / essaye que tu essaies / essayes qu'il essaie / essaye que nous essayions que vous essayiez qu'ils essaient / essayent
être *to be*	étant	été	je suis tu es il est nous sommes vous êtes ils sont	je serai	j'étais	je fus	que je sois que tu sois qu'il soit que nous soyons que vous soyez qu'ils soient

Infinitive	Present participle	Past participle	Present	Future	Imperfect	Past historic	Subjunctive
faire *to do / make*	faisant	fait	je fais tu fais il fait nous faisons vous faites ils font	je ferai	je faisais	je fis	que je fasse
falloir *to be necessary*		fallu	il faut	il faudra	il fallait	il fallut	qu'il faille
jeter *to throw*	jetant	jeté	je jette tu jettes il jette nous jetons vous jetez ils jettent	je jetterai	je jetais	je jetai	que je jette que tu jettes qu'il jette que nous jetions que vous jetiez qu'ils jettent
lire *to read*	lisant	lu	je lis tu lis il lit nous lisons vous lisez ils lisent	je lirai	je lisais	je lus	que je lise
manger *to eat*	mangeant	mangé	je mange tu manges il mange nous mangeons vous mangez ils mangent	je mangerai	je mangeais tu mangeais il mangeait nous mangions vous mangiez ils mangeaient	je mangeai tu mangeas il mangea nous mangeâmes vous mangeâtes ils mangèrent	que je mange
mentir *to tell lies*	mentant	menti	je mens tu mens il ment nous mentons vous mentez ils mentent	je mentirai	je mentais	je mentis	que je mente
mettre *to put*	mettant	mis	je mets tu mets il met nous mettons vous mettez ils mettent	je mettrai	je mettais	je mis	que je mette

Infinitif	Participe présent	Participe passé	Présent	Futur	Imparfait	Passé simple	Subjonctif présent
mourir *to die* (conj. **être**)	mourant	mort	je meurs tu meurs il meurt nous mourons vous mourez ils meurent	je mourrai	je mourais	je mourus	que je meure que tu meures qu'il meure que nous mourions que vous mouriez qu'il meurent
nager *to swim*	nageant	nagé	je nage tu nages il nage nous nageons vous nagez ils nagent	je nagerai	je nageais tu nageais il nageait nous nagions vous nagiez ils nageaient	je nageai tu nageas il nagea nous nageâmes vous nageâtes ils nagèrent	que je nage
offrir *to offer,* *to give* *(a present)*	offrant	offert	j'offre tu offres il offre nous offrons vous offrez ils offrent	j'offrirai	j'offrais	j'offris	que j'offre
ouvrir *to open*	ouvrant	ouvert	j'ouvre tu ouvres il ouvre nous ouvrons vous ouvrez ils ouvrent	j'ouvrirai	j'ouvrais	j'ouvris	que j'ouvre
partir *to leave* (conj. **être**)	partant	parti	je pars tu pars il part nous partons vous partez ils partent	je partirai	je partais	je partis	que je parte

Infinitive	Present participle	Past participle	Present	Future	Imperfect	Past historic	Subjunctive
peindre *to paint*	peignant	peint	je peins tu peins il peint nous peignons vous peignez ils peignent	je peindrai	je peignais	je peignis	que je peigne
se plaindre *to complain*	plaignant	plaint	je me plains tu te plains il se plaint nous nous plaignons vous vous plaignez ils se plaignent	je me plaindrai	je me plaignais	je me plaignis	que je me plaigne
plaire *to please*	plaisant	plu	je plais tu plais il plaît nous plaisons vous plaisez ils plaisent	je plairai	je plaisais	je plus	que je plaise
pleuvoir *to rain*	pleuvant	plu	il pleut	il pleuvra	il pleuvait	il plut	qu'il pleuve
pouvoir *can / to be able*	pouvant	pu	je peux (puis) tu peux il peut nous pouvons vous pouvez ils peuvent	je pourrai	je pouvais	je pus	que je puisse
prendre *to take*	prenant	pris	je prends tu prends il prend nous prenons vous prenez ils prennent	je prendrai	je prenais	je pris	que je prenne que tu prennes qu'il prenne que nous prenions que vous preniez qu'ils prennent
recevoir *to receive*	recevant	reçu	je reçois tu reçois il reçoit nous recevons vous recevez ils reçoivent	je recevrai	je recevais	je reçus	que je reçoive que tu reçoives qu'il reçoive que nous recevions que vous receviez qu'ils reçoivent

Infinitif	Participe présent	Participe passé	Présent	Futur	Imparfait	Passé simple	Subjonctif présent
rire *to laugh*	riant	ri	je ris tu ris il rit nous rions vous riez ils rient	je rirai	je riais tu riais il riait nous riions vous riiez ils riaient	je ris	que je rie N.B. que nous riions que vous riiez
savoir *to know*	sachant	su	je sais tu sais il sait nous savons vous savez ils savent	je saurai	je savais	je sus	que je sache
sortir *to go out* (conj. **être**)	sortant	sorti	je sors tu sors il sort nous sortons vous sortez ils sortent	je sortirai	je sortais	je sortis	que je sorte
servir *to serve*	servant	servi	je sers tu sers il sert nous servons vous servez ils servent	je servirai	je servais	je servis	que je serve
sourire *to smile*	please refer to **rire** above						
suivre *to follow*	suivant	suivi	je suis tu suis il suit nous suivons vous suivez ils suivent	je suivrai	je suivais	je suivis	que je suive
se taire *to be(come)* *silent*	se taisant	tu	je me tais tu te tais il se tait	je me tairai	je me taisais	je me tus	que je me taise

Infinitive	Present participle	Past participle	Present	Future	Imperfect	Past historic	Subjunctive
(conj. **être**)			nous nous taisons vous vous taisez ils se taisent				
tenir *to hold*	tenant	tenu	je tiens tu tiens il tient nous tenons vous tenez ils tiennent	je tiendrai	je tenais	je tins tu tins il tint nous tînmes vous tîntes ils tinrent	que je tienne que tu tiennes qu'il tienne que nous tenions que vous teniez qu'ils tiennent
venir *to come* (conj. **être**)	venant	venu	je viens tu viens il vient nous venons vous venez ils viennent	je viendrai	je venais	je vins tu vins il vint nous vînmes vous vîntes ils vinrent	que je vienne que tu viennes qu'il vienne que nous venions que vous veniez qu'ils viennent
vivre *to live*	vivant	vécu	je vis tu vis il vit nous vivons vous vivez ils vivent	je vivrai	je vivais	je vécus	que je vive
voir *to see*	voyant	vu	je vois tu vois il voit nous voyons vous voyez ils voient	je verrai	je voyais	je vis	que je voie que tu voies qu'il voie que nous voyions que vous voyiez qu'ils voient
vouloir *to want*	voulant	voulu	je veux tu veux il veut nous voulons vous voulez ils veulent	je voudrai	je voulais	je voulus	que je veuille que tu veuilles qu'il veuille que nous voulions que vous vouliez qu'ils veuillent

25 Les nombres

a   Cardinal numbers

1	un, une	**20**	vingt	**72**	soixante-douze
2	deux	**21**	vingt et un	**73**	soixante-treize
3	trois	**22**	vingt-deux	**77**	soixante-dix-sept
4	quatre	**23**	vingt-trois	**80**	quatre-vingts
5	cinq	**24**	vingt-quatre	**81**	quatre-vingt-un
6	six	**25**	vingt-cinq	**82**	quatre-vingt-deux
7	sept	**26**	vingt-six	**90**	quatre-vingt-dix
8	huit	**27**	vingt-sept	**91**	quatre-vingt-onze
9	neuf	**28**	vingt-huit	**99**	quatre-vingt-dix-neuf
10	dix	**29**	vingt-neuf	**100**	cent
11	onze	**30**	trente	**101**	cent un
12	douze	**31**	trente et un	**200**	deux cents
13	treize	**32**	trente-deux	**201**	deux cent un
14	quatorze	**40**	quarante	**220**	deux cent vingt
15	quinze	**50**	cinquante	**500**	cinq cents
16	seize	**60**	soixante	**550**	cinq cent cinquante
17	dix-sept	**70**	soixante-dix	**1000**	mille
18	dix-huit	**71**	soixante et onze	**5000**	cinq mille
19	dix-neuf				

Cardinal numbers have the same form whether they are masculine or feminine, singular or plural, except for **un** / **une** (*1*), and **vingt** (*20*), which takes an **s** in quatre-vingts (*80*) – literally, four twenties. **Cent** (*100*) takes a plural **s** when it stands alone, but not when followed by another number.

Example: deux **cents** (*200*); deux **cent** un (*201*).

b   Ordinal numbers

Ordinal numbers are formed by adding **-ième** to the cardinals.

Example: trois (3) → trois**ième** (*third*)

If there is a final **e** in the cardinal this is dropped.

Example: quatre (4) → quatr**ième** (*fourth*)

A final **f** becomes **v**.

Example: neuf (9) → neuv**ième** (*ninth*)

A final **q** adds a **u**.

Example: cinq (5) → cinqu**ième** (*fifth*)

Like the cardinal numbers they keep the same form, except for **premier** / **première** (*first*) and **second** / **seconde**, an alternative to **deuxième** (*second*).

Compound numbers just add **-ième** (*to the second number*).

Example: vingt-et-un**ième** (*twenty-first*)

Ordinal numbers are not used in French for kings / queens, etc, nor months, except for **first**.

Example: François Ier (**premier**); Elisabeth Ière (**première**) *but* Henri IV (**quatre**); Louis XV (**quinze**); Elisabeth II (**deux**); le 1er janvier, le 1er mai, le 1er avril etc (**premier**); le 24 novembre (**vingt-quatre**); le 14 juillet (**quartorze**); le 6 juin (**six**).